図解！
インバスケット・ゲームの教科書

将来の経営幹部を創る 選抜研修型人材アセスメントの全て

●注意
(1) 本書は著者が独自に調査した結果を出版したものです。
(2) 本書は内容について万全を期して作成いたしましたが、万一、ご不審な点や誤り、記載漏れなどお気付きの点がありましたら、出版元まで書面にてご連絡ください。
(3) 本書の内容に関して運用した結果の影響については、上記(2)項にかかわらず責任を負いかねます。あらかじめご了承ください。
(4) 本書の全部または一部について、出版元から文書による承諾を得ずに複製することは禁じられています。
(5) 商標
　　本書に記載されている会社名、商品名などは一般に各社の商標または登録商標です。

● 本書を読むにあたって

　本書でお話しする内容は、「インバスケットゲーム」という具体的な人材選抜のツールについてですが、昇格昇進や人事制度に関する知識をある程度はお持ちであるということを前提としています。

　つまり、人事制度を運用する立場にある実務者の方々をメイン対象として、さまざまな内容をご説明しているわけです。なぜならば、人材ミックスの進展などによって、人事制度の中でも特に中間管理職など中核人材の選抜や登用が非常に難しくなっているという現実があるからです。

　もちろん、制度運用の側にいる人たちばかりではなく、その制度の中で登用され、自社の舵取りを否応なく任されることになる受験者側の方々にとっても、これから立ち向かわなくてはならない選抜の場の意味合い、方法論の変化、そしてどう準備を進めていくことが合理的なのかについて、理解を深めていただく一助になればと考えています。

　人事制度の変遷ということを考えた場合、ここしばらく日本企業は、成果主義への傾斜に見られたように賃金や処遇など、結果側への配分を行ってきましたが、あまりそれは効果的ではなかったという反省に基づき、むしろ人材選抜や育成など、プロセス側への配分を重視しようとする考え方が深まっているのではないでしょうか。

　国際化や少子高齢化などの動きとも連動して、人材登用方法をより効果的なものにしたいとの狙いから業績評価や昇格昇進制度、役職等級制度などについて企業の見直しが始まっています。

　本書は、インバスケットゲームという古くて新しいツールをどのように運用していくのか、という視点で構成されています。インバスケットゲームは人材登用及び選抜型研修の"ツール"の一つに過ぎませんが、その背景にある歴史的な経緯や考え方を理解しておくことは、人事制度再構築の最中にある人事マンにとって、制度改訂を考える上での汎用性の高い技術獲得につながっていくはずです。

第1章では、インバスケットゲームが誕生した時代的背景や導入された当初、日本企業に馴染まないと言われた理由などを概観し、最近の再評価の動きなどから人事制度改訂の大きな流れを見ていただきたいと考えています。もちろん、インバスケットゲームの概略についても説明をしています。

　第2章では、特に人材登用に係る制度的な再構築を考えた場合の基本となる人材アセスメントの概略を説明しています。人材選抜や育成という行為の背景には、必ず評価する、即ちアセスメントするという行為が存在しています。現状の制度を改訂して、より効果的な制度設計を行っていく上では、人材アセスメントの概略について理解していないと、単に制度を複雑にしただけとのそしりを受けかねません。その意味でインバスケットゲームと関連づけながら、人材アセスメントの概要をご理解いただきます。

　第3章では、インバスケットゲームの効果という点について焦点を当てています。何が得意で何が不得意なのかを概観していただきます。人材登用を再構築する上で、いったいコア人材の何を評価するべきなのか、今後の人材選抜や育成という場で何に焦点を当てていくべきなのか、その方法論はどうあるべきなのか、などについて説明しています。

　第4章、第5章では、実際にインバスケットゲームを導入するとして、運用側がどのようなことに取り組まなくてはならないのかを、事前準備、実施、事後処理、の観点から説明しています。実運用に携わる立場にある人にとって、何をどういう方法で施策化していけばいいのかが重要な意味を持っているはずです。全てを自社で内製化し自主運営するという前提で、必要な手段を考えています。

　第6章では、運用側からではなく、インバスケットゲームを使った人材選抜や研修、登用試験などの場に臨まなくてはいけなくなった立場の

人々が、どのように準備を進めていけばいいのか、どう立ち向かっていけばいいのかということに焦点を当てて説明をしています。インバスケットゲームというツールを例示と考えていただき、新しい人材登用に対峙するにはどうすればいいのかいう視点でお読みいただくとよいと思います。

　第7章では、人材を選抜する、登用するという「試験」の場ではなく、「研修」という場を前提とした場合、運用側、受験側がどう対応するのかという視点で説明しています。

　第8章では、実際にインバスケットゲームの中に入って、具体的なゲーム中の処理内容について説明しています。ここまで説明してきた内容が、インバスケットゲームという具体的なゲームの中のアクションとしてどう行われるのか、実際に使うケース事例を見ながら理解を深めてください。運用側にある方は実際の運用事例として、受験側にある方は対応事例として、現実のゲームの中身を把握していただきたいと考えています。

　導入するにしても、受験するにしても、実際のインバスケットゲームがどう進んでいくのか、どんなことをするのかについて、シミュレーション的にご理解をいただくことは意味のあることだと思います。また8章末のケース事例を、自社に導入する上でのたたき台としてご活用いただくことや、受験者の実際の練習問題としてご活用いただければ幸いです。
　人材選抜も人材登用も、新しい時代の中で大きな変化を遂げようとしています。どうぞ皆様のお取り組みにとって、本書がわずかながらでもお役に立てればこれに過ぎる喜びはありません。

インバスケット・ゲームの教科書

インバスケット・ゲームの教科書

将来の経営幹部を創る 選抜研修型人材アセスメントの全て

Contents

本書を読むにあたって 3

第1章 インバスケットゲームの歴史としくみ

1-1 インバスケットゲームとは何か 14
アメリカから導入された人材選抜の方法
- インバスケットという言葉の意味
- そもそもはアメリカ空軍の管理職アセスメントツール
- アメリカ企業での採用と広がり
- 日本企業への導入と停滞

1-2 再評価とおおまかなしくみ 20
時代の要請がインバスケットゲームを必要とした
- インバスケットゲームが使えないとされた第一の理由
- 使えない理由の2つ目は「業務習慣の違い」
- インバスケットゲームの再評価

1-3 インバスケットゲームの流れ 26
厳しい環境下での行動とその成果を観察し評価する
- インバスケットゲームはどのように進んでいくのか
- 相互フィードバックを行い、知見を深める
- 評価者が行うことのあらまし
- 運営する側が行うことの概要

第2章 将来の経営幹部を創る選抜研修型 人材アセスメントの概要

2-1 人材アセスメントとは何か 32
合理性・納得性の高いしくみとしての人材アセスメント
- そもそもアセスメントとは何なのか

- 人材アセスメントを行う意味
- 人材アセスメントの4つのタイプ
- ペーパーアセスメント方式
- インタビューアセスメント方式
- フィールドアセスメント方式
- センターアセスメント方式

2-2 選抜研修型人材アセスメントとインバスケットゲーム 42
管理職としての意思決定力や実行力を評価するプログラム
- 制度登用から選抜育成へ
- 選抜し、アセスメントし、継続的にコア人材を育成する

第3章 インバスケットゲームの効果

3-1 管理職としての必要能力と行動を「見える化」................................. 48
インバスケットゲームに取り組むことで「見える化」できる
- ビジネス能力の意味するもの
- パーソナリティと職務行動
- 判断する能力と行為する能力
- 判断の正否は行為の選択で異なってくる
- 能力は行動とその結果から観察・評価が可能になる

3-2 インバスケットゲームで評価できる能力.. 55
マネジメントに必要な3つの力を明らかにすることができる
- 実際の仕事の場面をシミュレーションする
- 仕事を遂行する力　～テクニカルスキル～
- 人間的な力　～ヒューマンスキル～
- 総合的に働きかける力　～コンセプチュアルスキル～

3-3 インバスケットゲームで評価できる行動.. 60
管理職としての必要な行動要件を備えているかどうかを判定する
- 全体を把握して行動できるか
- 全体最適的な見地から問題発見ができるか
- 発見した問題を分析し、合理的な処理プロセスを構築できるか
- 代替案やリスク回避策など潜在的問題点を検討できるか
- 根拠をともなった総合的な意思決定ができるか
- 相手に配慮しながらコミュニケーションができるか

Contents

- ○社会的要請事項を業務遂行上、織り込むことができるか
- ○時間制約の中で最も有効な業務運営を行うことができるか
- ○効率だけではなく効果性に基づいて行動できるか

3-4 インバスケットゲームの活用方法 75
組織のコア人材を選抜し、育成し、確保するための試験と育成
- ○経営幹部等の選抜試験としてインバスケットゲームを実施する
- ○組織の中核人材育成のためにインバスケットゲームを実施する

第4章 インバスケットゲームを導入する

4-1 ケースを作成する 80
自社の状況に基づくケースを作成する
- ○ケース作成の想定条件
- ○ケース作成に取りかかる前に確認すること
- ○ケース作成の中で何を意図するのか
- ○スケジュールや時間設定、評価者の問題など物理的な検討を行う
- ○登場人物の性格設定や状況設定
- ○ケース間の相互の関係性を確認する
- ○時間軸上でのケースの配置

4-2 採点基準や観察上の留意点を作成する 99
事後評価のための評価基準を予め作成しておく
- ○それぞれのケースでの代表的処理を検討する
- ○加点評価、減点評価についての検討
- ○処理上の緊急度、重要度、優先順の検討
- ○採点表を作成する

4-3 シミュレーションを行う 106
現実に運用が可能かどうか、実際にトライアルを行ってみる
- ○時間配分やケースの難易度についてチェックを行う
- ○修正点を明らかにする
- ○実施用ツールとしてまとめる

4-4 導入計画を作成する 111
自社へのスムーズな導入を図り、円滑に運営する
- ○導入を検討する前に考えておくこと

- 従来の昇格昇進制度と異なる点を理解する
- 人事サプライヤーに任せるのか、自主運営するのか

第5章 昇格昇進試験でのインバスケットゲームの実施と事後処理

5-1 実施上の留意点 118
インバスケットゲームを運用する上でのポイントを理解する
- ガイダンスを行う
- リーディングケースの説明
- 受験者のケース処理段階で留意しておくこと
- 評価者(アセッサー)によるゲームの関与と観察
- グループワークでの留意点

5-2 実施後の採点 135
実施後には、採点し評価を確定させる
- 処理内容について評価する
- 実際の処理内容を検討する
- 今後の課題を浮き彫りにする
- ゲーム中の評価者の関与への評価
- 「ない」ということへの評価は難しい
- グループディスカッションなど集団観察での評価
- 評価者の合意を形成する

5-3 実施後のフォロー 149
実施後には受験者に結果をフィードバックする
- 評価結果をフィードバックする
- 将来につなげるフィードバックを行う
- フィードバックを再チャレンジにつなげる
- ポジティブに受けとめる

第6章 受験者および参加者はどう対応すればいいのか

6-1 事前準備をどのように進めるべきなのか 158
「まったくの未知だ」という状況になることを避ける
- 考え方を切り替える

Contents

- ○ビジネスマンとしての全てが試される
- ○判断力の棚卸し
- ○行動力の棚卸し
- ○業務知識の棚卸し
- ○規範・基準の確認
- ○組織活用を前提とする
- ○意思決定力を強化する
- ○表現力という準備課題

6-2 受験時の対応について 174
実際のインバスケットゲームでどう対処すればいいのか
- ○ケースを処理する上での手順
- ○前処理「時間配分を考えておく」
- ○処理手順1「全体の読み通し」
- ○処理手順2「グルーピング」
- ○処理手順3「グループ内での処理順決め」
- ○処理手順4「具体的な処理」
- ○処理手順5「確認修正」、処理手順6「終了手続き」
- ○ゲーム内処理「アセッサーの関与について」
- ○ゲーム内処理「グループワークへの対応」

6-3 受験後の対応について 190
受験後のフィードバックを自己成長につなげる
- ○フィードバックを受ける
- ○フィードバックから自己のマネジメントスタイルを修正する

第7章 選抜型研修として実施する

7-1 管理職の能力開発における課題 196
組織力向上のキーとして管理職の能力向上をどう捉えるか
- ○OJT機能の低下
- ○選抜型研修での課題
- ○研修カリキュラムとインバスケットゲームの関係

7-2 昇格昇進試験として運用する場合との相違点 201
人材育成に特化した場合の特徴を理解する
- ○研修効果の時間的レンジは長い

- ○取り組む焦点を置く
- ○問題の種類によって、判断から行動への道筋を考える
- ○行動の基本形を試してみる
- ○意思伝達を試す

7-3 能力向上につなげるためのポイント 211
研修型の場合は自己成長を基本において取り組む
- ○期待役割との関係
- ○基本的な能力要件を確認する
- ○選抜型研修の中で気づくこと

7-4 組織的要求と個人的成長とを整合させる 216
行動特性を高めることを中心に考える
- ○組織を整備する
- ○継続的な人材アセスメントを行う
- ○ロールモデルを設定する
- ○キャリアデザインを考える

第8章 インバスケットゲームのケース事例

8-1 全体の読み通し 224
提示された案件の全てを読み通し、全体的なイメージを作る
- ○読み通したら大まかにグルーピングする
- ○グループに、自分なりのおおまかな優先順を設定する
- ○「お客様との間での納期遅延、誤納入、品質問題、関連」グループ
- ○「お客様からのクレーム」グループ
- ○「客先や関連会社との関係」グループ
- ○「組織マネジメント上の問題」グループ

8-2 重要度・緊急度で処理順を決める 230
指示された重要度・緊急度を判定して決めること
- ○重要度・緊急度判定の基本ルールを作っておく
- ○最初のグループでの処理順決め
- ○「お客様からのクレーム」グループでの処理順決め
- ○「客先や関連会社との関係」グループでの処理順決め
- ○「組織マネジメント上の問題」グループでの処理順決め

Contents

8-3 具体的な処理から終了手続きまで 236
具体的な処理内容を、処理順に考える
- 具体的な処理
- 処理順が下位のものは理由が問われる
- 確認修正、終了手続き
- 最後に

- 案件1（未読メール）「第1営業所チーム活動の件」..........................245
- 案件2（未読メール）「城南大学事務センター長からの連絡票」..................246
- 案件3（未読メール）「売上早期計上化運動について」........................247
- 案件4（未読メール）「城南大学薬品廃棄研究会について」....................248
- 案件5（未読メール）「城南MR八坂みどりからのメール」......................249
- 案件6 「支店食堂業者からの手紙」..250
- 案件7（未読メール）「P103問題」..251
- 案件8（未読メール）「P103についての城南対応」............................252
- 案件9（未読メール）「営業所業務説明」....................................252
- 案件10（未読メール）「個人面談について」..................................253
- 案件11（未読メール）「第1営業所着地予測の指示」..........................254
- 案件12 「匿名者からの手紙」..255
- 案件13 「ゴルフ等のメモ」..256
- 案件14 「組合支部との懇談メモ」..257
- 案件15（未読メール）「川村ちゃんへの見舞い」..............................258
- 案件16 「ドラッグ タカキヨからの封書」....................................259
- 案件17 「クレーム対応指示」..260
- 案件18（未読メール）「人材不足と販促品について」..........................261
- 案件19 「ルーディ大学スティーブン教授対応」..............................262
- 案件20 「業界新聞記事について」..263

　　今後の管理職育成のあり方について　〜あとがきに代えて〜..................265

　　著者紹介・参考資料一覧..267

第1章

インバスケットゲームの歴史としくみ

　最近、人材育成・選抜の有効な方法であるとして注目が集まっているインバスケットゲームが生まれてきた背景やおおまかなしくみについて説明します。
　インバスケットゲームがなぜ必要とされ、どのような発展経緯をたどってきたのかを知ることは、自社の人材選抜方法を考える運用側にいる人にとっても、これからインバスケットゲームを受験するという立場にある人にとっても、全体像を理解する上で意味のあることだと思われます。また、今後の自分自身のマネジメントスタイルを改善する上でも参考になると考えられます。
　まずは、インバスケットゲームについての概略を理解していきましょう。

1 インバスケットゲームとは何か

アメリカから導入された人材選抜の方法

○インバスケットという言葉の意味

　インバスケットゲームの「インバスケット」という言葉は、机の上に置かれた「未決箱」という意味です。若いビジネスマンの方々にとっては初めて耳にする言葉かもしれません。

　現在では社内ネットワーク上に「未処理箱」などの表記で、簡単なものでは旅費精算の処理待ち、高度な業務手続きが必要なものとしては電子決済や購買システムなどの業務フローの中に名残が残っていることがありますが、実際の「未決箱」は見たことがないという方が多いことでしょう。

　ITがこれほど発達する前の時代、アナログ全盛の時代には、マネージャーの机の上にはA4定型の書類より少し大きい高さ5センチほどの薄い箱が二段に積まれるか、並べるかした形で置いてありました。これが、いわゆる「未決箱」または「未処理箱」と呼ばれるものです。

　今でも文房具のカタログなどを見ると数種類の掲載がありますから、まだお使いの職場もあるように思われますが、社内ネットワークの整備にともなって、「未決箱」は徐々に職場から姿を消していきました。

　少しアナログ的な「未決箱」の使い方をご説明すると、使い方にもよりますが、通常は部下の側から見てわかるように、どちらかの箱には「未決」との表示があり、もう一方の箱には「既決」あるいは「処理済」との表示がありました。

　マネージャーがまだ処理をしていない書類は、まず「未決」の箱に入れられます。たとえば、部下の説明を聞いてから決済をしたい、少し自分なりに考えたい、決裁をするまでには時間がある、という場合などには、その書類は「未決箱」に入れられます。

　「未決箱」の保有者であるマネージャーは、案件の重要度や緊急度を勘案しながら、「未決箱」の一つ一つの書類、即ち案件を処理していくこと

になります。

　やがて決裁を経た書類は、「既決」または「処理済」と表示された箱に移されます。「既決箱」に入れられた書類は、秘書や担当が時間を決めて引き取り、担当者や関係部署へと回付、返却され、次の処理へと移っていくのです。

図1-1-1　インバスケットとは「未決箱」のこと

インバスケットゲームの由来となった「インバスケット(in-basket)」とは、書類を「未処理」「処理済」と分けて仕分けておく箱のうち、「未処理書類」を入れておく「未決箱」のことです。ちなみに、処理が終わった書類を入れる「既決箱」のことは、アウトバスケット（out-basket）と呼びます。インバスケットゲームに参加する人は、そのインバスケットを保有する人になりきって、「未決箱」の中の未処理案件を処理していくのです。

　インバスケットゲームでは、ゲームに参加するメンバーが設定されたある状況下での役職になりきって、一定の時間制限の中で「未決箱」の中にある「未処理案件」を処理していくことが求められます。ここから、「インバスケットゲーム」という名前がついたと言われています。

　ある役割になりきってという点ではロールプレイング的な要素もあると言えますし、シュミレーションゲーム的な要素もあると言えると思います。また、ビジネスゲーム的な側面もあるということができます。

◯そもそもはアメリカ空軍の管理職アセスメントツール

　では「インバスケットゲーム」はいつごろ誰の手によって作られたのでしょうか？

インバスケットゲームについての日本での先行研究は、慶応義塾大学産業研究所によるところが大きいのですが、同研究所の「産業心理学班研究モノグラフNo.21（1986年）」に掲載された論文によれば、1952年にアメリカ、プリンストン大学のETS(Educational Testing Service)という組織が、アメリカ空軍の人事・教育研究所から「教育訓練が好ましい結果を生み出すにはどうしたらいいか、また訓練の目的がどの程度達成できたかを測るためのいい方法はないか」との研究依頼を受けて開発されたとされています。

　その後、1年ほどの開発期間を経て、実際にアメリカ空軍の教育機関で全員を対象にインバスケットゲームが実施されたとのことです。

　実施結果からさまざまな分析が行われ、受講者が自分自身の学習効果を理解できることなどからインバスケットゲームが有効であるとされ、具体的な活用が始まっていったとの記述があります。

●アメリカ企業での採用と広がり

　アメリカ空軍での活用状況を見て、アメリカの民間企業もインバスケットゲームへ関心を寄せはじめます。1956年、まず最初にアメリカ電信電話会社（AT&T）が空軍の協力を得ながら導入を行います。目的は、ミドルマネージャーの教育訓練だったと言われています。

　当時のアメリカ社会は第二次世界大戦が終了し、企業が新しい時代環境の中で、多角化や国際化を一層進めている状況でした。企業が事業の業容を拡大するということは、内部的に言えば人材が不足するということにつながっています。自社にとって有意な人材をいかに育成するか、また人材を育成する組織をいかに構築するか、即ち、組織開発をどのように進めていくかということが大きなテーマとして取り上げられるようになった時代でした。

　これらの時代背景の中で、アメリカ企業はこぞって人材開発や組織開発に力を注ぐようになります。その中でも特に、中核人材である管理職層の力をいかに高めるかというのは重要な課題でした。マネージャー層の力をどう高めるかは企業の競争力を決めかねません。

　アメリカ企業にとっては、当時の新興国であった日本企業やヨーロッパ

各国企業からの追い上げに対して、組織的な競争力を維持拡大することは重要な問題であったと思われます。アメリカ企業というと、転職、ヘッドハンティングなど、人材の流動化の側面がクローズアップされることが多いのですが、実は内部人材の育成という点にも大きな力を割いてきたという側面もあるのです。

　この競争力維持強化を目的とする人材育成や組織開発などへの取り組みは、その後、多くのデータや運用ノウハウなどの経験知が積み重ねられていくことになりました。たとえば、今では当たり前とされている「ジョブローテーション」や「OJT」、「ビジネスゲーム」「リーダーシップ訓練」などは、この当時に開発が進み実用化されていきました。もちろん本書で取り上げている「インバスケットゲーム」に関しても、多くの経験知が蓄積されていきました。

　その過程で、インバスケットゲームは単に教育訓練の手法だというだけではなく、管理職の評価と選抜（人材アセスメント）に有効であることが発見されていきました。1958年、評価と選抜を目的とした最初の実施がミシガン・ベル社で行われたと言われています。またこの時、対象となったのは第一線の管理者であったとも言われていて、最初から組織の中核や将来を担うコア人材の選抜が目的とされていたことがわかります。インバスケットゲームは人材開発をいかに効率的・効果的に行うかという、アメリカ企業の真剣な取り組みによって現在にまでつながっているということになります。

◯日本企業への導入と停滞

　アメリカ民間企業での導入、活用状況から、数年遅れて日本企業への導入が始まったと言われていますが、当時はそれほど大きな展開はありませんでした。紹介された当初は、百貨店や自動車メーカー、商社、電力会社など、大企業を中心にいくつかの先行事例がありましたが、中小企業への拡大など企業規模を越えて広く採用されることはありませんでした。また、製造業など業界全体への広がりということもあまり行われませんでした。

　日本独自のアセスメントツールとして、カスタマイズの取り組みもいくつかの研究機関や人事コンサルタント系の企業を中心に行われましたが、

企業の側は導入についてそれほど積極的ではありませんでした。

　当時の日本企業は、大量生産方式に見られるように、定型業務主体で仕事の価値評価や知識労働に対する評価を必要とする高度な業務がそれほど多く内在しているわけではなく、むしろ均一的で同列的な処遇を行うことの方が組織的な合理性を帯びていました。また当時の人事部門は、現在の人事部門とは違い、組織の中で大きな力を持っていました。この背景には、当時の日本企業は、ほぼ正社員だけで構成されている単一文化的な構成になっていたということと無関係ではありません。人事部門は入社以来の社員情報について、プライベートな内容も含んで詳細に把握していて、人事の行う人材配置は、ほぼ合理的だという社内コンセンサスにつながっていたと思われます。「人事は全てを知っている」という時代でした。

　そのため、わざわざ管理職の評価と選抜を目的とするインバスケットゲームのような複雑なアセスメントツールを導入する必要性を感じなかったというのが、正直なところだと思われます。むしろ、人材アセスメントツールを使った人材評価や選抜を行うことの煩雑さの方に目が行き、導入を見送ったということだったのでしょう。その後もこの状況は長く続き、2000年を超えるまで大きく変わることはありませんでした。

図1-1-2　教育効果の確認からコア人材のアセスメントへ

インバスケットゲームはもともと、アメリカ空軍での教育効果を確かめたいということで開発されましたが、民間企業へと拡大する中、人材育成に効果的であること、中核人材の選抜に有効なことが発見されていきました。

インバスケットゲームの歴史としくみ

1-1のまとめ

- インバスケットゲームとは、もともとはアメリカ空軍で開発された人材選抜、育成、登用のための方法。その後、アメリカ企業から日本企業へと広がった。
- インバスケットという言葉は「未決箱」という意味。未処理、未決済書類を分類して入れておく箱のこと。

再評価とおおまかなしくみ

時代の要請がインバスケットゲームを必要とした

● インバスケットゲームが使えないとされた第一の理由

　21世紀に入って数年を経た頃から、「インバスケットゲーム」が再び脚光を集めるようになった理由は、導入が始まった頃に「使えない」と問題視されたいくつかの理由を考えてみるとわかりやすいと思います。

　1960年代前後から70年代にかけて日本企業へインバスケットゲームが導入された最初の段階で、このツールが日本企業に有効なのかどうかと問題視された第一の理由は、今では信じられないことですが、日本の管理職にインバスケットゲームが提示するような分析能力や意思決定能力が要求されていないのではないか、ということでした。

　稟議システムに見られるように、合意を前提とする日本型の経営システムにおいては、管理職であるマネージャーが業務の内容を詳細に分析して、その対処方法や方向性を自ら積極的に示すよりも、多くの部下に状況把握や情勢分析を委ね、彼らからボトムアップで上がってくる処理方法としてのいくつの代替案の中から合議で決定していくのが良い管理職の在り方だとされてきました。合意といっても、できればその会議に出席するメンバー全員での総意による決定が最も良いとされ、経営会議などの組織内最上位の会議でもそれは同じでした。

　同様に、自らの意思を積極的に出すことは、強すぎるリーダーシップとして敬遠される傾向にありました。

　しかしバブル崩壊後、国際的な競争環境が厳しさを増す中、日本の経営者や管理職についての批判として、分析能力が低い、意思決定が遅い、指導力が弱い、ということが言われるようになったのは周知の事実だと思います。この傾向は、韓国や中国、インドなどの企業が追い上げてくる中、その重要性がより深く理解され、日本企業は自社の人材開発、特にトップマネジメントからミドルマネジメントについての強化を急ぐ結果となりま

した。かつてアメリカ企業が日本企業に追い上げられる中、競争力の源泉は人材にあるという真摯な発見をしたこととよく似ています。

　しかし、日本企業がアメリカ企業ほど真摯な取り組みをしているかどうかという点になると若干、疑問が残るのではないでしょうか。景気の変動があると、真っ先に削減されるのが3Kと言われる「広告宣伝費、研究開発費、教育研修費」の3つです。本当に競争力の源泉がどこにあるのかという真剣な理解があれば、そうそう簡単には手をつけない費用のはずです。ちなみに、アメリカ企業の中で戦略性に最も富んでいると言われるゼネラルエレクトリック社は、景気循環の中でも教育研修費を維持し続ける企業として知られていますが、日本企業もようやくそのことに気がつき始めたということになるのだと思います。そしてその中で、人材開発の有効なツールとして、インバスケットゲームを再発見しているということなのではないでしょうか。

○ 使えない理由の2つ目は「業務習慣の違い」

　導入当時にインバスケットゲームが不向きだとされた理由として、日本企業の業務習慣への指摘がありました。即ち、さまざまな書類やメモなど、紙に書いたものをもとに意思決定や業務遂行が行われていないのに、未決箱に入った書類の処理行動を通して人材の評価ができるのかという疑問です。

　どういうことかと言うと、今でもその傾向が残っているのかもしれませんが、かつての日本企業では、特に業務指示書などの書類がなくても、人間的なつながりや関係をもとにして、「頼むよ」というだけで業務が動いていくという現実がありました。職場の大部分が正社員で構成されていて、誰もがほぼ同じような考え方をしているという業務環境を前提にしているから成り立つ行為でした。この状態では、あうんの呼吸で仕事が進んでいき、かえって文字にすることの方が煩雑だという認識でした。

　しかし、最近の職場は派遣社員や関連会社からの出向、パートやアルバイトなど、多くの異なる立場を持つ人々から構成されるようになってきて、以前のように気軽で根拠のない依頼だけでは仕事が動いていかなくなってきています。誤解や意味の取り違えがないように、仕事の責任範囲や就業

場所、制限時間、業務項目、指示事項などを書類として提示し、書面での指示や連絡、取り決めが欠かせなくなっています。

　別の事例で考えてみると、日本企業がISOに取り組み始めた時代、今から20年ほどさかのぼった1990年前後には、書類をいちいち残したり、その改訂を記録することが品質管理の有効な手段であるということに根強い批判がありました。

　しかし国際的な環境の中では、製品のトレーサビリティや特定化学物質の無使用証明など、文書として自社の品質行為の取り組みを残しておくことがいかに重要であるかということに理解が及びだしています。確かに、自社の業務プロセス内では、いちいち文書として指示し、記録し、承認の足跡を残さなくても仕事は動いていくというのは、今でもそうかもしれません。しかし、自社製品の市場優位性や社会正義的な意味づけをどう担保していくかという意味からは、日常的に文書で仕事を行っていくということの重要性を多くの企業が理解しはじめているのだと思います。

　その結果、インバスケットゲームのような文書で業務指示を伝達し、その伝達内容を通して人材開発の一助としようという行為への認識が深まるのも、当然と言えば当然なのかもしれません。

●インバスケットゲームの再評価

　今思うと隔世の感がありますが、前項で述べた2つのインバスケットゲーム不採用の理由は、日本企業における管理職の実態とのかい離ということで、導入当時には多くの企業人から支持を受けた内容でした。

　その後、図1-2-1のように、日本企業の人事制度は業績結果やパフォーマンスを主体に評価する方向へと進んで行きましたが、2000年を超えた頃から、過度の成果主義への傾斜についての反省が行われるようになってきました。

　この修正は、成果主義以前の制度が良かったからそこに戻ろうというほど簡単な構図ではありません。第一、成果主義が導入されたのも日本型経営の根幹は、人を大事にすることだという点では変わりがなく、それ以前の制度に対する何らかの問題意識があり、その解決策の1つとして成果主義への取り組みが行われたはずでした。

成果主義の導入理由はいくつかありますが、代表的なものは次の2つだと思われます。

図1-2-1　これまでの人事制度の変遷と新しい動き

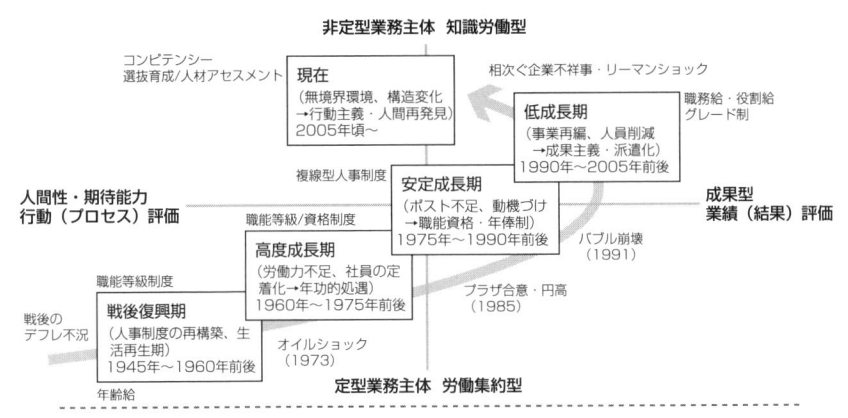

```
                        非定型業務主体　知識労働型
        コンピテンシー         │      相次ぐ企業不祥事・リーマンショック
        選抜育成/人材アセスメント │  現在
                    ┌──────────┐
                    │（無境界環境、構造変化│           職務給・役割給
                    │ →行動主義・人間再発見）│          グレード制
                    │ 2005年頃〜        │
                    └──────────┘        低成長期
                                    ┌──────────┐
                       複線型人事制度    │（事業再編、人員削減│
                                    │ →成果主義・派遣化）│
人間性・期待能力                        │ 1990年〜2005年前後│  成果型
行動（プロセス）評価                    └──────────┘  業績（結果）評価
                                安定成長期
                 職能等級/資格制度   ┌──────────┐
                                │（ポスト不足、動機づけ│
                                │ →職能資格・年俸制）│
                                │ 1975年〜1990年前後│
                        高度成長期   └──────────┘  バブル崩壊
                        ┌──────────┐                (1991)
                        │（労働力不足、社員の定│
                        │ 着化→年功的処遇）│
           職能等級制度    │ 1960年〜1975年前後│
                        └──────────┘      プラザ合意・円高
       戦後復興期                            (1985)
戦後の ┌──────────┐
デフレ不況│（人事制度の再構築、生│
       │ 活再生期）        │
       │ 1945年〜1960年前後│  オイルショック
       └──────────┘   (1973)
       年齢給              定型業務主体　労働集約型
```

日本企業の人事制度は、戦後の復興期から高度経済成長を経てバブルの崩壊、低成長時代と呼ばれる今日まで、その当時の時代的な要請を背景に発達してきました。かつては労働力の不足や若年労働者への動機づけをどうするか、やがてポスト不足やリストラを経て、成果主義的な人事制度が導入されるようになりましたが、最近では、成果のもとになる個人の行動を評価しようという行動主義的な方向への発展的転換が行われるようになってきています。

1つは、マネージャーなのに入社後数年の社員がやるような仕事をやっているなど、仕事と職位や処遇とのアンバランスが起こり、社員が取り組むべき仕事を特定して、社員にふさわしい仕事をやってもらいたいということ。もう1つは、仕事を遂行してもらう上で、従来のように年功型の処遇であれば、営業と生産のように異なる分野の仕事であってもほぼ同水準での給与で納得してもらえたものが、仕事と職位のバランス調整が始まると卒年等での同列処遇が難しくなり、賃金を決める算定基準についての組織的な納得感を得るためには、仕事の結果内容を合理的に評価することが必要になってきたことです。

その結果、ここしばらく日本企業は人材選抜や登用を行っていく上では、選抜後の処遇条件、即ち、賃金やポジションなど結果的についてくるものにコストをかけてきましたが、そのことがあまり効果的ではなかったという反省が行われるようになりました。

反省のポイントの1つは、仕事の成果など結果側に人材コストを振り向けると、同業他社との比較や同年齢での他業種との比較が起こり、優秀な人材が社外へ流出してしまうというリスクを、予想できたこととは言え現実に引き起こしてしまったということでした。

図1-2-2　人材コストは結果よりプロセスに振り向ける

競争力の獲得や顧客への訴求力を高めるなど、組織の力を引き上げるためには、人材の力を向上させる必要性があります。成果主義も目的は同じでしたが、日本企業の場合、賃金や処遇など結果系へ人材コストを配分しても、あまり大きな組織的能力の向上にはつながりませんでした。むしろ負の側面の方が大きく取り上げられる結果になり、その反省から、結果系へ人材コストを配分するより、人材選抜や研修、登用など、プロセス系へより多くを振り向けようという動きが始まっています。

　優秀人材の社外への流出防止やコア人材の早期囲い込みができないと、今後の少子化環境下では、組織の指導者不足が起こり、組織自体の能力低下を引き起こします。組織能力の低下は、市場での優位性確保や対競合優位性を相対的に劣化させてしまう可能性があり、これらを効果的に改善する方法はないかという模索が始まりました。
　即ち、これまで給与など仕事の結果として生じるものへ振り向けていた人材コストを、選抜や育成などプロセス側へ振り向けようという動きです。（図1-2-2参照）

　当然、従来のような年功型で均一的同列的処遇を前提とする昇格昇進制度での人材選抜や登用では、合理性や納得性が確保できません。少なくとも、組織的な納得性が確保できる合理的な評価が行われ、その評価は明確な方法論に基づいていることが重要です。また、さまざまな立場や背景を

持つ人々が混在して働いている現在の職場環境とも、なじみやすい方法論であることが求められました。

　いくつかのアプローチが行われましたが、人材育成、選抜、登用という観点からは、人材アセスメントについての理解が深まり、行動評価や意思決定への観察を中心とするインバスケットゲームが再び注目を集めるようになりました。

1-2のまとめ

- インバスケットゲームは、導入された当初（1960年代～1970年代）は日本企業にあわないと言われた。
- 人材コストを賃金などの結果側から、人材選抜・育成などのプロセス側へ振り向けるということが、インバスケットゲームへの再評価のポイントの1つである。

インバスケットゲームの流れ

厳しい環境下での行動とその成果を観察し評価する

○ インバスケットゲームはどのように進んでいくのか

　インバスケットゲームとは一体、どのようなものなのでしょうか？

　インバスケットゲームに参加するメンバーには、「未決箱」に入っている未処理案件を制限時間内に処理するという課題が課せられます。

　ゲームが始まると、未処理案件は未決済の書類として提示されます。書類の種類はさまざまです。報告書もあれば、手紙やメモ、業務連絡を含む電子メール、書類と言えるのかどうかわからない切れ端のようなものまで、種々雑多なものが提示されます。

　場合によっては、携帯電話が鳴ることや上司役を演じる評価者から口頭での指示や連絡が行われることもあります。ほぼ現実に近い状況設定の中でゲームは進んでいきます。

　参加者は、まずある特定の役割を与えられます。その役割になりきって課題を解決していくことが求められます。この役割はまだ経験したことのない職務・期待役割であったり、想像のつかないポジションであったりすることがほとんどです。そして極めて厳しい状況にあることが設定条件として提示されます。

　たとえば、

　「ある支店長が意識不明のまま緊急入院し、あなたしかその役割を引継げる人材がいない。ところがあなた自身はどうしても代役の効かない海外出張に明日から出掛けなくてはならない。しかも出張先は携帯電話もファックスやネットもまったく連絡手段がないところで出張期間中は会社と連絡を取ることができない。出発準備やそのための打ち合わせを考慮に入れると、支店の部下から来ているさまざまな未処理案件について、今から2時間以内に全ての指示を出さなくてはならない。その案件は目の前の未決箱に入っているので、それぞれの案件について必要な指示命令等の意思決定を行わなくてはならない」

などの状況設定です。

そして受験者は、与えられた役になりきって、制限時間内（多くは2時間から3時間程度）に与えられた案件（多くの場合は15問から25問程度）を処理していかなくてはなりません。また、状況設定の中で必要となる組織図や、その他の書類（図面、地図、商品リストなど）も同時に配布されますので、それらを参考にしながらゲームに取り組んでいくことになります。

図1-3-1　インバスケットゲームのおおまかなしくみ

インバスケットゲームでは、ある役割になりきって、未決箱の中にある未処理案件を、制限時間の中でできるだけ多く、その案件にふさわしい内容をともなった処理（誰に、何を、いつまでに、どのようにしてほしい、など）をします。その取り組み状況などについては、評価者（アセッサーともいいます）が観察し、処理結果については採点されます。

処理内容については、アクションシートや課題処理シートなどと名前のつけられた回答用の帳票が配布されますので、指示要領に基づいて自分が下した意思決定や処理の内容を記入していきます。通常はA4サイズの用紙で、1枚に3件から5件の案件に対する処理内容が記入できるようになっています。未処理案件にはそれぞれタイトルがついていて、回答用紙にはタイトルが先に記入してあり、その欄にその案件に対する処理内容を記入することになっています。また未処理案件ごとに重要度、緊急度の判断を行って、処理の優先順を記入する欄も設けられています。

昇格昇進のための試験として行われる場合には、ここまでで打ち切られる場合もありますが、人材育成のための研修として行われる場合には、グループディスカッションなどでの発言の様子や他のメンバーへの影響力の発揮状況やリーダーシップの状況、コミュニケーション能力やマネー

ジャーとしての適性などについての観察が行われ、その内容も評価結果に反映されていきます。

○相互フィードバックを行い、知見を深める

未処理案件処理のステージが終了すると、いくつかのグループに分かれて、自分自身の処理内容について、なぜその処理を選択したのか、意思決定の意味などをメンバー相互で説明しあいます。グループの中で相互に疑問や意見を提示しあうことで、マネジメントに関する自分の知見を引き上げて行くことを行います。

グループでの検討に引き続いて、参加メンバー全員でのセッションを行い、案件処理の細部に係る問題から、自社の価値基準から見た場合の判断の正しさや戦略的な視点から全体的なディスカッションなどを行います。このセッションでは、マネジメントの基本原則や自社の中長期的視点から何をするべきかなどの検討も行われます。研修型の場合には、研修講師からのサジェスチョンや全体的な講義が行われることもあります。日程的には、おおむね1泊2日など泊まりで行われることが多く、受講者にとっては高い集中力が要求されることになります。

インバスケットゲームを初めて知ったという方には、類似の研修経験がなかなか思い浮かばないかもしれません。基本的にはケーススタディによるシミュレーション型のゲームですが、役割になりきると言う点ではロールプレイングに似ていますし、処理結果が採点されるという点ではビジネスゲーム的な要素も含んでいると理解していただいてもかまいません。

いずれにしても、インバスケットゲームでは、1つの手法や断片的な知識は役に立たないと言われています。自分自身が職業経験の中で培った経験知や業務知識、スキル、対人折衝能力、問題解決手法や意思決定力などを総動員してからないと、なかなか対処が難しい、歯が立たないと言われています。

○評価者が行うことのあらまし

評価者はインバスケットゲームが終わると、研修前に作っておいた採点基準に基づき、受験者や参加者が作成した案件処理のアクションシートや

課題解決シートを詳細に点検し、その処理内容を採点します。

採点基準は、処理内容の妥当性や独自のアイデアを含んでいるか、緊急度や重要度についての誤判定はないか、使われている言葉や表現はわかりやすいか、など多くの視点から総合的に評価が行われます。

採点が終わると、その内容が受験者または研修参加者にフィードバックされます。昇格昇進試験として実施される場合などには、昇格昇進の判定結果だけが明示されることもあります。人事部門の担当者からフィードバックを受ける場合もあれば、直属の上司からフィードバックを受ける場合もあります。また、評価者や講師として参加した社外の専門家がフィードバックを行うこともあります。フィードバックの結果を受けて、受験者や研修参加者は、自分自身のマネジメントの特性や処理能力などについての課題を認識し、自分自身の新たな成長への気づきを得て、新しい取り組みを始めます。

○ 運営する側が行うことの概要

実際にインバスケットゲームを運営する側が行うことは、極めて多岐にわたります。仮に全てを自主運営するということになると、「未決箱」の中に入れる未処理案件としてのケースをどのように作るのか、どのような設定を参加者に提示するのか、未処理案件の数と制限時間をどのように設定するのかなど、インバスケットゲームの材料や条件設定からやらなくてはなりません。また、未処理案件としてのケース設定だけではなく、そもそも採点基準をどうするのか、評価者をどのように選ぶのかなど、評価側のさまざまも検討しなくてはなりません。

その他にも、研修全体のスケジュールをどうするか、参加者をどのように選ぶのか、また研修結果のフィードバックはどのように行うのか、実施後のフォローをどうするかなど、通常の研修事務局として行う業務があります。

全てを自社内のリソースで行うのが無理だと判断した場合には、外部の人事系コンサルタントや大学などの選択と交渉、運営側として「これだけは」という点の要望事項の伝達やすりあわせなど、実に多くの項目が横たわっています。

インバスケットゲームの歴史としくみ

1-3のまとめ

- インバスケットゲームとは、ある状況下でのある役割になりきって「インバスケット」に入っている未処理案件を処理するゲームである。
- ゲームのステップには、未処理案件の処理、その後のグループディスカッション、評価、研修後のフィードバックなどがある。
- 運営側の事務局が行う業務は、かなりの幅と量がある。

第2章

将来の経営幹部を創る選抜研修型人材アセスメントの概要

　この章では、インバスケットゲームもその中の1つと分類整理される「人材アセスメント」の概要について説明します。その中でも最近、特にその効果に注目が集まっている「選抜研修型人材アセスメント」について見てみましょう。
　なお、この章の内容は実際に「インバスケットゲーム」や「選抜研修型人材アセスメント」を企画立案、運営する可能性がある方、あるいは現実に取り組んでいるという立場の方には有効な内容を含んでいますが、「将来的に受験する可能性や参加の可能性があるので、その対策や概要を知っておきたい」という方は、次章以降へ進んでいただいてもかまいません。

人材アセスメントとは何か

合理性・納得性の高いしくみとしての人材アセスメント

● そもそもアセスメントとは何なのか

　人材アセスメントを考える場合、まず「アセスメント」ということを考えておく必要性があります。本来、アセスメントとは「（事前）評価」のことを言います。最近、よく使われる事例としては「環境アセスメント」や「リスクアセスメント」などがあるのではないでしょうか。

　評価である以上、構成要素としてのポイントがあります。詳細に分類すればもっと細かくなるのかもしれませんが、概ね以下のような点が「アセスメント」を考える場合のポイントでしょう。

- ・評価の目的は何か
- ・何を（あるいは誰を）評価するのか
- ・評価する範囲は決まっているのか
- ・評価者は誰か
- ・どのような方法で評価するのか
- ・いつの時点で評価するのか
- ・評価基準は何か
- ・評価結果はどのように使われるのか
- ・評価の有効期限はいつまでか

　それぞれの企業や組織の事情が異なるということから、環境や品質管理、情報システム等に関する国際基準であるISOなどのように統一的な基準での汎用的な運用というわけにはいきませんが、科学的で合理的な評価を行いたいという意味では人材アセスメントも同じです。

◯ 人材アセスメントを行う意味

人材アセスメントを行う意味を考えるにあたっては、管理職の仕事との関係を考えなくてはなりません。管理職の仕事というのは、大きくは業績実現と部下育成から構成されます。部下の育成について言えば、部下の成長や能力・やる気などの現状を正しく把握し、それがどのレベルにあるのかを他のメンバーとの比較や過去の成長過程との照らし合わせなどから正確に評価し、今後の成長に向けた動機づけを行う、という3つのステップがあります。

この観点からすると、人材アセスメントの目的というのは、正しく部下の成長を評価し今後の動機づけにつなげていくための評価自体が目的だとも言えます。

人材アセスメントを行う意味は、組織にとっての有用な人材を発見し動機付けを行うことが目的であることは言うまでもありませんが、派遣化などにともなう組織の成員構成の変化の中で、合理的で納得性のある方法を導入すること自体にも大きな意味があります。

◯ 人材アセスメントの4つのタイプ

人材アセスメントの方法はいくつかありますが、ここでは大きく4つに分類してみることにしました。

図2-1-1　人材アセスメントの4つの方式

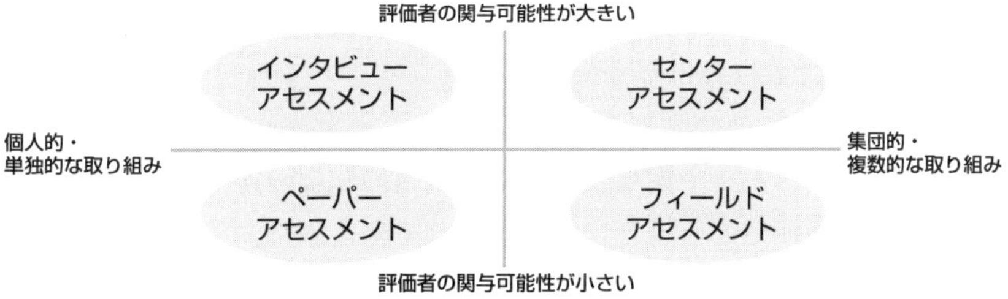

```
                  評価者の関与可能性が大きい
                           │
          インタビュー      │      センター
          アセスメント      │      アセスメント
                           │
個人的・ ──────────────────┼────────────────── 集団的・
単独的な取り組み           │           複数的な取り組み
                           │
          ペーパー          │      フィールド
          アセスメント      │      アセスメント
                           │
                  評価者の関与可能性が小さい
```

人材アセスメントの分類は色々ありますが、評価を受ける人が「個人的に、単独で行う」ということを前提としているのか、「研修会場や職場など集団の中での複数者の行動」を前提としているのかという軸（横軸）と、アセスメントのプロセスで、評価者が関与する可能性が大きいのか、小さいのか（縦軸）で、4つに分類しました。

分類の軸は、アセスメントを受ける人が個人的・単独的に取り組むことを前提としているのか、職場や研修会場など集団的・複数者での取り組みを前提としているのかという軸と、アセスメントのプロセスの中で、評価者（アセッサー）が評価を受ける人に関与する可能性が大きいのか小さいのかの2つの軸で分類し、4つのタイプに分けてみました。（図2-1-1参照）

　インバスケットゲームの設計や運用に当たっては、そもそも人材アセスメントの中の1つの方法であるということを理解しておくことが必要です。その特徴をよく理解して、自社の状況や人材アセスメントを用いる目的などもよく勘案して制度設計や制度運用を行ってください。

● ペーパーアセスメント方式

　評価者が直接関与せず、評価される側が記入した結果を事後的に評価する方式を、ペーパーアセスメント方式と呼びます。ペーパーアセスメント方式は、従来の昇格昇進制度でも活用され、人材アセスメントの方法論の中でも活用の幅が最もあり、そのバラエティについても多種多様なものがあります。

　たとえば、論文審査と呼ばれるものもそうですし、性格診断やさまざまな能力診断テストの類もここに分類されます。

　この方法は、基本的には決められた時間の中で、多くの人々を対象とし、一定の基準に基づいて合理的な判断をするという見地から活用され、現在でも広く使われています。

　ペーパーアセスメント方式では多くの場合、受験者が定められた質問や設定課題に対して自分自身で回答するということを前提としていますので、思考的な要素を評価することに向いていると言われてきました。また、基本的な技術ノウハウや商品知識、業務関連の知識の獲得状況など、職務上の理解状況を測定する場合にも多用されてきました。

　なお、この方式は受験者が自分で回答するということを基本にしていますので、回答者の考え方や理解内容は反映されますが、その考え方に基づいた行動を現実にしているかどうかということが確実に把握できるというわけではありません。

すなわち、受験者の能力や考え方を間接的に知ることができますが、職場における具体的行動などについて、直接的に知ることが確実にできると言い難いというところに限界があると言われています。

インバスケットゲームとの関連性で考えると、そもそもインバスケットゲームの主体は、設定された状況の中で与えられた役になりきって、未処理状態にある案件を制限時間内に処理する、というものですが、昇格昇進試験などで実施する場合は、設定課題に対して書面回答するという部分だけを使うということが発生します。

図2-1-2　インバスケットゲームも使い方次第

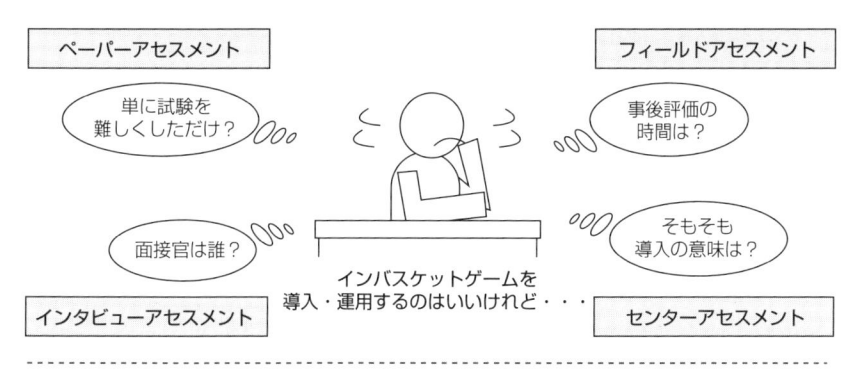

- ペーパーアセスメント：単に試験を難しくしただけ？
- フィールドアセスメント：事後評価の時間は？
- インタビューアセスメント：面接官は誰？
- センターアセスメント：そもそも導入の意味は？

インバスケットゲームを導入・運用するのはいいけれど・・・

それぞれのアセスメントの側面をインバスケットゲームも持っていますので、インバスケットゲームのような選抜研修型人材アセスメントを導入したり、運営したりする場合、人材アセスメントの4つの類型から、それぞれの特徴、留意点などをきちんと考えておく必要性があります。

この場合は、ペーパーアセスメントとして実施していることになり、従来の論文審査に比べて、審査における課題を単に複雑にしただけでいったい何が違うのかという指摘を受験者やその所属組織などから受ける可能性があります。確かに試験として実施した場合、課題を提示し、その課題を解き、回答内容を採点して合否を決めるということでは、ペーパーアセスメント方式と何ら変わりません。

今後、昇格昇進や人材選抜・登用の制度改訂やツールとしてインバスケットゲームの導入を検討している場合、本来的な使い方を誤ってしまうと単に従来の試験を複雑化しただけに過ぎない、要するに状況設定型の複雑な

試験だということになりかねません。この点について運用側は十分に理解して、それでもいいとするのか、本来的な使い方をするのかについては指針やスタンスを決めておく必要があります。（図2-1-2参照）

● インタビューアセスメント方式

いわゆる面接方式と呼ばれるもので、評価者が何らかの意図をもって受験者に対し質問を投げかけ、受験者はその質問に対して回答をするという方式が基本の形です。

たとえば、採用時の面接や業績評価に関する期初期末の面談やその人の進路に関する人事部からの指導など、日常管理的なありふれた行為の中で行われるものから配置転換や異動に影響を及ぼすような内容を含むものまで、多様な場面で活用されています。

インタビューアセスメント方式は、インタビューを行う人の経験や能力、知識に依存するところが大きいのは言うまでもありません。また、インタビューを受ける人にとっても、その場で思いついたことをたまたま述べたらうまくいった、いかなかった、ということもあり、その人自身が持っている本来的な能力を適切に表現するのが難しいという問題を含んでいます。インタビューする側、される側、双方にとって、対象となる人の能力を見極めていくということが実はかなり難しいという問題を含んでいるのです。

従来の論文審査と呼ばれるものは、基本的にはペーパーアセスメント方式の上に、インタビューアセスメントが加味されていました。受験者が事前に用意した論文をもとに、役員などの面接官が面接審査を行い、その内容を確認して評価を定めようというものでした。

しかしながら、論文プラス面接審査についての指摘がなされるようになったのは、事前に面接審査の練習を何度も何度も行い、本番は結局のところ予定調和的に行われるだけで、その人の本当の能力や考え方はわからない、というところからでした。

インバスケットゲームでは、特に面接的な内容が組み込まれるというものではありませんが、未処理案件の処理過程において、上司や顧客などを

演ずる評価者から、何らかの指示や質問、依頼を受けることが設定されていることがあります。その中で受験者や研修参加者が、いったいどのような受け答えをするのか、その内容は適切なものであるのか、など、多くの点を理解することができると言われています。

　また、事前準備が難しいというのも、ゲームの中での効果を引き上げると言われていますが、問題は同じで、いったい誰をゲーム中のインタビュワーにするかということです。インタビュワーもある役割になりきることが必要とされますし、ゲームの中で投げかける質問などにも、その上手い下手があるのは容易に理解することができます。現実に近い設定状況下で、仮に現実に近い職務を持つ上司がインタビュワーを務めるとすると、受験者や研修受講者は、「現実」という枠に縛られ過ぎて、自分自身の行動にブレーキをかけてしまう可能性を否定できません。

　多くの場合、インバスケットゲームの中で面接や面談を行うのが外部から招へいした評価者であるのは、こういう点を加味しているからだと思われます。

◯ フィールドアセスメント方式

　この方式は、職務遂行の現場において、実際にどのような仕事が行われているのかを観察をする、ということから構成されています。

　フィールドアセスメント方式においては、フィールド（職場）におけるアセスメントという意味合いから、複数の観察者を前提としています。上司、同僚、部下など多くの観察者の目を通してアセスメントを行います。いわゆる多面評価、360度評価と呼ばれるものが該当するのではないでしょうか。

　この方法が、直ちに従来の人事考課に替わるというわけではありません。なぜなら、たとえば360度評価を行う場合、必ずしも評価者の全員が評価者訓練を受けているとは限らず、その評価内容が全て信頼に足るものであるとは言い難いという理由が存在しているからです。したがって、この方法は現在のところ、従来の人事考課制度を補完する測定領域だけにとどめ、人材育成や本人の気づきを誘発し、自己成長につなげる補助的な活用にとどまっているというのが大多数の状況ではないでしょうか。（図2-1-3参照）

図2-1-3　4つのアセスメント方式が得意な測定領域

	ペーパーアセスメント	インタビューアセスメント	フィールドアセスメント	センターアセスメント
パーソナリティ（性格・知能・気質）	○	△	△	◎
技術的特性	△		◎	△
職務知識	△	○		○
適性		△	○	◎

それぞれのアセスメント領域には、得意な測定領域があります。今回は、4つに分類していますが、たとえばペーパーアセスメント方式をさらに適性検査と論文審査に分けると、適性検査では適性の測定は◎になります。

◎：割合よく評価できるだろうと思われる項目
○：普通に評価できるだろうと思われる項目
△：測定は不可能ではないという項目

無印は、あまり当てはまらない、他の方法でも測定できるという場合

　インバスケットゲームの場合についても同じことが言えます。
　ゲームの中で受験者及び研修参加者が行った処理結果についての評価は、いくら採点基準を事前に準備してあるとは言え、評価する側の経験知や洞察力が大きく関与していることは言うまでもありません。そのために、できれば複数の評価者によって、評価を合議で進めていくことが望ましいと言われていますが、場合によっては、この評価者による合議に多大な時間を要することがあります。
　運用する側が留意する点は、評価者、即ちアセッサーを誰にするか、何人にするかということもありますが、インバスケットゲームを実施した後処理として、評価のための時間を十分に取っているかどうかという点も重要な検討要素の1つです。

　評価のための時間が短い場合、全てそうだというわけではありませんが、深掘りのできた評価にならないことがあります。評価基準に基づき、単純なマルバツ式の評価ではなく、たとえば回答帳票の枠外に書いてあるメモのようなものをよくよく見てみると、その案件の処理上、極めてポイントをついた意味を持っているというようなことがあります。この場合、ある

アセッサーがそのことを指摘し、合議の結果、評価結果にそのことを組み入れる、というようなケースも起こりますが、時間がかかるのも事実です。

フィールドアセスメント方式の観点からインバスケットゲームを見る場合は、アセッサーの問題だけではなく、アセスメントに要する時間など、人以外の物理的な問題を十分理解しておくことが求められます。

● センターアセスメント方式

センターアセスメント方式においては、業務を離れた特定の場（センター）での集合研修を前提として、ほぼ数日間にわたって評価が行われるのが基本です。この方式の中に「選抜研修型人材アセスメント」と呼ばれる方式があります。

研修参加者による課題解決の様子や議論の状況を評価者が観察し、その内容を適切なタイミングで受験者にフィードバックすることの他に、参加者同士が相互フィードバックを行うなど、プログラム化されたシステムの上で受験者の能力評価を行おうとするものです。

センターアセスメントを行うことの目的は、人間的な気質や態度など、受験者が持っている能力の全体像をできるだけ具体的な行動評価を通して正確に理解しようとするものです。したがってこの方式では、受験者の行動ばかりではなく、行動の結果、もたらされる成果についても観察・評価が行われます。

具体的な方法論としては、受験者の能力を正確に判断するために、起こりうるだろうと思われる、さまざまなマネジメント状況をシミュレーションしたケーススタディが多く使われます。

このケーススタディによって、参加者に具体的な問題解決行動を体験させ、評価者はその過程での行動や意思決定の様子を詳細に観察することによって、受験者の能力の全体像をはっきりさせようとするものです。（図2-1-4参照）

センターアセスメント方式では、自社の今後にとって有用な人材を選抜し、その保有能力の向上を行うことが可能だと言われています。また同様に高い能力を持つ自社のコア人材を研修の場を通して合理的に選抜することが可能だとも言われています。

そもそもインバスケットゲームが最近になって再び注目を集めているのは、このセンターアセスメント方式、即ち、その中の方法論の1つである選抜研修型アセスメントが、自社のコア人材、即ち、将来を担う中心的な人材を選抜登用する上で有効だと考えられているからにほかなりません。

図2-1-4　顕在行動と成果を評価する

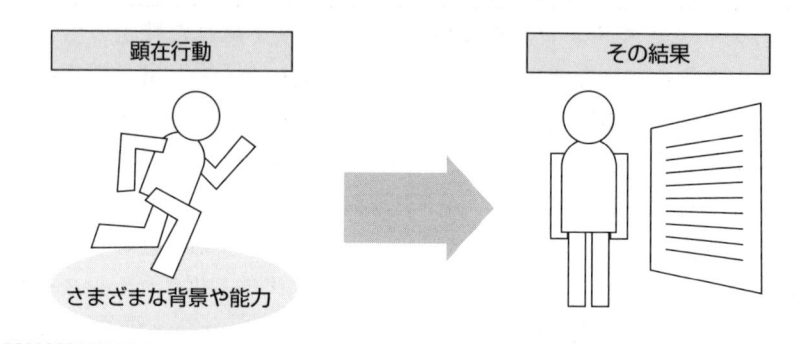

顕在行動 → その結果

さまざまな背景や能力

センターアセスメント方式（選抜研修型人材アセスメント）の1つであるインバスケットゲームでは、ゲームの最中に顕在化した行動と、その行動の結果、生み出された成果を評価します。顕在化した行動の背後には、その人の持つさまざまな力や背景がありますが、マネジメント行動として具体的に出現した力を見て評価します。

　インバスケットゲームでは、自社の将来人材を考えた場合、選抜の前であっても、選抜の後であっても、ゲーム中の顕在行動や意思決定の中身、対人的な行動特性など、組織の中核を担う人材に必要な能力や要件を具体的に評価することができ、人材投資について結果側からプロセス側にコストを振り向けることが期待されています。

　したがって、成果主義的な人事制度を導入してきた企業が、その修正などを目的としてインバスケットゲームを導入しようとする場合、考えておかなくてはならないのは、どの層から導入していくかという点です。
　通常の場合、管理職選抜、管理職登用からというのが常識的な線だと思われますが、成果主義的人事制度導入後の負の側面を考慮すると、もっと早い段階からインバスケットゲームの導入が可能かどうかを考えておかないと大きな投資効果を生むことは期待できません。

即ち、成果主義的に制度改訂を行った結果として人材の流動化を若年層に及ぼしてしまっていないかどうかをチェックし、その可能性があるならば、上級管理職での採用よりも管理職になる入口の段階、あるいはもう少し早く、上級担当者になるという段階での採用が可能かどうかを勘案する必要があるとも言えます。

　インバスケットゲームについて、センターアセスメント方式から検討しておくべきことは、できるだけ早期に、自社のコア人材を選抜し、社外への流出を防ぎ、人材登用に係るコストを合理的に活用する上で、取り組むべき理由や根拠をはっきりさせ、対象となる層などを見直し、考え方と施策の間にきちんと論理的な関連性を持たせることです。

2-1のまとめ

- 人材アセスメントには、大きく4つの方式がある。
- インバスケットゲームは、使い方次第でどの方式にもなる可能性がある。
- インバスケットゲームを効果的に運用するためには、センターアセスメント方式（選抜育成型人材アセスメント）として使うこと。

選抜研修型人材アセスメントとインバスケットゲーム

管理職としての意思決定力や実行力を評価するプログラム

◯ 制度登用から選抜育成へ

　人材の登用は、手段であって目的ではない、ということを理解しておく必要があります。

　なぜ人材登用を行うかというと、組織の機能を十全に発揮させる人的要素を強化し、組織目的の実現を効果的に行うためです。

　したがって、人材登用が効果的に行われるならば、従来の昇格昇進制度でも十分だと言えますが、公正かつ早期に人材を登用したいという場合、いくつかの問題がないわけではありません。

　その1つは、日本企業における昇格昇進が「制度として」運用されているということです。即ち、誰もが参加できる一般競争的な場で昇格昇進が決まったり、公募的な場が用意されているというのならば、昇格昇進審査の内容や課題が漏れたりすることはないと思われますが、日本企業の場合、内容も課題も制度的に決まっている上に、審査での質問内容などもその年の候補者から次の年の候補者へ当たり前のように引き継がれていきます。いわば公然の機密事項となっているわけで、有意な人材を選抜するという上では本当に効果的なのか、改善の余地があるのではないかと、ずっと言われてきました。（図2-2-1参照）

　インバスケットゲームは、単に昇格昇進制度の改訂上、たとえば論文審査、面接審査の代わりに取り入れたツールということでは、あまり大きな意味を持ちません。インバスケットゲームは、その性質上、ゲームの中で使用する未処理案件を毎年作り変えるというわけにはいきません。それほど簡単に作れるものでもありませんから、その内容が漏れてしまうということを前提とすると公正な運用は期待できません。

　かつての日本企業の状況を勘案すると、インバスケットゲームはやはり昇格昇進のツールとしては使いにくいということになるのだと思います。

これは制度の前提となる企業文化の問題とも絡みますが、ここが改善できないということなら、インバスケットゲームの導入は見送った方がいいのかもしれません。結局は、昇格昇進制度を複雑にしただけで、受験者やその背後にある組織が新制度への適応を行い、定型化した対策パターンが数年のうちにできてしまい、本質的な人材登用の目的を達せられないということに終わってしまうことが予想されるからです。

図2-2-1　人材登用の"制度的"運用が問題

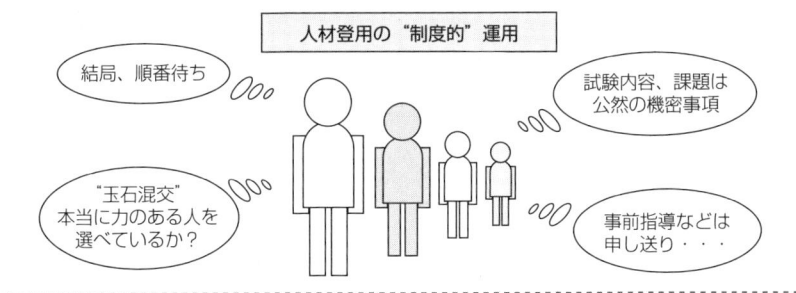

人材登用の"制度的"運用

- 結局、順番待ち
- "玉石混交" 本当に力のある人を選べているか？
- 試験内容、課題は公然の機密事項
- 事前指導などは申し送り・・・

自社の将来にとって意味のある人材登用を行おうとすると、従来のような人材登用方式（昇格昇進制度）では、合理的な人材選抜ができません。なぜなら、順番待ちで受験する人に対して、組織が「無理やり」合格させようとするからです。少子化でかつポストも限られ、人材が流動化している時代であれば、別の方法を考えないとコア人材の確保は難しくなります。

しかし、最近では日本企業の状況も大きく変わってきています。欧米ほどではないにせよ、成果主義やアウトソーシングの進展に伴って人材の流動化が正社員のレベルまで広がり、年齢や経験で昇格昇進の順番待ちをするより自社以外への転身によるステージアップも視野に入るようになると、昇格昇進審査の内容を他に漏らしたり、制度として当たり前のように引き継いでいくということは、徐々になくなってきているようにも思います。逆の言い方をすれば、中途採用で入ってくる人たちが増えると、人材登用の内容や課題を制度的に引き継ぎ、事前指導や論文の書き方、面接の受け方などを申し送っていくこと自体が難しくなってきているのだと言えるのかもしれません。

　インバスケットゲームを導入する目的は、自社の将来人材をできるだけ早期に選抜し囲い込んで、育成プログラムに乗せるということにあります。

カリスマ経営者であれば、「自分自身の眼力で十分可能だ」とおっしゃるかもしれません。人事の問題は、人に由来し人に帰結するということですから、それを否定するものではありません。

しかし、多くの組織の状況が、1人の天才的な経営者によって率いられているということではなく、システムとして機能するということを前提とするならば、できるだけ合理的なツールをその時々の組織の状況に合わせて導入し、よりよい人材登用を行っていくのは自然な流れではないでしょうか。

インバスケットゲームの導入に関しては、自社の人材登用制度について、企業文化や風土の問題など目に見えない部分を検討しておかないと、受験者や研修受講者からの反発だけではなく、彼らが属する部門からの抵抗などのトラブルを引き起こし、人事が意図した方向とは大きく異なる使い方に終始してしまう可能性があることを十分に認識しておく必要性があります。

● 選抜し、アセスメントし、継続的にコア人材を育成する

現在の日本企業の人材登用方法は、多くは制度的な昇格昇進制度によっていますが、中にはペーパーアセスメント方式の、いわゆる昇進試験と言われるペーパーテストを実施している企業があります。中身はマネジメントに関する素養や業務知識、一般教養などから構成されています。

この場合、時として、現実の仕事では優秀だと言われている人が不合格になり、誰が見てもそうではないと思われる人が合格となるなど、現実の力量と試験の結果が大きくかい離することがある、と言われることがあります。

これはインバスケットゲームの中でも起こりうることですが、誤差の問題だと単純に割り切れる問題ではありません。なぜなら、個人にとっては一生に関わる問題ですし、組織にとっては将来の命運に関わる大きな問題だからです。

これがたとえば中途採用での管理職採用試験のような場合なら、誤差があってもしかたがないで済むのかもしれません。企業の側からすれば優秀人材の採用漏れがあったと判断すれば、その回の採用試験をキャンセルして、再度、試験を実施し、誤差の修正をすることは可能です。しかし、自

社内の人材から選抜するということになるとそうはいきません。

多くの場合、発生する誤差を修正する補完的な何らかの方法によって、これらの問題を解決していきます。

図2-2-2　インバスケットゲームを含むトータルで考える

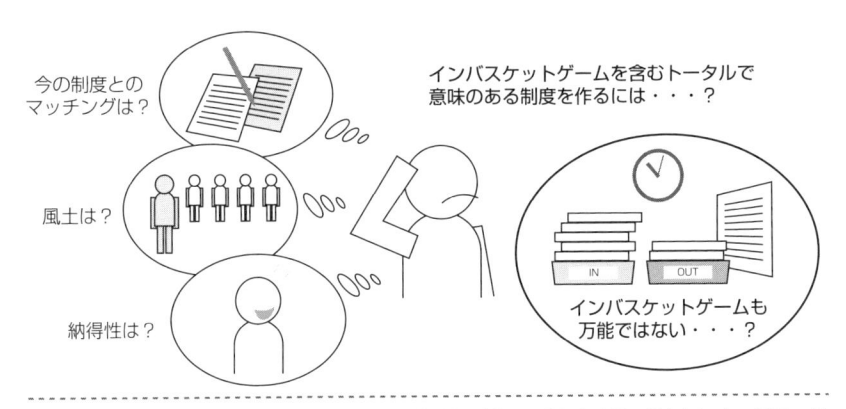

- 今の制度とのマッチングは？
- 風土は？
- 納得性は？
- インバスケットゲームを含むトータルで意味のある制度を作るには・・・？
- インバスケットゲームも万能ではない・・・？

インバスケットゲームの導入にあたっては、自社制度の状況などをよく見ておかないと、結局、何も変わらなかったということにもなりかねません。また、受験者や研修参加者からの反発を招きかねません。他の仕組みやシステムなどとの関連性をよく検討し、総合的に見て人材選抜、育成、登用に効果的な構造を考える必要があります。

インバスケットゲームの導入においても、インバスケットゲームが万能であるかのように捉えるのは危険だと思います。インバスケットゲームの特徴は、受験者や研修参加者の顕在行動とその成果を観察・評価することによって、個人の持つ意思決定や将来のリーダーとしての特性を判断しようとするものですが、1回の観察で全てが理解できるわけでもありませんし、上記のような誤差の問題もつきまといます。

インバスケットゲームの特徴をよく理解して、足りないと考えられる部分や補っておくべきだと考えられる点に、運営側は慎重に手を打っておくことが求められます。冒頭でも述べましたが、大事な点は自社の将来を託すにふさわしい人材をいかに選抜するか、育成をするか、という点にあります。したがって、選抜育成型人材アセスメントがそのことにいくら有効だと言っても、インバスケットゲームが効果的であると再評価されるよう

になったとしても、長期的な観点から、どの段階でこれらの手法を入れて行くのか、また他の方法や手法とどのように関連させるのかをしっかり考えて人材登用の全体像を構築していくことが求められます。(図2-2-2参照)

2-2のまとめ

- インバスケットゲームを導入するには、公正な選抜環境があることが前提である。
- インバスケットゲームも万能ではないので、総合的な観点で人材選抜・育成について検討し、効果的な人材登用法を構築することが重要。

第3章

インバスケットゲームの効果

　この章では、選抜研修型人材アセスメントであるインバスケットゲームで評価できる能力や行動要件などについて考えて行きたいと思います。
　インバスケットゲームでの主たる評価項目は「判断」と「行動」ですが、それらを通して、マネージャーや経営幹部としての必要な能力なども明らかにできると言われています。

管理職としての必要能力と行動を「見える化」

インバスケットゲームに取り組むことで「見える化」できる

◯ ビジネス能力の意味するもの

　インバスケットゲームの受験者もしくは研修参加者には、ある役割になりきって課題を解決することが求められます。いわばビジネスシーンの1つに入り込み、自分自身がそのシミュレーションの主役になって、具体的な管理行動を行わなくてはなりません。

　受験者および研修参加者にとっては予測もつかない状況下で、保有する力の全部を使ってもらい、その様子から今後、発揮が期待できる能力の概要を複数の評価者の目で見極めていこうとするのが、このシステムの目的です。

　では、観察・評価の対象になる管理行動をはじめとするビジネス能力とは、いったいどのようなものでしょうか？　誰にでも共通する特性のようなものがあるのでしょうか？

　マネージャーの仕事ということを考えた場合、それぞれのマネジメントスタイルも違えば、考え方、経験なども違います。インバスケットゲームにおいてもこれは同じです。おそらく同じ未処理案件の処理行為であっても、その処理方法やスタイルには参加者の数だけバリエーションがあるのではないでしょうか。

　この差がなぜ生まれてくるのか、という点については、一般的には階層構造として説明されます。成果の前提には、具体的な職務行動があります。管理行動もこの職務行動の中の1つです。職務行動の基盤には、パーソナリティと呼ばれる領域が広がっています。

　パーソナリティとはなかなか説明しづらい概念ですが、そもそも人間には性格や個性、考え方の違いなどがあります。興味の向かう先や関心事も違います。知識の分野や水準、態度なども違います。成長してきた過程も違えば職務経験なども違います。このような人間の人格の全てに関わる内

容をパーソナリティと呼んでいます。

　このパーソナリティの違いが、職務上の行動の違いを生みますが、これらはどちらかというと潜在的なもので、測定することが難しいと言われています。

○ パーソナリティと職務行動

　パーソナリティを土台として、職務行動が行われます。職務行動は具体的で顕在化しています。また、同じ条件下であればこういう行動を取るだろうという再現性についての予測が可能だと言われます。つまり、与えられた条件や状況が違ったとしても、行動の特性などが同じようなパターンを示し、あの人らしいと、その人の特徴として語られたりします。パーソナリティと職務行動は密接に結びついていますが、パーソナリティに基づく行動のなかで、仕事に関連しているのは極めて限られた範囲の行動であることを同時に理解しておく必要があります。

図3-1-1　ビジネス能力は階層構造

■成果

運・環境・巡りあわせ　不確定要素　コントロールできない

■職務行動
顕在的、再現可能性
日常の中で観察可能

モチベーション　動機づけ、意欲など　変化の幅が大きい

■パーソナリティ
能力、知識、スキル、価値観、
態度、性格、興味・・・

ビジネス能力は階層構造になっています。基盤になるのは「パーソナリティ」と呼ばれるもので、潜在的で観察するのが難しいと言われています。そこにモチベーションが働きかけ、具体的な職務行動が生まれて行きますが、不確定要素が加わって成果につながっていきます。

　図3-1-1にあるような「成果」「職務行動」「パーソナリティ」という3層構造にとって、大きな影響を持つ外部要因として代表的なものが2つあります。これは直接、ビジネス能力を説明したものではありませんが、職務

行動を考える上では考慮しておいた方が現実的であるという意味で説明されることが多いのだと思います。

パーソナリティと職務行動の間には、モチベーションという変動要因があります。動機づけや意欲などと理解していただくといいと思います。これもまた人によって、状況によって、変化の幅が大きいものです。しかし、モチベーションが働かないとパーソナリティは具体的な職務行動へとつながっていきません。

職務行動と成果の関係を考える時、運不運や環境の良し悪し、仕事や上司部下・関係者などとの巡り合わせというものがあると言われることがあります。高いパーソナリティを持ち適切な管理行動を取っても、理屈どおり成果に結び付かないということがあるのは誰でも知っていることですが、同時にこれは不確定要素でコントロールすることができません。

インバスケットゲームでも同じことは生じます。ゲームの設定として、受験者および受講者がまったく経験したことのないような立場や職場を設定しますが、これは受講者の経験知の多寡によって影響を受けます。実はまったく同じではなくてもローテーションなどで似たような職場の経験があるなどの場合は、既に知っている分おもしろいと意欲的に取り組めるかもしれません。またゲームを少し有利に進めることができるかもしれません。

○ 判断する能力と行為する能力

インバスケットゲームでの未処理案件の処理プロセスには、大きく2つのステップがあると言われています。顕在化していると言われる管理行動を少し詳しく見てみると、「判断する」というステップと「行動する」というステップがあると言われています。

判断するということの中身は、情報収集をしたり、分析をしたり、対策や代替案を検討したり、実際に施策を実行に移していく上でのリスクを想定したり、ということです。また、単純にその案件だけを処理すればいいのか、関連し考慮に入れておかなくてはならないものがあるのかどうか、処理順は妥当かどうかなど全体を見渡した考察も必要になってきます。

成果は、判断する力と行動する力の2つの相乗効果によって生み出されますが、判断能力という場合、その前提となる知識の総量が問題視される

ことがあります。当然ですが、インバスケットゲームが見たいとするのは、この知識量ではありません。

いくら知識があっても、見たことも聞いたこともない状況下で、その知識を役立てるということができなければ、インバスケットゲームの中ではその知識は使われなかったことと同じことです。その人が持っている知識と知識を組み合わせ、応用して、限られた時間の中で有効な解答を見出していく知恵が要求されます。判断能力というのは知識だけでは成り立ちません。知識を使って知恵を生み出す過程こそが判断能力の核心ではないでしょうか。知恵が働けば、その表出として行われる行動は意味のあるものとして実現されるはずです。（図3-1-2参照）

図3-1-2　職務行動は思考能力と行動力が基本構成要素

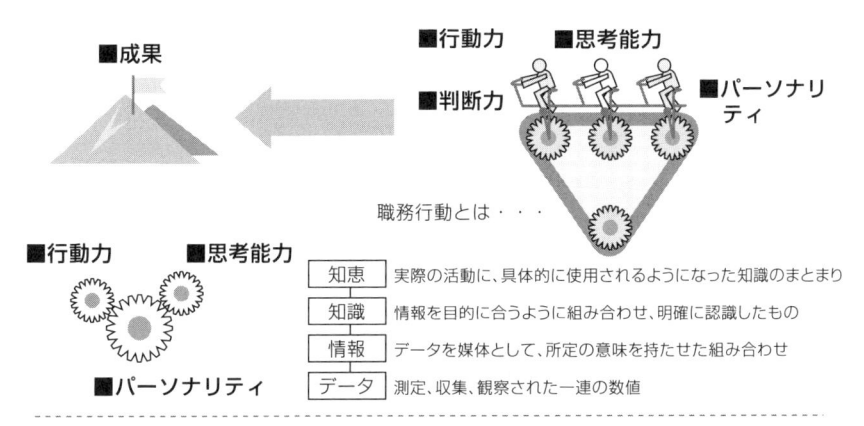

■成果　　■行動力　■思考能力
　　　　　■判断力　　　　　　■パーソナリティ

職務行動とは・・・

■行動力　■思考能力

知恵	実際の活動に、具体的に使用されるようになった知識のまとまり
知識	情報を目的に合うように組み合わせ、明確に認識したもの
情報	データを媒体として、所定の意味を持たせた組み合わせ
■パーソナリティ
| データ | 測定、収集、観察された一連の数値 |

インバスケットゲームでは、行動評価とその結果を重視しますが、職務行動は思考能力と行動力で構成されています。インバスケットゲームでは顕在行動を評価することによって、その背後にある思考能力やパーソナリティなどを評価しようとします。

また職務経験で得られた知識や経験というものも、管理行動に大きな影響を及ぼしていきます。かつての日本企業では、マネージャーは管轄する職場の全ての職務に関する知識を持っているということが当たり前とされてきました。広汎な職務知識が適切な管理行動につながるとも言われてきました。また、1つの仕事をずっとやってきたことによって得られた高い専門性は、他の業務での応用性をもたらすとも言われてきました。

しかし現在では、管理者が自組織の職務の全てを把握できないという状況も生まれてきています。たとえば、アウトソーシングが進んだ結果、業務の細部まで認識することができないなどの状況があるかもしれません。また職場の細分化が進んだ結果、専門領域が狭い範囲に押し込められ、結果的に応用の利かない状況になってしまっているということもあると言われています。

● 判断の正否は行為の選択で異なってくる

　同じように、インバスケットゲームの中で提示される未処理案件について、全て内容が理解できるというわけではありません。中には、何を言っているのか、何を問題だと言っているのか、どうして自分のところに持ち込まれるのかが、皆目、理解できないという内容があります。
　この場合、自分自身がわかっていないのですから、とりあえず指示命令を出してしまうということより、延期、保留という方法もあるのではないでしょうか。また、誰かその案件に詳しい部下に判断を委ねてしまうという方法もあるかもしれません。

　これらの思考結果に基づいて具体的な処理行動に移っていきますが、せっかく考えた判断であっても、行動の良し悪しが成果に結び付くかどうかを決めてしまう場合があります。すぐにイメージできるのは、対人能力による影響です。たとえば「期限までに報告書を出すように」という内容を部下に伝えるとして、「出せ」という命令口調もあれば、「出してもらえますか」という依頼口調もあります。
　また同じ「出せ」でも、部下の能力を見極めているかどうかでも違ってくるはずです。力のある部下なら、「出して」という言葉だけで詳細説明や関連情報を必要としていることを察して必要十分な報告書を作ってくれることが期待できますが、それほど経験がないという部下なら、こと細かく指示しないと同じレベルのものは出ないはずです。
　同じ案件を処理するとしても、ある人は積極策を選択し、ある人は消極策を選択するというように、どう考えてもその人の性格に起因するということがあります。性格や人柄、意欲、気力、体力などの他にも、個人としての生き方や信条、対人的な態度や職務に対する責任感や使命感、意志

の強固さなど、個人的な問題に行きつかざるを得ない要素がインバスケットゲームの過程で見えてくることがあります。

ゲーム内では、ある役割になりきってということが求められますので、自分に求められている期待役割への認識の深さや指示命令や相談、報告などを行う相手の立場や役割への理解の状況などを知ることもできます。

性格と同じように、個人的な問題として、素質や適性ということもあるかもしれません。業務上の処理を行っていく上での中長期的な見通しの良し悪し、状況を認識する際の冷静な判断力、そして思考の柔軟性や行動を行っていく上での修正力や適応力、独創的な発想や行動する上での表現力など、そもそもその人固有の素質や適性ということもインバスケットゲームの中でその一端を見ることが可能だと言われています。

行為する能力、即ち、行動能力はパーソナリティと深く結びついていて、その人の個性や信条、気持ちなどをよく反映するとも言われています。インバスケットゲームが行動評価を重視するのも、行動の中にその人の思考能力やパーソナリティが大きく反映されていると考えるからです。

◯ 能力は行動とその結果から観察・評価が可能になる

インバスケットゲームで観察できるものは、全てではないにしても、受験者または受講者が、ほぼ日常的に行っている管理行動の様子であると言うことができます。

インバスケットゲームが判断と行動を評価すると言うのも、我々ビジネスマンにとっては、頭の中で思考しているだけでは管理行動の成果とは呼べないからです。具体的な行動に移して、初めて意味を持つものになるからです。企業人の思考力と行動力は密接につながっていて、行動を観察することで、その前提となった思考力を理解することができます。

インバスケットゲームの目的である、自社の将来を担うコア人材の選抜と育成という観点から考えた場合、その人の今後の伸びしろはあるにせよ、まったく想定のつかない状況での行動特性を評価することによって、現状、その人が行っているであろう日々の管理行動やその背後にある考え方、パーソナリティと言われる人格的な素養が理解でき、今後、どういう道筋で育成をしていけばいいのか、どういうルートでキャリアを積み重ねても

らうことがいいのかなどが理解できます。

　よく「測定できないものは改善できない」と言われます。マネジメントという組織の中核をなすマネージャーの行為も測定可能にすることによって、より良い方法へと高めることができるのではないでしょうか。

　ではどうするのかと言えば、具体的な行動とその結果を観察・評価するというこの章で述べてきたことを誠実に実行するということが最も有効な方法の1つかもしれません。しかし、ここでよく考えておかなくてはならないのは、「測定できないものは改善できない」としても、どういう立場から測定をするのかという点です。機械や技術的な現象を測定するのであれば、それは科学的に合理性のある測定値として理解されると思います。

　しかし、ここで私たちがテーマとしているのは、組織の将来を託すにふさわしい人材をどう育成し、どう選抜するのか、その方法として表出した行動を観察評価して、その根源にあるだろうと思われる対象者の能力を見極めようということです。この時、どういう立場を取るのか、人を育てようと考えるのか、単に評価さえ行えばいいと考えるのかによって、その評価・観察結果は異なってきます。評価者の人間的な力や専門性の深さなどによって、評価内容が変わります。機械的に「能力は行動とその結果から観察・評価が可能になる」と考えるのではなく、その前提として、評価者の立場や見方、姿勢によって大きな影響を受ける評価方法でもあるということを真摯に理解しておかなくてはなりません。

3-1のまとめ

- ビジネス能力は、顕在化している職務行動とパーソナリティの2層構造である。
- 職務行動は判断力と行動力で構成される。
- 行動評価を通して思考力・パーソナリティの影響を理解し、今後の育成ポイントを探る。

インバスケットゲームで評価できる能力

マネジメントに必要な3つの力を明らかにすることができる

○ 実際の仕事の場面をシミュレーションする

　ここでは、マネージャーの管理行動について、どのようなスキルが必要なのかという視点から観察してみましょう。

　日常の管理業務を見てみると、決まった手続きをこなしていけば結果にたどり着くというルーティン業務はほとんどなく、突発的に起こることへの対応や定まった手続きすら見えない非定型業務がほとんどであることがわかります。また、自分の都合で時間をコントロールしているというよりは、部下や関係者からの相談や会議への出席など、自分ではコントロールできない時間の方が多いのも特徴の1つです。そして、この傾向は上位職に上がっていけばいくほど顕著になってきます。

　職位と管理スキルの間には何らかの関係があるように思われます。職位がそれほど高くない、担当者に近いという場合には、部下からの相談は具体的な業務上のこまごまとした技術的な内容が多いのではないでしょうか。専門家としての力に信頼感があるからです。しかし、経営者に近いという職位になると、戦略的な内容や業務自体の方向性をどうするか、また他部門との調整など、技術的な内容よりも全体的で総合的な観点からの相談が多くなるのではないでしょうか。

　これらは、どちらかというと業績に関連する内容が主体ですが、これらの管理スキルの前提としては、組織のメンバーとの人間関係をいかに円滑に進めていくかというスキルが要求されることは容易に理解することができます。

　管理スキルについては、一般的に3つに分類され、最初の技術的なスキルのことを「テクニカルスキル」と言います。また職位が上がるに連れて、その重みが増す総合的な考え方や全体判断を行うスキルのことを「コンセプチュアルスキル」と言います。そして、全ての職位に共通して求められ

る対人スキルのことを、「ヒューマンスキル」と呼んでいます。

インバスケットゲームでは、設定条件にもよりますが、顕在化した管理行動への評価を行いますので、管理行動を形成するこの3つのスキルの状況についての評価が行われることになります。

たとえば、技術的には正しい判断であっても、職場全体のことを考えると少し別の判断をして、それを職場の中にうまく周知しなくてはならないなどの状況は、日常業務の中では多々起こることです。インバスケットゲームではそれと似たような状況を作り出し、その判断が求められます。多くの場合、現在の職位より少し高いポジションの設定がなされますので、この3つのスキルをその職位にあった配分で使いこなせるかどうかが大きな評価ポイントになります。

図3-2-1　職位によって変わる3つの管理スキル

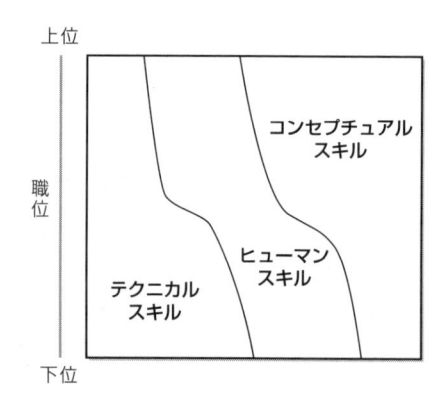

職位によって変化する管理スキル。コンセプチュアルスキルは知識や情報を組み合わせ、複雑な現象の背後にある物事の概念や本質を把握・定義する力のこと。
ヒューマンスキルは、人間関係を円滑に進めることのできるスキルのこと。コミュニケーションや交渉スキルなどが含まれます。
テクニカルスキルは専門知識、業務処理上のスキルを言います。

● 仕事を遂行する力　～テクニカルスキル～

これは、専門分野への造詣や、これまでの経験によって獲得されてきた職務上の力を指します。専門知識、専門技能など、職務上の経験知に裏打ちされた能力で、仕事の方法や処理手順、手続き、技法、設備の操作方法、商品知識や販売ノウハウなど、具体性を帯びているのが特徴です。

このスキルは、実務を遂行していく上で必要とされる力です。第一線の社員には不可欠なスキルですが、管理職の場合、その職位が上がるに連れ

て、必ずしも必要というわけではなくなっていきます。

　テクニカルスキルは、マネージャーにとって自分自身が持っていなくてはならないというわけではなく、部下が保有していれば業務は円滑に進んでいきます。この傾向は、職位が上がるにつれて顕著になっていきます。管理職にとっては自ら手を下して仕事をするよりも、部下など組織内外の人々を使って業務全体を動かしていくことの方が重要だからです。

　しかし、テクニカルスキルに属する知識や技能を全て部下に委ねてしまうということはできません。やはり、業務に関する専門的な知識やノウハウを知っているということが、全体を統括する上では重要なことだからです。

● 人間的な力　〜ヒューマンスキル〜

　集団の中で他のメンバーと上手に意見交換したり、チームワークを引き出したりする力のことを言います。また、他のメンバーの気持ちを察したり、現在どのような状況にあるかを受け止める感受性なども、この力に含まれます。

　最近の職場は、以前にもまして緊張感が高まっているとも言われています。正社員だけで構成されている職場であれば、以心伝心、特に何も言わなくても動いていくという状況があったのかもしれませんが、立場や利益が相反する人々が職場の中に入ってくると、人間関係での上手下手が業務の遂行上にも影響を及ぼすようになってきているとも言われます。

　多くの職場でコーチングやメンタルヘルス関係の研修が行われているのは、このヒューマンスキルの力を高めたいという思いからなのではないでしょうか。

　ヒューマンスキルは、職位の上下に関係なく、全ての人に必要な力ですが、特にマネージャーにとっては、円滑な組織運営、モチベーションの高揚など、業務を進めて行く上での基礎的な取り組みを保証する力だと言えるかもしれません。

　ヒューマンスキルは学習によって獲得することも可能ですが、人間的な素質に影響されるものでもあります。個人の素質に影響されるということは、職務適性への影響があるということです。業務上での取り組みだけではなく、個人的な取り組みが重要なスキルだとも言えそうです。

◯ 総合的に働きかける力　～コンセプチュアルスキル～

　コンセプチュアルスキルとは、総合的に判断し働きかける力のことを言います。

　総合的に働きかけると言うのは、その業務を進めていく上で、必要な情報を適切に収集し、その情報から将来、こうなるだろうという予測や見通しを立て、そこに向かう道筋を論理的に組み立て、具体的な目標値に落とし込んで、誰もがわかる実行計画を企画立案し、かつ実行に向かう適切な意志決定ができ、実行段階では効果的な指導力を発揮する、と説明されます。こう並べたてられると、そんな力を持つことは私には無理と言いたくなってしまうかもしれません。

　このスキルを、別の見方で考えてみましょう。そもそも組織の中では、何が問題かがわからないということがあります。先の見通しが効かない状況の中で、問題のありかをはっきりさせ、こっちへ進めばいいのだと組織の仲間に方向を指し示す力のことだと考えていただいてはいかがでしょうか。

図3-2-2　コンセプチュアルスキルが求められる

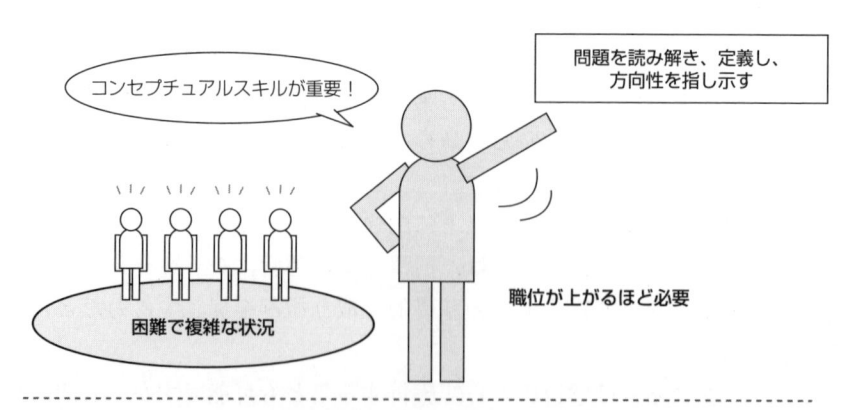

　コンセプチュアルスキルは、物事を総合的に判断し、困難な状況を整理し、問題の所在を明らかにし、具体的に定義して、その解決の方向性を示す能力です。考え方やビジョンを提示し、組織のメンバーに進むべき道筋を示します。職位が上位になればなるほど、必要とされます。

不透明な状況を論理的にバラし、適切な方法や手法を用いて、これが問題だと提示してもらうことができれば、企業人は問題解決には慣れていますから、その後の対処のしかたはいくらでもあります。

　この最初の段階で、問題を見つけたり、定義したり、あるいは組織はこの方向に進むべきだと方向性や考え方を提示する力のことを、コンセプチュアルスキルと言います。

　現実に起こっているさまざまな現象から、共通項や違いを発見して抽象化し、問題や課題として提示する力とでも言い直すこともできるかもしれません。

　この力は、職位が上がるに連れて必要性が増すと言われています。確かに考え方や方向性を示すのは職位が上がるにつれて必要とされますが、逆に考えるとわかりやすいかもしれません。

　組織のトップが方向性を示せなかったり、ビジョンや将来構想、取り組むべき課題をはっきり組織の中で示してくれないとすると、組織のメンバーは正直なところ不安で仕方がないでしょう。これが、管理能力のうちでも最も重要なスキルだと言われる理由です。

3-2のまとめ

- 管理スキルには、テクニカルスキル、ヒューマンスキル、コンセプチュアルスキルの3つがある。
- 職位によってスキルの使用配分が変わる。

3 インバスケットゲームで評価できる行動

管理職としての必要な行動要件を備えているかどうかを判定する

◯ 全体を把握して行動できるか

　受験者および研修参加者は、制限された時間の中で、できれば提示された未処理案件を全て処理しなくてはなりません。しかも慣れ親しんだ自分の立場ではなく、まったく知識のないポジションになりきってという条件付きです。

　部下やさまざまな組織内外の人々から持ち込まれる相談や依頼は、初めて見聞きする内容であったり、まったく知見のない分野の事柄であったり、経験したことのない判断や対応が求められます。

　しかし、あなたのところにそれらの仕事を持ち込んできた人の立場からすれば、あなたから指示を仰ぐのが適当だ、あなたが適切な判断者だ、あるいはあなたなら何らかの答えを出してくれるはず、と考えているからこそであって、何らかの対応や処置をしなくてはなりません。

　実際には一つ一つの案件ごとに、もっともふさわしいと考える判断、指示、命令や依頼、相談、報告などを行うことになりますが、できれば一貫性のある処理であることが望ましいのは言うまでもありません。

　一貫性を持つということは、自分なりのスタンスや軸を持って業務を遂行するということにつながっています。判断の基準がないと、案件ごとに定見のない、その場しのぎの対応に終始してしまいます。

　定見のない判断の場合、いっしょに仕事をする人々は、あなたの行動に振り回され、組織の持つ総合的な力を発揮することができず、忙しく追い立てられている割には充実感を持てないまま消耗していくという事態に立ちいたってしまうかもしれません。

　マネージャーの仕事は、自分が自ら手を下して仕事をすることだけではありません。部下や仲間、組織内外のさまざまな立場の人々と協力し、その人の持つ力をいかんなく引き出して、組織的で総合的な力によって業務

を進めていくことです。そのためにも、揺らぎのないしっかりとした考え方や姿勢が求められます。

マネージャーが一貫したスタンスを保有していると、個別対応的ではない全体感のある業務へとつながっていきます。職場の隅々まで目が行き届き、必要なことが必要な時に必要なだけ行われ、問題が発生する前にほぼ未然防止策が打たれていくような、そんな状態の職場イメージを想像していただくといいと思います。

マネージャーが全体感を持ちながら仕事をするということは、職場全体を合理的に機能させていくという意味でも重要な要素です。インバスケットゲームでは、未処理案件の処理という行為を通して、一番最初に評価の対象となる行動とは、この全体観のある行動を行っているかどうかです。

未処理案件を提示された順に処理していってもかまいませんが、まず案件全てに目を通し、おおまかな全体感を持つことが大切だと言われています。未処理案件の処理という行為の中で、全体感を持った動きが実現できるかどうか、その処理結果から、マネージャーが全体感を持って仕事をしているかどうかが判定できると言われています。

図3-3-1　未処理案件を処理する前に全体を俯瞰する

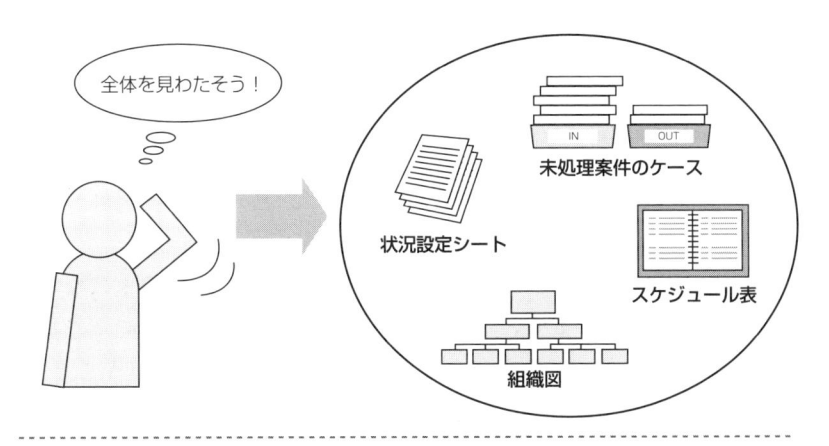

インバスケットゲームでは、「未処理案件」の他に、そもそもの「状況設定シート」「組織図」「スケジュール表」などが配布されます。未処理案件の処理にかかる前に、全体を俯瞰して、おおまかな全体イメージをつかんでおくことが大事です。

● 全体最適的な見地から問題発見ができるか

　これもよくマネジメントについて指摘される内容ですが、全体最適ということの重要性が指摘されます。さきほどの全体感とも関連するのだと思われますが、マネージャーが自部門だけの利益誘導に走らないということが、職位が上がれば上がるほど重要だと言われます。会社全体の利益、組織全体にとっての最適解を導くことが重要だとも言われます。ところが、現実では全体最適というより、部門の利益を優先させる利益代表としての判断や指示が多く、この調整のために組織の中では多くの時間が費やされています。自社の将来を託す人材が、同じように現実に捕われ部門の利益代表として部分最適的な行動を行うようでは意味がありません。

　未処理案件の中には、全体最適、組織全体の利益という意味からはどうかと思われる内容を含むものがあります。ある役割になりきって処理をするわけですが、全体最適性という点から陥りやすい内容を理解しておく必要があります。

　1つは、与えられた役にとらわれ過ぎて、組織全体を見渡すことを忘れてしまう視野狭窄症的な行動を取ることです。極端に言うと、つまりは自部門さえ良ければいいという行動です。

　もう1つは、ある役割になりきって、と指示されているにもかかわらず、現在の自分の立場や役割に関連しているような案件については、自分の立場から判断を下してしまう、あるいは現実の自分に有利になるような誘導をしてしまうことです。

　全体最適的な見地で仕事をするということについては、もう1つ重要なポイントがあります。それは、慎重さと言う点です。

　経験の深い管理職になればなるほど、決断を下すことに慎重になるという話を聞くことがあります。経験が深いということは、決断を下さなくてはならない案件にまつわるさまざまな事柄が想定できるということです。即ち、1つの問題を解決することが、他の案件への悪影響を引き起こし新たな問題の発生を招いてしまうというようなことが、経験上、想定できるということです。

　その結果、なかなか決断をしない、ということがあると言われています。

もちろん素早い決断は必要ですが、それが単なる拙速であっては困ります。慎重さと速度感のある決断とは一見すると矛盾するようですが、案外そうではありません。慎重になるということの背景には、経験があります。経験上の知恵は確信をともなっています。ほぼ確実にこうなるという経験からくる予測が働くから、状況との関連性から即断するのを控えます。しかし、その状況が好ましい状態に変化すれば、慎重さは果敢さに変わっていきます。

現実ではないから、ゲームだから適当にやっておけばいいということでは、全体最適的な判断はできません。周辺との関連性や、全社的な最適解をどう導くのかという態度での行動が求められます。

○ 発見した問題を分析し、合理的な処理プロセスを構築できるか

業務全体を見渡す力、全体最適なスタンスが必要だと述べてきました。しかし、多くの受験者や研修参加者から言われることの1つは、そもそもインバスケットゲームに臨むと、具体的にどうすればいいのか、まったく見当がつかなかったということです。

図3-3-2 未処理案件を処理する方法論は？

QC手法
意思決定
自社独自の問題解決法
ロジカルシンキング
IE手法
KJ法
問題分析

- ■QC手法：品質管理で使われる改善手法
- ■IE手法：インダストリアルエンジニアリングの略。生産工学の技法
- ■KJ法：親和図法。同じ内容を持つものをグループ化していく方法

未処理案件を処理していくうえで、どういう方法を使うのか、どのようにアプローチするのかについては、日常の業務の中で使っている方法論が一番使いやすいでしょう。
時間制限や研修・試験の場など、いつもと違う雰囲気の中でも落ち着いて、自分なりの方法で処理していくのが一番の早道だと理解してください。

処理しなくてはならない案件を読んで考えているうちに、時間だけがあっと言う間に過ぎて行き、気がつくと半分も処理できないまま終了してしまった、などの話を聞くことがあります。

なぜ、このような事態を招いてしまうのでしょうか？
　もちろん、昇格試験や選抜型研修であるというプレッシャーもあるのだと思いますが、設定されている状況は、ほぼ初めて経験する役職だという設定以外、要求される未処理案件に対するマネジメント行動は、日常、誰もが遭遇していることとほとんど変わりません。それなのに、なぜ対応ができないのかと、誰もが頭を抱えます。
　極端な場合には、パニックに近い状態に陥る人もいます。そういう人を観察してみてわかることの1つは、未処理案件を「とにかく」処理しなくてはならないということに神経が過度に集中して、自分なりの処理方法を確立していないという特徴があるように思われます。

　通常、私たちが仕事をするときには何らかの道具を使います。道具を使わずにできる仕事はほとんどありません。仕事の良否は、道具の良し悪しか、道具の使い方の上手い下手に依存していると言ってもいいぐらいです。いずれにしても、道具を使うということが前提になっているはずです。
　ところが、インバスケットゲームに臨むと、どういう道具を使うのか、またどう使うのかをまったく考えず、とにかく提示された未処理案件を少しでも速く処理しなくては、と気持ちだけが空回りしてしまい時間を無駄に消費してしまうということが起こります。
　この場合の道具というのは、ロジカルシンキングや問題解決法、意思決定のための方法論などが中心になりますが、特にこれが決定版というものはありません。自分が慣れ親しんだ、使いやすい道具を普段通りに使えばいいのですが、実は案外、そのことができないのです。
　自分の立場や立ち位置を少しだけズラされ、厳しい時間的制限などの制約を与えられると、それだけで自分の得手はなんであったかを忘れてしまうということが起こります。
　本来、マネージャーであればどなたでも自分なりの仕事の流儀というものがあるはずですし、その組織ならではの独自の方法もあるはずです。

3　インバスケットゲームの効果

道具や方法を知っている、扱えるということは、実際に使えるということの他に、環境条件が変わった場合、その条件に合わせて道具をうまく使うことができるということや環境の変化に合わせて適切な道具を選択できるということのはずです。

　また、その上で部下や仲間などの他人に、使い方のコツや勘所を教えられるということも重要です。人に教えられる段階にならなければ、本当に使えるとは言えないとも言われます。仕事に習熟するということは、道具の扱い方を含む一連の業務行動がスムーズに無理なく流れるように進んでいくということで、これは管理行動においても変わりません。

　提示された未処理案件全体を俯瞰し、一つ一つの案件に含まれる問題や課題を発見し、複雑に絡む問題相互の関係を考え、対処方法を見つけ出し、それを部下や関係者に伝えて行く、という原則に沿って処理していけば、本来、問題なく進めていけるはずですが、自分の中で方法論が確立していないと、まさか自分が、と思うような厳しい状況に追い込まれてしまうことがあります。

● 代替案やリスク回避策など潜在的問題点を検討できるか

　腕のいいマネージャーの中には、こういう問題にはこう対処したらいいのだという即断即決的な対策志向の強い人がいます。その決断は経験に裏づけされたもので、ほとんどの場合は正解であることが多いのですが、欠点は決め打ちが強過ぎるという点です。この問題についてはこう対処しておけばいいんだ、と決めつけてしまいます。（図3-3-3参照）

　マネージャーは部下からの相談にも乗らなくてはならず、突発的に起こるさまざまな事象への対処を求められ、そのうえ自分の懸案事項も処理しなくてはならず、猛烈な忙しさの中で過ごしていますから時間がありません。したがって問題の種類と状況、それに対して行った自己の行動など、自分の中の成功体験をデーターベースとして集積していきます。そしてその成功体験に照らして、この問題にはこれ、と経験則から得られた対策を選択していきます。

　しかし、インバスケットゲームの設定は、初めて経験するポジションが

基本です。本当に今までの経験則が生きるかどうかわかりません。また全体最適性の項でも述べましたが、目に見えない検討するべき事項に対して慎重に対応しないと、問題をさらに複雑にしてしまう可能性もあるかもしれません。

図3-3-3　成功体験から判断している

過去の成功体験　→　これはこういうことだ！　→　目の前の問題

・深く考えない
・状況を加味しない
・短絡的に決めつける

腕のいいマネージャーと言われる人たちは、過去に成功してきた経験を持っています。目の前の問題に対して、過去の成功体験のデーターベースから似たような事案を引き出し、短絡的に「これはこれで解ける」と決めつけていきます。うまく行っているうちはいいのですが、初めての状況、違った環境では、慎重さを欠いて問題解決に至らないばかりか事態を複雑化させてしまうこともあるのです。

また部下にしてみると、たった1つのアイデアしかないのか、もしその方法がうまくいかなかったときにはどうすればいいのかという複数の対策を提示してほしいという要望もあるかもしれません。

実は、腕のいいマネージャーが陥るワナの1つが、この決め打ち方式で短絡的に未処理案件に立ち向かっていくという点です。初めての職場、初めてのポジション、初めての部下や関係者、そして文面による判断と指示。全体観を持たず、全体最適的見地からの慎重さを欠いて、とにかく対策さえ打てばいいのだというマネジメントスタイルでは、一つ一つの処理は合理的であっても、全体を見た場合には、大きなリスクを踏み外してしまう、組織の状態や人心などでの問題を引き起こしてしまう、など相乗的な影響下での問題を引き起こしてしまう可能性を否定できません。

◯ 根拠をともなった総合的な意思決定ができるか

　対策志向とも関連しますが、なぜその処理なのかという点に答えられないということがあります。未処理案件の処理というステージを終えて、グループディスカッションに移った際、自分の取った処理について説明をすることが求められますが、メンバーやファシリテーターからの「なぜそうしたのですか？」との問いにまったく答えられないという人がいます。こういう人の場合、未処理案件が要求していることにただ答えただけという、場当たり的な処理に終わっていることがほとんどです。

　未処理案件を処理していく過程で、どういう対策を打つかについては回答シートの中に詳細を記述しますが、受験者や研修参加者が、案外、見落としてしまうのは、重要度・緊急度を判断しなさい、全体の中での処理順を決めなさいという指示についてです。多くの案件を処理しなくてはならない場合、どの案件から手をつけるかということは、組織力を効果的に使っていく上では極めて重要な意味を持っていて、水準判定や時間軸上の優先順などを決めて行くということは日常的な業務の中でも常識的な行為のはずです。

　ところが普段、あまりこの点に留意していないという場合、処理内容は詳細に書いてあるのに、重要度・緊急度の判断については、ほとんど未解答状態になっている、全体の中の処理順が書いてない、逆に重要度・緊急度の判断がほとんどの案件で同じ、処理順が並列的で実現可能性が低い、などの回答に終始してしまいます。結局のところ考えていないのです。その場その場の判断に終始し、根拠を明確にしないまま日常業務を遂行しているのです。普段できないものが、ゲームの中でできるわけではありません。案外、日常の管理行動が素直に映るのがインバスケットゲームというものかもしれません。（図3-3-4参照）

　根拠性が希薄ということのもう1つの問題は、その案件に対する対策や処理内容は書いてあるが、なぜそうするのかという点についての説明がないというものです。

　このことは、立場を入れ替えてみればよくわかると思いますが、「とにかくやれ！」と根拠のない指示を受けた場合、それほど積極的にその仕事

に立ち向かっていけません。「なぜ？」という疑問を抱えたままでは、仕事に本腰を入れることはかなり難しいのではないでしょうか。つまりその指示を受ける人がどんな気持ちで仕事をするのか、またしていくのか、ということについての想像力が働かないから根拠を書かないという問題です。

図3-3-4　問題解決・意思決定の基本

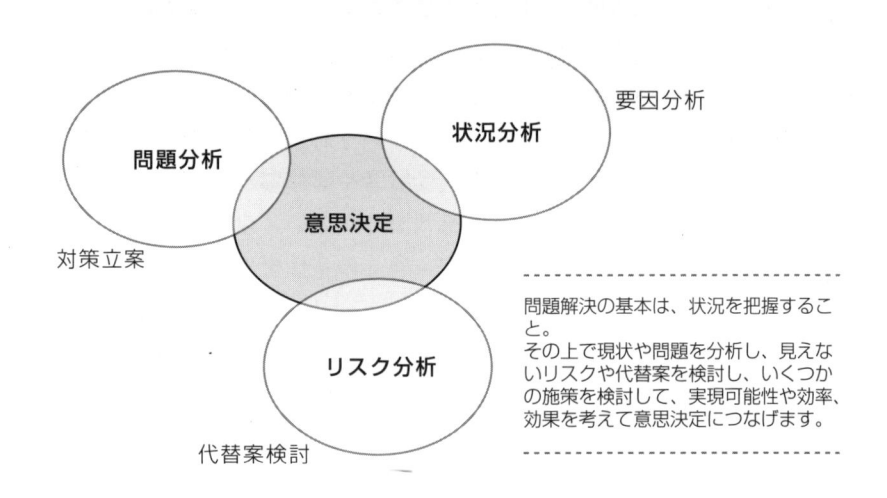

状況分析　要因分析
問題分析
意思決定
対策立案
リスク分析
代替案検討

問題解決の基本は、状況を把握すること。
その上で現状や問題を分析し、見えないリスクや代替案を検討し、いくつかの施策を検討して、実現可能性や効率、効果を考えて意思決定につなげます。

次の項目とも関連しますが、組織の中で仕事をするということの意味は、多くの人と仕事をするということで、ただ業務をこなしていくということだけではありません。ましてマネージャーともなれば、いかに気持ちよく仕事をしてもらうか、ということへの気配り目配りがいるはずです。日常業務の中でどこかで仕事さえ動いていけばいい、結果が出ればそれでいい、と考えている人は、人への想像力が十分に働きません。その結果、処理の根拠を書かない、なぜを説明しないということが起きます。

○ 相手に配慮しながらコミュニケーションができるか

マネジメントスキルの中で職位の上下を問わず共通して求められるスキルは、ヒューマンスキルでした。組織の中で仕事をするということは、人と協働しながら仕事をしていくということです。

まして最近の職場では、異なる立場や背景を持つ人々が増えてきていま

す。そのことを十分に認識して、どうすれば最も合理的にスムーズに仕事が動いていくかを考えないと組織は機能しません。

　職位が上がれば上がるほど、誰か他の人に具体的な実行行為を委ねることが増えていきます。これの上手い下手は、昔からマネージャーの力量の1つだとも言われてきました。その気にさせるということが大事だということが、組織の中での経験知として伝承されてきました。
　しかし最近では「その気にさせる」というような、どこかテクニカルな響きのある行為だけでは片付かない問題が生じてきています。
　立場や背景の違いとは、労働条件や業務範囲、指示命令を受けることが可能な業務項目の限定ということで表されます。いくらその気になっても制度的にできないという制限がまず横たわっています。もう1つは、最近の動向として、社外への転身がそれほど奇異なものではなくなってきている、生涯賃金などから見ても決定的な不利にはつながらない、という状況があります。つまり、指示命令を受ける側から見て、納得感の低い指示命令が続くようだと、人は社外へ出て行くことを検討し始める可能性があるということです。いちいちそんなことを気にしていたら仕事にならない、というのは、最近では相当古いマネジメントスタイルだと言わざるを得ないのではないでしょうか。

　現在、企業のコストで一番高いのは人材コストです。その人材を流出させた結果、新たな人材を確保することに再びコストをかけないといけないというのは、合理的ではありません。無論、組織の全ての人について流出させないようにしなくてはならないということではありません。ある程度の流出は、時節柄、やむを得ないというのも理解できますが、自社にとって有意な人材、将来を託すに足る人材を流出させてしまうようなことはいかがか、ということだと思います。
　とは言え、人によって当たり方を変えるというのも、職場の中では信頼を失う行為の1つでしょう。いくら部下とは言え、やはり相手の立場をしっかり理解して、その場その時でふさわしいコミュニケーションを行っていく必要があるのではないでしょうか。
　さきほども述べましたが、インバスケットゲームで普段やっていないこ

とをゲームの中でやるというのは、相当難しいものがあります。

処理内容として書かれた文章を見ると、それを読む人がいるということを意識していない書き方に出会います。文字の上手い下手は仕方がありませんが、いったい何が書いてあるのかわからない、誰に伝えたいのかがわからない、自分だけにわかるような省略、記号、ぶっきらぼうな言い回しなど、人を意識していない回答を見ると、本当に組織で仕事をしてきたのだろうかと疑問を感じないではいられません。

指示命令もそうですが、人と仕事をするということは、自分の考えていることを相手が受け取ってくれて初めて成立するということを再認識する必要性があるように思います。

図3-3-5　指示の先にいる相手を意識する

自分の下した意思決定の先に人がいることを意識しない
↓
根拠やなぜそうしてほしいのかを示さない

指示を受けた人は、
● 理由がわからないからムダに忙しい
● 納得できないまま仕事をするので、積極的になれない

自分自身の下した意思決定や処理の先に部下や関係者がいることについて、明確なイメージを持たず、具体的な想定をせずに意思決定や指示命令を行ってしまうから、なぜそうしてほしいのか、どうしてそういう処理になるのかを提示することができないという状態に陥り、組織の力を十分に引き出すことができなくなってしまいます。

○ 社会的要請事項を業務遂行上、織り込むことができるか

最近の社会情勢として、企業や企業の行為に対して厳しい視線が投げかけられるようになってきたということがあります。これは、企業が不祥事を頻発させたということもあるのかもしれませんが、日本の社会自体が成熟化してきて、企業にも高い社会性が求められるようになってきたことと無関係ではないでしょう。

その結果、個々人の業務についても社会的な要請事項への対応がきちん

と取られているかどうかが問われるようになりました。たとえば顧客名簿について、個人情報に属する内容を社内に意識せずに流通させたところ、知らない部署の知らない担当者から電話があって、なぜ自分のところにそんな人から電話が入るのかと顧客からクレームを受けた、など身近なトラブルを引き起こしかねません。社会的要請事項というと全社的な問題だと受け止められがちですが、個々の業務の中での対応状況が大きな問題に発展する可能性があります。

　案件を処理していく場合、見落としがちな点でもあります。コンプライアンスやCSRの問題だと分けて説明されると忘れる人は多くはないのですが、インバスケットゲームの中では、特に社会的要請事項を考慮せよとも重視して処理を行えとも言われません。しかし採点基準の中には、社会性を持った行動かどうかが問題視されるようになっている場合があります。
　また、反社会的な行為を業務指示の中で行う可能性はまずありえないと思いますが、自社の価値観とぶつかる可能性があるような場合にどうするのかなど、熟慮を要することがあります。
　提示された未処理案件の中に書かれている内容からはストレートに社会的要請事項が見えないが、マネージャーとしては気づいてほしいという設定になっているものもあります。

● 時間制約の中で最も有効な業務運営を行うことができるか

　インバスケットゲームでは、一定の制限時間の中で与えられた課題への処理を行うことが求められます。通常は2時間から3時間程度の時間の中で、20問から30問程度の未処理案件を処理することになります。1問あたりの時間に直すと5分から10分程度での処理ということになり、どこかでひっかかると大幅に時間を消費してしまいます。
　またここまで述べてきたように、全体を俯瞰する、全体最適で処理をする、代替案やリスクなどの潜在的な問題を勘案する、根拠をはっきりさせる、相手のことを考える、社会的要請事項とのすりあわせを行う、など1つの案件処理の中で考えておかなくてはならない項目は多岐にわたり、これらを総合的に判断しながら進めていくとすると制限時間内に全ての案件を処理することは相当に難しいと言わざるを得ません。だからと言って、

時間制限の範囲内で可能な限りの案件処理を行えばいいということではありません。可能不可能の判断をする前に、受験者及び研修参加者には全ての未処理案件を処理することが求められていると考えていただいた方がいいと思います。全てを処理するにはどうするのかという考え方に立った方がいいと思います。

図3-3-6　時間内に全てを処理するという意志が大事

インバスケットゲームでは、多くのことを勘案しながら未処理案件を処理しなくてはなりませんが、受験者および研修参加者は、時間内に全てを処理するのだという意志をまず固めることが大事です。可能な範囲でできるだけやろう、と考えると自分が予想したよりはるかに少ない処理しかできません。

現実の日常に立ち返って考えてみた場合、仕事の量は増えることはあっても減ることはないのではないでしょうか。また時間制約については、厳しくなることはあっても緩和されることは基本的には考えられないのではないでしょうか。また職位が上がるにつれて、自分の時間を自分でコントロールすることは難しくなっていきます。多くの部下や関係者があなたの判断や指示を待っています。その結果、職位の上昇につれて一つ一つの仕事に割ける時間は徐々に短くなり、自分の時間が断片化していきます。この状況の中で日常的な業務処理を行い、自社の将来についての方向性や戦略検討をも行わなくてはなりません。

このように職位が上がるということは、厳しい時間制約の中で意味のある仕事をしなくてはならないという状況に立ち至るということでもあります。確かにインバスケットゲームの時間制約は極めて厳しいものがありますが、それは相対的なものであって、自分自身が短い時間の中で、断片化

する時間の中で、合理的で効率的な仕事ができるような方法や力をつけておけば対処は可能なはずです。

実際、インバスケットゲームの現場に立ち会ってみると、驚くほど効率的に合理的に課題をこなしていく方がいます。これらの人にゲーム後、話を聞いてみると、そもそも方法論的に優れているというよりは、「全部をやらなくてはいけないと思った」「全てをやると決めていた」など、与えられた課題に対する取り組み姿勢が違っていることに気がつかされます。

○ 効率だけではなく効果性に基づいて行動できるか

効率的に取り組むことが重要だと述べましたが、最近では効率性の問題と同時に効果性についての姿勢が重要だと言われるようになってきました。社会的要請事項への対応も効果性に関係していますが、単に効率追求だけを行えばいいというものではないという指摘があります。

図3-3-7　効率だけではなく効果性を意識する

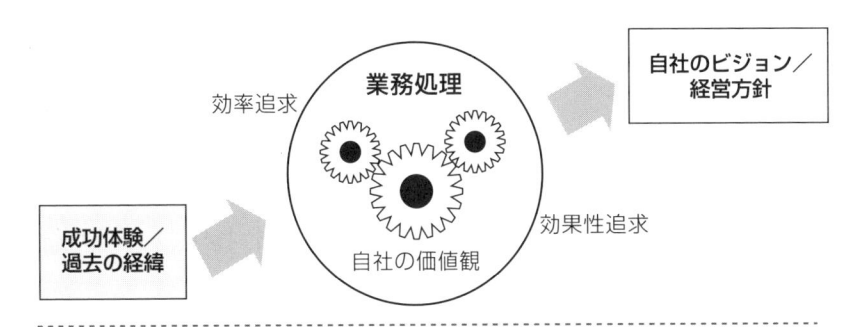

業務処理を行う上では、効率性追求だけに走ると、本来、失ってはいけないものを見失う可能性があります。自社の価値観やビジョン、経営理念、過去の経緯などから効果性を勘案しておく必要性があります。

どういうことかと言うと、たとえば多くの銀行では一日の終業時に1円でも勘定が合わなければ全員が残ってその勘定が合うまで、一日の仕事を再点検し原因追求を行います。しかし、このことは効率と言う意味から言

えばあまり効率的ではありません。なぜなら、1円のために全社員に残業代を支払い、光熱費を使い、事務機器を稼働させます。効率という意味からいけば、年間で発生する損金勘定の中に繰り入れて定時に終業してしまうということの方がふさわしいのかもしれません。しかし、銀行がこのような行為を行う背景には、金を扱うということから1円の怖さを知らしめるということに意味を見出しているからだと言われています。

効率追求だけで業務を処理してしまうと、このような大きな効果性を見失ってしまうことがあります。その仕事が持っている意味をしっかり考えた処理をしてほしいということだと思います。

では、仕事の意味や効果性を考えて行く上での基準は何かというとやはり、それは自社の価値基準ということになるのだと思います。自社が実現したいと考えている目的やビジョン、そういうものへの理解が不可欠ではないでしょうか。

インバスケットゲームでは、短い時間の中で多くの案件を処理することが求められ、ともすると、とにかくこなせばいいんだ、というスタンスになりがちですが、やはり自社の価値基準を前提においた仕事が求められるのは言うまでもありません。（図3-3-7参照）

> ### 3-3のまとめ
> - インバスケットゲームで評価できる行動は、日常行われている管理行動の全てである。
> - その中でも、全体観、全体最適性、代替案検討、リスクヘッジ、根拠性形成、社会的要請への検討、部下や仲間への視線は必須。
> - インバスケットゲームで評価される行動のベースは、全ての案件を処理するという意志である。
> - 単純な効率追求ではなく、自社の価値観や行動基準などに基づく効果性追求が重要。

インバスケットゲームの活用方法

組織のコア人材を選抜し、育成し、確保するための試験と育成

○ 経営幹部等の選抜試験としてインバスケットゲームを実施する

　インバスケットゲームの目的は、大きく2つに分かれます。1つは人材選抜のために行うものです。具体的には、昇格昇進などでの登用試験として実施する場合です。

　この場合の主目的は、選抜した後に就くべき職位にふさわしい能力を保持しているかどうかを見極めたいとする能力の定量評価です。インバスケットゲームは、本書2-1でも述べたように、ペーパーアセスメント的な使い方が可能です。即ち、未処理案件の処理というステージだけを取り出し、従来の昇格昇進試験の課題とする方式です。この場合は、ペーパーテスト的な意味合いを持ちますので、昇格候補者の能力を試験の点数という形で定量化し、候補者を序列化して合否の資料として使うことが可能になります。もちろん、未処理案件処理後のグループディスカッションなどを含めて昇格昇進審査とすることも十分可能です。

　けれども運用側、昇格候補者、双方が認識しておかなくてはならないことは、インバスケットゲームが万能ではない、という点です。インバスケットゲームでの行動や成果は、日常業務の管理行動に基づいてはいますが、それでも全ての能力を反映するというわけではありません。また過去にインバスケットゲームを経験したことがあるという場合と、まったく初めてという場合では、処理内容に差が出ることもあり得ます。

　そもそも、能力評価の定量化の前に、日本企業の場合は昇格昇進に関して、その試験方法や内容が厳密に秘匿されるということはありません。むしろ公然の秘密として代々引き継がれていくということが当たり前のように行われてきており、インバスケットゲームなどの人材アセスメント方式を人材登用の節目に導入するということ自体に反発を覚える組織風土があるかもしれません。昇格昇進をインバスケットゲームなどのようなシミュ

レーションツールによって決めていくということについての抵抗感が大きいという場合もあると思います。

こういう場合は、従来の昇格昇進審査との折衷的な使い方ということが考えられるのだと思いますが、自社の人材育成方針などと照らしあわせて、どういう段階でどういう風に使うのかについては慎重な検討が必要かもしれません。

人材登用のステージとの関連性で考えても、昇格候補者の事前選抜の段階で導入するという場合もあると思われますし、昇格昇進試験の中で運用するということもあるでしょうし、昇格昇進試験合格者に対して行うということもあると思います。

図3-4-1　選抜試験での導入と人材育成での導入の違い

人材育成研修として導入 — 人材育成では研修の構成や人選が重要

人材選抜の試験として導入 — 選抜試験では周辺の条件整備が必要

いずれにしても事務局の力が問われる

人材選抜や昇格昇進の試験として導入する場合は、組織風土や人事制度の発展経緯など、周辺条件を勘案し、整えていくことが求められます。また人材育成のための研修ツールとして導入する場合は、研修の構成や教材、評価者の人選など、研修内部の整備が重要になります。いずれにしても、事務局の力量が大きく影響します。

いずれにしても、インバスケットゲームを昇格昇進など期待役割の変更を伴う審査の一環として導入する場合は、自社の組織風土や制度的な発展経緯などを十分に勘案して慎重に行うことが必要ではないでしょうか。(図3-4-1参照)

● 組織の中核人材育成のためにインバスケットゲームを実施する

　選抜型の研修として行われる場合です。従来の研修について、集合型の研修を実施した場合、どういう能力を持っているのかという能力評価のデータを知ることに加えて、今後の育成指針などのフィードバックにつなげられないかという要望が、運用側の人事部門や研修参加者双方から上がることがあります。

　従来の集合研修は、どちらかというと結果を得るために行われているきらいがありました。つまり参加者を研修テーマにそって行動させ、競わせ、その結果を評価して終わるというのが基本的なパターンでした。しかしこれでは、今後どこをどういう風に修正すれば、より力を伸ばせるのか、一体、今後使える強みは何なのかが理解されずに終わってしまいます。研修の成果をより有効に活用するならば、評価結果をもとに、どこがどう良かったのか、修正するべきポイントは何なのかを、できれば研修内でフィードバックし、事後につながるトレーニング機能を付加したいというニーズが提示されるようになりました。

　この考え方は、新しい人材登用の考え方とも一致します。即ち、自社の将来を担うコア人材を早期に発見、選抜して、より良い能力強化を行いながら、やがて期待されるポジションにつけていきたいとする考え方とほぼ一致するものです。

　有意な人材を発見するために研修の機会を提供し、その中で観察される行動特性や開発ポイントを研修の中でアセスメントし、何が良くて何が今後の修正課題かを同時にフィードバックしながら、期待されるレベルまで少しずつ高めていくことが、少子化にさらされている企業の経営課題の1つであることは言うまでもありません。

　この場合、研修は段階ごとに何回かに分けて実施されることになります。前項で述べた選抜試験後に残った合格者を対象として研修を行い、自己の強みや改善項目を発見し、さらに研鑽を重ね、またふるいにかけて徐々に絞っていくことが行われます。研修に参加する人は、研修の中で自分自身の強みや改善領域についてのフィードバックが受けられるので、明確な課題意識を持って自己の能力開発に取り組むことができます。

従来の結果主義的な研修とは大きくスタイルが異なりますが、考えておかなくてはならないポイントもいくつか存在します。まずその第一は、昇格昇進試験では可能であったペーパーテスト方式では不十分だということがあります。研修参加者に研修中のフィードバックや研修後の能力開発のポイントを伝えて行くということを前提として考えると、グループディスカッションなどいくつかのステージで構成されることが必要となってきます。

　また研修の中で行う相互フィードバックの他にも、ファシリテーターからのフィードバックをどのように行うのかも大きな問題です。観察されているということを意識すると人はどこかで自己防衛反応を引き起こします。構えてしまうという現象です。せっかくの場であっても構えさせてしまうと、せっかくのフィードバックが形式的な中身のないものになってしまいます。研修全体の構成や評価者、ファシリテーターとして参加する人の力量などについても検討が必要になってきます。

　従来にもまして、運営する側の事前準備などが大きな意味を持ってくるのです。

3-4のまとめ

- 選抜試験として導入する場合は、自社の風土や人材登用制度の経緯などを勘案する必要がある。
- 育成のための研修として導入する場合は、研修内フィードバックなど従来とは違う点への配慮が必要になる。

第4章

インバスケットゲームを導入する

　この章では、インバスケットゲームを自社に導入するにあたってのポイントを説明します。

　ここでの前提は、自社の管理職登用など人材選抜の機会としてインバスケットゲームを導入するということです。またその内容は、単にペーパーアセスメント型の試験方式で行うのではなく、未処理案件の処理、その後のグループディスカッション、相互フィードバックなどを含む選抜研修型人材アセスメントとしてのフルバージョンで行うという設定で説明をしていきます。また、ケースや採点基準なども自社で全て内作するというスタイルで解説をしていきます。

ケースを作成する

自社の状況に基づくケースを作成する

◯ ケース作成の想定条件

　自社内でケースを作成し運用するということについて、具体的なケース作成の事例を使って説明をします。

　今回のケースでは、インバスケットゲームを実施する目的は中核人材の選抜で、従来の論文審査や面接審査の代わりに昇格昇進試験の一環として実施することを想定しています。選抜対象は営業部門の課長クラスで、所長クラスへの登用を目的としています。人材選抜が主目的ですが、課長クラスでのマネジメント能力の向上を併せて実施したいという意向もあり、二泊三日での研修型選抜試験として実施することとしています。そして、実施企業の人事部が自社でのインバスケットゲームの全面運営を目指し、ケースなどを全部内作しようとしているという設定です。

　ケース作成にあたっては、自社の実態に近い内容とする場合もありますし、まったく違う企業を想定して作成する場合もありますが、今回の設定では、中堅の製薬メーカーの営業本部を想定モデルとして作成するということで説明をしていきます。ケース作成上での社名は、インバスケットゲームの頭文字をとって、仮に「IBG製薬」ということにしておきます。

　まず、組織構造を想定します。

　IBG製薬の場合、大きくは本部制をひいており、その下に部またはグループがあるという構成になっています。営業本部は支店と営業所からなる下部組織を持っていますが、東京と大阪だけは顧客の多さや市場の大きさから、それぞれ東京営業部、大阪営業部を置き、その下に支店・営業所を置くという構造になっています。(図4-1-1参照)

　営業本部には、その他、営業企画部、営業推進部と呼ばれる部署があります。また、営業所の中には営業課と総務人事グループが置かれているという構造になっています。本部長は役員と、各支店長と東京営業部長、大阪

図4-1-1　IBG製薬組織図

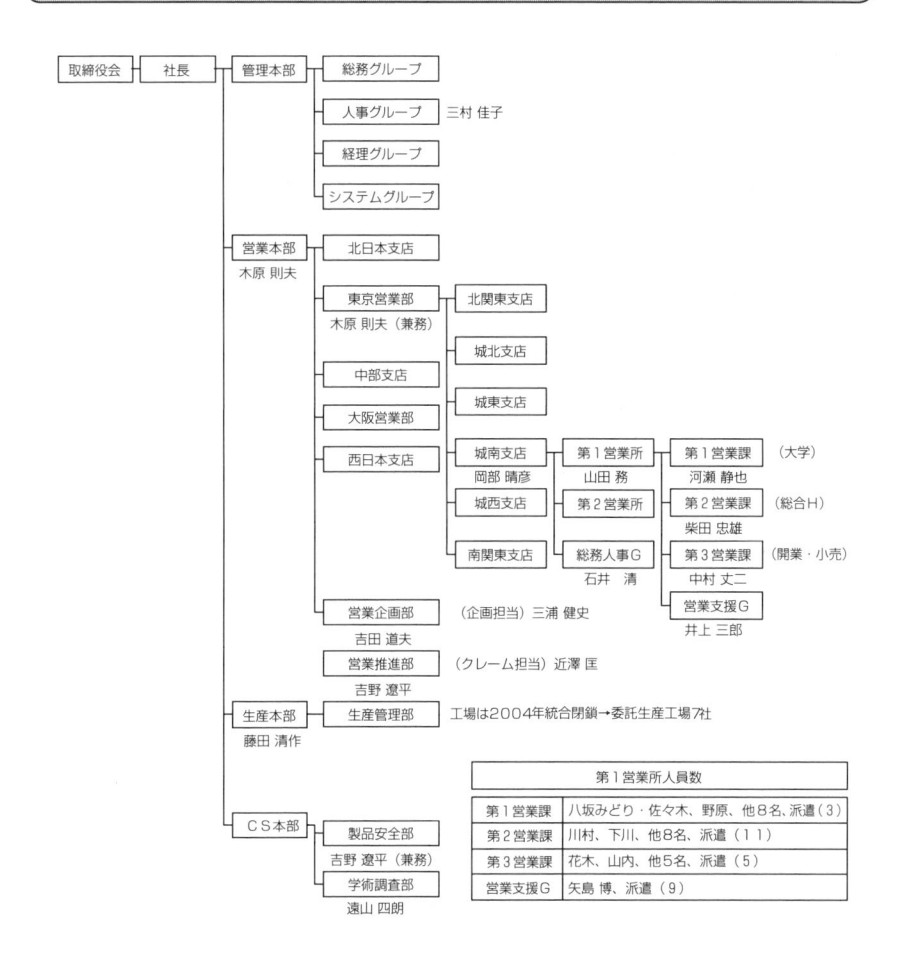

```
取締役会 ─ 社長 ┬ 管理本部 ┬ 総務グループ
                │          ├ 人事グループ　三村 佳子
                │          ├ 経理グループ
                │          └ システムグループ
                │
                ├ 営業本部 ┬ 北日本支店
                │ 木原 則夫│
                │          ├ 東京営業部 ┬ 北関東支店
                │          │ 木原 則夫（兼務）
                │          │            ├ 城北支店
                │          │            └ 城東支店
                │          ├ 中部支店
                │          ├ 大阪営業部
                │          ├ 西日本支店 ┬ 城南支店 ┬ 第1営業所 ┬ 第1営業課（大学）
                │          │           │ 岡部 晴彦 │ 山田 務   │ 河瀬 静也
                │          │           ├ 城西支店 ├ 第2営業所 ├ 第2営業課（総合H）
                │          │           │          │           │ 柴田 忠雄
                │          │           └ 南関東支店└ 総務人事G ├ 第3営業課（開業・小売）
                │          │                        石井 清    │ 中村 丈二
                │          │                                   └ 営業支援G
                │          │                                     井上 三郎
                │          ├ 営業企画部（企画担当）三浦 健史
                │          │ 吉田 道夫
                │          └ 営業推進部（クレーム担当）近澤 匡
                │            吉野 遼平
                ├ 生産本部 ─ 生産管理部　工場は2004年統合閉鎖→委託生産工場7社
                │ 藤田 清作
                └ CS本部 ┬ 製品安全部
                          │ 吉野 遼平（兼務）
                          └ 学術調査部
                            遠山 四朗
```

第1営業所人員数	
第1営業課	八坂みどり・佐々木、野原、他8名、派遣（3）
第2営業課	川村、下川、他8名、派遣（11）
第3営業課	花木、山内、他5名、派遣（5）
営業支援G	矢島 博、派遣（9）

　営業部長は部長クラス、営業所長及び東京営業部各支店長、大阪営業部各支店長は課長クラスという配置で構成されていますが、東京営業部の中にある北関東支店、南関東支店は部長ポストとして扱われています。

　企業の大きな特徴としては、ジェネリックと言われる後発薬（特許の切れた薬品）の製造へ移行していることがあげられます。かつては一般薬も製造販売していたのですが、現在では、売り上げのほとんどがジェネリックと医薬品の製造受託で構成されています。売り上げは400億円程度、営業利益率20％程度、社員数830名程度ということで想定をしていきます。

◯ ケース作成に取りかかる前に確認すること

　さて、ケース作成に取りかかる前に、いくつか押さえておかないといけないポイントがあります。

　まず一番最初に押さえておくことは、等級資格制度など人事制度の構造を再確認しておくことです。一般的には、等級資格と対応職位、その等級で必要とされる職能要件基準などが定められています。

図4-1-2　等級資格／等級別職能要件書

等級	役職			期待役割	マネジメント要件	人材育成要件	意思決定
9			部長	組織全体の指導	事業全体の円滑な運営	人材登用方針	本部レベルの最終決定
8			部長	上級管理（部レベル）	部門の円滑な業務運営	部人材育成指針	部単位での意思決定
7		所長		中級管理（所レベル）	所の円滑な業務運営	所でのキャリア開発	戦略の統括責任
6	課長			初級管理（課レベル）	課の円滑な業務運営	課員のキャリア開発	戦略案の策定・実施責任
5				係レベルの業務運営	課での方針・目標管理	OJTによる人材育成	問題解決
4	チームリーダー			数人での業務運営	案件単位の進捗管理	OJTでの後輩育成	施策の立案・実行
3 2 1	担当者			業務遂行	実務遂行	自己成長	確実な実行

等級資格制度では、等級ごとに資格と対応職務が決められています。
本図で示したものは等級別職能要件の概略項目で、実際にはもっと詳細な内容が定められています。
各社によって呼び名が異なり、役割定義書、職能定義書などと呼ばれている場合もありますが、ほとんどの企業では必ず定められているはずなので、自社の内容を一度確認しておいてください。

今回の事例では、所長への登用ということですから、等級的に言うと6等級から7等級への昇格か、7等級内での課長から所長への昇進ということを意味しますので、対象となる人たちの中には6等級と7等級の人が交じっている可能性があるということになります。
　等級資格制度を採用している企業がほとんどだと思われますが、等級という概念をなくしグレード制と呼ばれる制度を採用している場合などは、部長、課長などの役割に関する役割定義書というものだけしかない場合もあると思います。その場合は、それらをまず用意して、選抜登用後の職位がどのような期待役割で成り立っているのかを確認しておいてください。いずれにしても、インバスケットゲームを採用した人材登用での何が変化ポイントなのかを理解しておく必要があります。

　さて、今回の事例では等級資格制度を採用している企業ですので、等級資格に関する等級別職能要件基準書を見ると、6等級から7等級への昇格とは、初級管理者から中級管理者への職務変更を意味し、担当する職務的には課長から所長へ椅子が変わることを意味しているようです。等級別職能要件基準を詳しく見てみると、職務実務知識では、1つの課についての職務知識から複数の課にまたがる実務知識が必要とされていること、判断力ではより長期的、全体的な見地から判断を下す必要があること、指導統括監督責任ではリーダーシップを発揮することが求められるようになっているなど、高いレベルでの管理行動が必要とされていることが理解できます。

　次に、組織図や職務上の定義を確認しておく必要があります。いったいどういう構造の組織なのか、その中でどういう役割分担を担っているのかという点です。
　図4-1-3は、この企業の経営企画本部、営業本部、技術本部、生産本部の部長を中心とした期待役割に関する定義書の一部です。この企業の場合は、それぞれの職位で期待される役割が基本的使命、戦略的創造的業務に分類され、かつ評価項目の代表指標と評価基準の管理特性並びに特性値が定義されています。

図4-1-3 役割設定表

組織名	役割名	基本的使命	戦略的・創造的業務	評価項目(管理特性)・評価基準(特性値)
管理部	人事G長	●会社中・長期の計画に基づき、人的側面におけるビジョン、方針戦略を立案し全社に展開するとともに、経営の参画画を行う ●経営方針および中・長期の計画に基づき、人事管理面の側面での具体的施策の立案および全社への展開をはかる	●環境変化に対応した新たな人事戦略を立案し実行する ●人事戦略に基づいた具体的施策の立案 ●戦略的人材育成計画に基づいたローテーション(本部/部/課間、海外、公募等)	●人事経費/設備予算・残業時間目標達成率 ●部重点目標計画達成率 ●全社員計画達成率 ●人事戦略施策目標達成率 ●人事制度見直し目標達成率 ●モラールサーベイスコア実施率 ●異動、ローテーションスコア目標達成率 ●社内不祥事発生件数 ●部員の能力開発達成率
営業本部	営業本部長	●対象顧客の諸要求・要望に応えることを通じて顧客満足度の最大化を図り、当該顧客の売上維持拡大を達成し、利益確保を保証する ●指揮命令下にある本社営業課長、関西地区営業所長、営業所長にある営業課長、営業所長に、営業活動を指揮監督し、課の業務を統括する	●現場をリードできる市場戦略推進施策の立案と展開 ●収益構造を分析し経営数値目標達成に向けた課題を明確にし対応を図る	●部経費/設備予算・残業時間目標達成率 ●部重点目標達成率 ●顧客満足度目標達成率 ●粗利益目標達成率 ●新規ビジネス目標達成率 ●36協定違反件数(部) ●部員の能力開発達成率
CS本部	製品安全部長	●会社中・長期計画に基づき、製品の技術開発、設計、梱包設計画を立案し遂行する ●固有技術の蓄積と付加価値/サービスの提案 ●生産本部の生産が円滑に行われる為の技術支援 ●部内改善活動の実施と体質強化の推進を図る	●性能仕様書の作成と技術的具現化方法の立案と実行/開発体制の立案および役割分担の明確化・市場導入後の目標値に対する検証と次機種への展開	●部経費/設備予算・残業時間目標達成率 ●部重点目標達成率 ●顧客満足度目標達成率 ●開発、設計品質目標達成率 ●36協定違反件数(部) ●部員の能力開発達成率
生産本部	生産部長	●指揮命令下にある部内の各課長、およびマネージャーを指揮監督し、製品品質の向上、目標原価の達成、完納期の納期確保、生産設備の改善・保全業務、生産管理業務等に関する業務を統括する	●生産戦略に基づき工程、工程間のムダ取りによる付加価値生産性の向上を図る ●生産リードタイムの短縮を図る	●部経費目標達成率 ●部重点目標達成率 ●部生産品目標達成率 ●顧客満足度目標達成率 ●36協定違反件数(部) ●部員の能力開発達成率

役割設定表は、その役職で何が期待されているか「役割」についての定義が書かれているもの。本図では、創造的業務についての内容を一部抜粋して掲載しています。実際には、日常業務での行動や部下育成などでの役割が記述されています。役割定義のうちの基本的使命と戦略的・各社で定義されているはずですので、一度ご確認ください。

4 インバスケットゲームを導入する

職務上の定義がないという場合は、モデルとしたい役職者への聞き取りや観察を通して、どういう仕事をしているのか、何がポイントなのかをとりまとめて、ケース作成を行う上で反映させるべき職務上の特徴をはっきりさせておく必要があります。今回の場合、部長が通常行っている業務については、上記の自社における役割設定書を参考にしてケースへの反映内容を作成していきます。

● ケース作成の中で何を意図するのか

　ケース作成に関して、職務定義や職能要件基準などを確認した次に行うのは、いったい何をケース作成の中に意図として組み込むかということです。ケース作成は、企業の日常の中で発生している事件や困りごとなどに着目すれば、それほど難しいことではありません。しかし、ただケースを並べればいいということでは、せっかくの人材選抜の機会が底の浅いものになってしまいます。組織的に課題となっている戦略課題や経営者からの要望事項など、ケース作成で柱となっていることがらを確認しておきましょう。

　想定したIBG製薬の場合、従来の一般薬からジェネリック医薬品製造への転換と、他製薬メーカーからの製造委託ということが最近の企業戦略での大きなトピックスであることなどから、ケース作成にあたって、次の3つの柱でケースを作成してはどうかということになりました。

（図4-1-4参照）

　まず1つめは、業務上の課題です。後発薬の場合、特許が切れた薬剤について、まったく同じ効能を持った薬剤として製造販売されますが、医者や調剤薬局などでいかに使ってもらうかということが営業上、大きな問題になっています。ジェネリック薬品の場合、患者にとって新薬より価格が安いということが大きなメリットですが、このことは必ずしも、処方する調剤薬局などにとっては同じような経済効果はありません。そもそも、ジェネリック薬品は新薬の70％程度以下の販売価格設定になっていますが、製造に係る費用は新薬であろうと後発薬であろうと、それほど大きく変わるわけではありません。したがって、調剤薬局等への納入価格、即ち調剤薬局側から見れば、仕入れ価格と販売価格の差がそれほど大きくない、つ

まり利幅が狭いという問題を宿命的に持っています。調剤薬局にとっては、ジェネリックは利幅がそれほど大きいわけではないので、同じ効能であれば利幅の大きい方を採用したいという動機が働くことになります。

　同じ効能であっても飲む錠剤の数を減らしたり、味を従来の苦いものから甘くて飲みやすいものへ変えたり、水なしでも飲めるようにするなど患者にとっての使いやすさと言う点では多くの改善を行ってきているのですが、薬を出す調剤者の動機づけと言う点で大きな改善が図られていないという点が、戦略的にも大きな問題になっています。どうやって医者や調剤薬局などへの説得を行うかという点が大きな問題となっています。今後、支店長などになる所長クラスには、顧客視点とプロセス改善ということを考えてほしいと、経営者からも言われていますので、今回のインバスケットゲームでは、何らかの形でこの問題を盛りこむということになりました。

図4-1-4　IBG製薬でのケースづくりの3本の柱

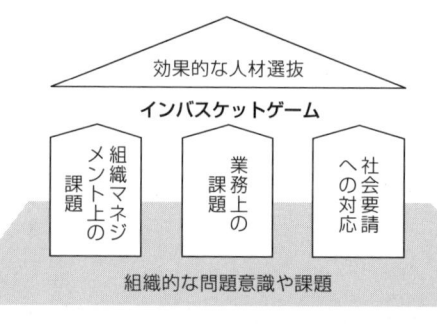

```
              効果的な人材選抜
           インバスケットゲーム
    ┌─────┬─────┬─────┐
    │組織マ│業務上│社会要│
    │ネジメ│の課題│請への│
    │ント上│      │対応  │
    │の課題│      │      │
    └─────┴─────┴─────┘
        組織的な問題意識や課題
```

ケースを作成する上では、どういうポイントに基づいてケースを作るかが大切。組織の戦略実現上の課題や、経営者の問題意識、部下や関係者の間で解決が望まれていることなどのほかに、人事方針や人材育成方針などから来るマネージャーに望まれている項目などを確かめ、盛り込んでいくことが重要です。

　2つめは、組織マネジメント上の課題です。想定として、IBG製薬では早くから工場での製造委託やコールセンターの派遣化、外注化、さらに最近では経営企画本部内の総務グループや人事グループの一部の業務をアウトソーシングしているほか、力を入れている販売管理システムなどの情報システム整備でのメーカーやシステムハウスの社員など、職場における正

社員と非正規社員、関係会社社員などの混在状況が、かなり進んできている状況があります。営業本部においても、最前線の営業マンやMR（Medical Representative）、いわゆる医薬情報担当者と呼ばれる職種を除いて、営業事務の担当者などはほとんど派遣社員化している状況にあります。

　IBG製薬の場合、昔は一般薬も扱っていたということから営業が取ってきた仕事を処理するさい、営業マンは自分で処理するのではなく営業事務へ商材の在庫確認や発注、納入に関する事務処理を委ねる傾向があります。連携がうまく行われていれば問題はないのですが、営業マンから営業事務へ指示や依頼を行う場合に明確な発注数や納期日程の伝達が行われず、納期近くになってバタバタするということや工場への再発注や納入数の修正ということがたびたび起こり、その修正に大きな時間が費やされています。

　営業事務を担当する派遣社員からは、派遣会社を通して、もっと明確な指示連絡をというクレームが入っていますが、古い体質の営業スタイルを捨てられない営業マンの業務処理での改善は進んでいません。

　同じように、部下育成の問題や組織的な動きがあまり得意ではないということがあります。営業の世界はどちらかというと、個人の人脈や力量に大きく影響され、組織として動くのがあまり得意ではないと言われてきました。しかし上述したように、医者や調剤薬局などへのアプローチということになると、1人で攻略するより多くの情報を集め、対策を考え、こうすればどうかという仮説を作り、実際に試して、という繰り返し的な改善が重要になります。

　この場合には、1人の営業マンがもっている情報やノウハウをいかに水平展開するのかや、営業事務などとの連携でいかに素早く相手の要望を満たしていくかなど、高い連携性のある仕事が必要になってきます。

　最近のマネージャー、特に課長レベルは、自分自身がプレーイングマネージャーとして仕事をしているので、部下や仲間の力を活用して組織的に力を発揮することより、自分自身でやってしまうという習性がついてしまっています。しかし、課長クラスから所長クラスに職位が上がるという段階では、組織の全体を眺めて総合力を発揮できるように、組織マネジメントのやり方を発展的に変更するということが必要です。

最後のポイントは、社会要請への対応です。顧客情報の取り扱いや薬剤の成分表示など、法定記載事項等への商品知識に関しては基本中の基本ですが、たとえば営業マンは、通常、営業車で移動をしますので、スピード違反や違法駐車、運転中の態度や服装など、社会の眼が厳しくなっていることに対する取り組みへの感性が必要になってきています。

また、支店周囲の環境への配慮や地域から要請のある活動への参加など、企業人としてだけではなく社会を支える1人の市民としての活動をいかに組織的に支えるか、促していくかというのも、最近では企業に求められるようになりました。

これらは結局のところ、社員個人の意識の問題にたどり着きますが、職場の問題としては上司の指導性に行きつくのだと考えられます。上司がこれら社会的な要請事項に対してしっかりした認識をもっているのかどうか、組織的な視点で対応がしていけるのかどうか、特に所長の力量については問われるところが大きいのだと思われます。

ケースの作成にあたって、自社の課題認識との関連性から取り上げる現象や行為を検証することになりました。

● スケジュールや時間設定、評価者の問題など物理的な検討を行う

ケース作成に関して内容的に盛り込むべき基本的事項の確認が終わったら、その内容を実施する上での物理的な必要項目を確認し、基本的制約条件を設定していきます。

人材選抜として行う場合は、既に昇格審査のスケジュールなどは定例的に決まっているはずですが、インバスケットゲームでは、審査研修での評価観察や事後の評価者による合意など、ある程度の時間が必要となります。また審査研修の実施時期や評価内容の合意、フィードバックの日程などが繁忙期にかからないかなど、スケジュール的な問題を考えておかなくてはなりません。

図4-1-5　インバスケットゲーム実施スケジュール

	9 10 11 12 13 14 15 16 17 18 19 20
第1日	集合／事前レクチャー／昼食／導入ゲーム（実施/解説）／まとめ
第2日	インバスケットゲーム（個人）／昼食／グループワーク／発表と講評／まとめ
第3日	レクチャー／全体討議／昼食／講評／まとめ／解散

インバスケットゲームを初めて実施するということから、受験者に有利不利が働かないよう、事前の講義と導入ゲームを用意しています。また、実際の未決箱処理は3時間で20問、その後のグループディスカッションと全体討議を経て、3日間の研修型として選抜研修を行うというスケジュールです。

今回の場合、研修自体は、未決箱に入っている未処理案件の処理というゲームのコア部分の他に、まったく未経験の人もいて昇格審査での有利不利をなくす必要性があることから、導入部として社外の評価者によるインバスケットゲームの説明と取り組み方法の説明、未処理案件への取組後のグループディスカッションとその様子への観察、また全体での討議とその観察評価という4つのステップで実施することとなりました。

未処理案件を行う時間は、およそ3時間、ケースの数は20問程度を原則的に設定することとしました。これは昇格昇進審査への初めての組み込みでもあり、あまり短い時間設定では消化不良を起こす可能性があるかもしれないということから、このような時間設定と設問設定にすることになりました。（図4-1-5参照）

また、昇格昇進審査という意味合いと、管理職人材へのマネジメントスキルの向上という2つの意味合いを持っていることから、従来のように長い論文ではなく、自分自身の課題やテーマをパワーポイントを使って3分から5分程度の役員プレゼンテーションとしてまとめ、役員面接は従来どおり行うこととしました。役員面接においては、インバスケットゲームでの成績を人事から事前説明し、当日の参考資料としてもらうということで

進めることになりました。

したがって、インバスケットゲームでの評価集計を勘案すると、従来の昇格審査タイミングより約1カ月ほど前にさかのぼった時点で、インバスケットゲームを実施することになりました。候補者の人選はその時点よりさらに1カ月ないしは2カ月ほど前に行うことになりますが、これは従来の昇格昇進基準プラス職場からの推薦ということで人選を進めることになりました。

当然、これらの制度変更に伴う社内コンセンサスを得るためには、少なくとも業績評価1年分を組み入れるだけの時間的準備期間が必要で、導入計画から具体的な実施までには少なくとも2年程度の準備期間が必要になるのかもしれません。

今回のケースでは、全社的な人事制度の見直しの一環としてインバスケットゲームの導入を行いましたが、やはり給与制度や教育制度、配置などの制度改訂を含み、3年から5年程度の長期的スパンで制度改訂を行ってきています。

● 登場人物の性格設定や状況設定

ケース作成に関して、職務定義や職能要件基準などの内容確認と物理的な条件設定が終わったら、いよいよケースの作成にかかります。

まず、設定した3本柱に基づき、社内で起こっているさまざまな現象を集めます。集めた現象の中から、今回の趣旨にふさわしい事例を選び出します。選んだ事例は、そのままでは少しインパクトが強すぎるので、状況や登場人物などを少し変更しながら脚色を加えていきます。また、個人情報やプライバシーなどについて問題を引き起こさないかを確認しながら、状況の設定を行っていきます。

自社とまったく異なる企業でのケース設定ということにしても、社内での事案が想起されることがありますので、周辺情報などを含め十分に検討しておきます。事案の候補が決まったら設定した柱にもとづき、ケースの配分が妥当かどうかを確認していきます。この作業を何度か繰り返して、最終的なケースに仕上げて行きます。したがって、検討の過程で捨てたり加工をし直したり、数回の手直しが必要になると思われます。

同時に未処理案件の中に出てくる登場人物の役職や年齢、性格などについてもプロファイルを作っておきます。そこまでしなくてもいい場合もあると思われますが、登場人物についての性格付けをしておくとケースを検討するときに軸ブレを起こさずにすむことが多いので、できればそれほど詳細ではなくても、ある程度の人物像を固めておいた方がいいと思われます。

　IBG製薬で作成した登場人物のうち、社内の主な人間については簡単ですが、役職、等級、資格、性格の概要を設定しておきました。この表は、インバスケットゲームの受験者や研修参加者には配布はしません。あくまでもケースを作成する上での設定として行うものです。今回のケース作成の場合、あまり感情的な言動や表現はありませんが、たとえば人間関係の改善などにもっと焦点を当てる場合には、性格的なものをケースの中に見えるようにすることもあります。

　今回の場合の性格付けは、未処理案件を処理していく上で、それほど大きな影響を勘案しなくてもいい程度の性格付けにはなっていますが、等級や資格、役職、年齢などは業務を遂行する上での参考情報になるかもしれません。（図4-1-6参照）

　社外の人々については、そもそも現実の中でも把握するのは難しく、特に性格付けなどの設定はしていませんが、言動などからある程度の推測はできるようにしておくようにします。

　次に、受験者および研修参加者がなりきる主人公の状況を設定します。今回の場合は、課長クラスから所長クラスへの職務の切り替えということが1つのテーマですから、等級的には7等級とし、所長への登用が可能な位置にいるという設定にしました。またIBG製薬の場合、営業本部の中に支店が置かれ支店長クラスが部長ポストということになっていますが、その中でも東京地区は営業部がおかれ、その下に都内を4つに分けてテリトリー化した支店と、関東地域を2つに分けた北関東支店と南関東支店があります。この2つのポストは所長クラスが就任することになっていますが、部長として本当に力はあるのかどうかを確認する意味があり、役員候補・本部長候補が必ず通過していくポストとなっています。

図4-1-6 登場人物のプロファイル概略（一部抜粋）

名前	部署	役職	資格	年齢
三村 佳子	管理本部／人事グループ		3等級	29
木原 則夫	営業本部／東京営業部	営業本部長兼東京営業部長	執行役員	52
岡部 晴彦	営業本部／東京営業部／城南支店	城南支店長	9等級・参与	54
山田 務	営業本部／東京営業部／城南支店／第1営業所	城南支店第1営業所長	8等級・参事	53
河瀬 静也	営業本部／東京営業部／城南支店／第1営業所／第1営業課	課長	6等級・主査	45
柴田 忠雄	営業本部／東京営業部／城南支店／第1営業所／第2営業課	課長	6等級・主査	43
石井 清	営業本部／東京営業部／城南支店／総務人事G	グループ長	6等級・主査	44
中村 丈二	営業本部／東京営業部／城南支店／第1営業所／第3営業課	課長	6等級・主査	45
井上 三郎	営業本部／東京営業部／城南支店／第1営業所／営業支援G	課長	6等級・主査	44
近澤 匡	営業本部／営業推進部／クレーム担当	課長	6等級・主査	41
藤田 清作	生産本部	生産担当部長	8等級・参事	58
八坂 みどり	営業本部／東京営業部／城南支店／第1営業所／第1営業課	MR	6等級・主査	34
矢島 博	営業本部／東京営業部／城南支店／第1営業所／営業支援G	係長	5等級・主幹	36
下川 靖男	営業本部／東京営業部／城南支店／第1営業所／第2営業課	係長	6等級・主査	41
野原 良太	営業本部／東京営業部／城南支店／第1営業所／第2営業課	労組職場委員	3等級	33
佐々木 健次郎	IMG労働組合南関東支部	支部長	4等級・主事	31
川村 修一	営業本部／東京営業部／城南支店／第1営業所／第2営業課		2等級	21

案件処理に登場する人物のプロファイルを定めておきます。基本的にはインバスケットゲームの中で受験者に提示することはありませんが、案件処理の段階でヒントになる情報をどうケースの中に盛り込むかなどで意味を持ってきます。特定の誰かを想定するというより、案件の中で必要と思われる事項から設定していくとうまくいきます。

性格
人事グループで配置・採用・業績評価等を担当している。冷静で合理的判断をする
たたき上げの営業マン。バイタリティに定評があり朗らかな人柄だが、仕事に関しては妥協しない
温厚な人柄だか、粘り腰。大手の大学やドラッグストア系の調剤薬剤師に幅広い人脈を持っている
まじめな性格。木原則夫の一年先輩。几帳面に仕事を進めるタイプで、細部まで理解できないと動けない
実直で誠実な人柄。ミスが少ないタイプ
営業経験は豊富。中途採用。前職は証券営業マン
冷静に判断するタイプ。本来は人事グループの所属だが、ローテーションで今の職場にいる
明るく陽気だが、仕事では割合大雑把。あまり細かいことを気にしない
慎重さに欠けるタイプ。自分では調整型だと理解しているが、あまり調整はうまくない。
人当たりのいいタイプで、分析力に優れている
生産一筋の人。生産現場の親父さん的な存在。
薬剤師の資格を持ち、システム的な理解もある。交渉力もある自信家
自分の意志がはっきり出せないタイプ。指示待ちが多く依頼心が強い
典型的な営業マン。押しが強い。自説を曲げない。頑固
聞き出し型の営業スタイル。営業としては3年ほどの経験。元々は生産部
論理的で割合、親分肌。若手のオピニオンリーダー的な存在。将来を期待されている
割合、慎重な性格だが、細かなミスが頻発するタイプ

今回の状況設定では、自社の将来にとって有意な人材を選抜するという目的がありますから、課長クラスから城南支店第1営業所長へ急きょ登用が決まったという状況になっています。

状況設定としてはこれまで自分が企画し準備してきた仕事を放棄するわけにもいかず、本日中の3時間の間に未決箱の未処理案件を処理しなくてはならないという厳しい状況が設定されています。

● ケース間の相互の関係性を確認する

ここまで準備ができたら、いよいよケースを作成します。最初に立てた3つの柱、業務上の課題追求に関する視点、組織マネジメントに関する視点、社会性に関する視点でケースを考えていきますが、2つの領域に関連したりすることも当然起こります。結果、業務的な内容に関係する未処理案件が13ケース、組織マネジメントに関係するケースが11ケース、社会性に関するケースが6ケースと分類される内容となりました。この分類のままケースを提示してもいいのですが、ランダムに配置することにします。

作成したケースについては、それぞれの関係性を一覧表を作って検討しておきます。これはケース同士の関連性を見るという意味合いもありますが、未処理案件を処理する場合の全体観や優先順をどう決めて行くのかという、採点基準作成上も大きな意味を持っています。(図4-1-7参照)

未処理案件として処理するケースには、ナンバリングのほかに、それぞれ短いタイトルをつけておきます。これは、受験者及び研修参加者が処理する過程でスムーズに処理作業に専念できることや、グループディスカッションでの検討を行う場合に混乱を生じさせないようにするためです。もちろん、採点基準や事後処理を行う上でも便利であるのは言うまでもありませんが、タイトルをつけるにあたっては、中身をよく体現していて短い言葉で表現されているようにしなければなりません。

最近の職場でのホウレンソウ(報告、連絡、相談)は、ほとんどメールで行われますので、ケースの作成にあたっては、案件ナンバーの次に(未読メール)や(既読メール)との表記を入れてメールであることを表示し

図4-1-7　未処理案件相互の関係性比較検討表

No.	分類	インバスケット問題	1	2	3	4	5	6	7	8	9	10	11	12	13	14	15	16	17	18	19	20
1	業/M	(未読メール) 第1営業所チーム 活動の件																				
2	業	(未読メール) 城南大学事務センター清水センター長からの連絡表			○										○				○		○	
3	業	(未読メール) 売上早期計上化運動について							○	○												
4	業/社	(未読メール) 城南大学薬品廃業研究会について	○																			
5	業	(未読メール) 城南MRバ坂みどりからのメール			○					○						○						
6	M	支倉食堂業者からの手紙																				
7	業	(未読メール) P103の件			○																	
8	業	(未読メール) P103についての城南対応			○					○									○			
9	M	(未読メール) 営業所業務説明	○						○				○		○							
10	M	(未読メール) 個人面談について	○								○											
11	業	(未読メール) 第1営業所着地予測の指示	○						○		○											
12	M/社	匿名者からの手紙	○								○								○			
13	M/社	ゴルフ等のメモ																○				
14	M/社	組合支部との懇談メモ									○				○				○			
15	M/社	川村ちゃんへの見舞い									○											
16	業/M	ドラッグタカヨからの封書												○								
17	業	クレーム対応指示	○						○													
18	業	人材不足と販促品について													○							
19	業/M	ルーディ大学スティーブン教授対応																	○			
20	業/社	業界新聞記事について									○											

ておきます。メールの場合は発信者やタイトル、発信日時、同時に送った人など、その未処理案件の内容に関するデータが現実には表示されていますので、同時にそれらも表示しておきます。

同じようにメモや手紙などの書類であるものは、その旨の表示をしておきます。

今回、用意したケースについては20ケースですが、そのうちの事例を見ていただくと図4-1-8のようになっています。他のケースについては参考資料として全てを掲載してありますので、参考にしてください。（P245〜263参照）

○ 時間軸上でのケースの配置

受験者および研修参加者には、未処理案件としてのケースをパッケージにしたものの他に、組織図や必要であれば地図、図面など必要な情報を掲載した補助資料が配布されます。また未処理案件を処理する上で、いつまでにという時間軸上の設定から必ずスケジュール表が配布されます。スケジュール表に時間計画を書き入れよという指定をする場合もありますし、処理内容を検討する場合の参考資料だとする場合もあります。今回の場合は、スケジュールの記入を求めることで検討しています。

したがってケースの検討にあたっては、時間軸上の上に全てのケースで現れている項目をスケジュール表の上に記載して、どのような問題があるのか、受験者および受講者がどう考えるのかを見ておきます。この場合、スケジュール表は過去の内容を記入するようにして検討しますが、受験者および受講者に手渡されるスケジュール表は、現在から将来にかけてのもので過去の内容を記入するようにはできていません。これは、未処理案件を行う場合には現在から将来にかけての事案であるということに由来します。今回は、処理内容をアクションシートなどと名前をつけたシートの上に記入し、その時間的な計画はスケジュール表を活用して、そちらに記入しなさいという指示になります。図4-1-8で示したケースを、時間軸上に配置して検討をしておきます。検討にあたっては、実際のカレンダーなどに案件内容を書き込み、納期や必要期間などを検討しておきます。

図4-1-8　用意した未処理案件ケースの事例

案件1（未読メール）「第1営業所チーム活動の件」
差出人：″井上三郎″
宛先　：″三浦健史″
送信日時：2010年3月12日　22：03
件名：第1営業所チーム活動の件

所長殿

ご栄転おめでとうございます。
実は、山田前所長在任中課長会議で、所長から自己啓発とモラールアップのためにも結果としてなることゆえ、各課毎に中堅の小グループをつくり、今後の地域対応の在り方というテーマで、グループ各々が職場に合った具体的テーマで研究し発表し合うよう指示があり、実施することになりました。

そして、私がその運動の推進のリーダーになりましたが、各職場とも日常業務に追われている始末で、大学の先生たちと研究グループのロードも相当になると思いますし、それどころではない気がしております。決まったのは、2月10日頃だったと思いますが、その後、山田前所長が入院されたので、そのままになっています。昨日も第1営業所の3人の課長から中止を相談されたのですが、新所長のお考えはいかがですか？　私も中止した方がよいと思っています。山田前所長はあまりに特命や指示が多く皆困ってます。
私もGTC-6の東華大攻略プロジェクトチームの責任を任され、所内に関係係長、主任によるプロジェクトチームを作りましたが、皆それぞれの仕事が忙しく、難しくなると全て、私のところへ持ち込まれるため、チームを作ってもうまく働いてくれませんし、今では雑用専門みたいになって、最近では先日起きた契約解除問題や込み入った苦情まで受けている次第です。

営業支援　井上三郎

案件7（未読メール）「P103問題」
差出人　：″木原則夫″
宛先　　：″三浦健史″
送信日時：2010年3月11日　18：09
件名　　：P103の件

三浦君へ
以下のメールが、営業推進の矢島君から生産の藤田部長へ流れている。
君のところの客先との調整次第だから、藤田部長と連絡をとって対処してほしい。
よろしく
以下、転送

木原営業本部長殿

お世話になります。
営業支援の矢島さんから以下のメールがきております。生産としては、P103は委託生産品ですので、生産調整が困難です。客先との調整をご指示ください。

藤田清作

藤田生産担当部長殿

着荷が遅れておりましたP103がようやく入荷しましたが、検収の結果、到着品ケース内訳が発注数と大幅に食い違っていることが判明しました。通常の受注状況から予測して、およそ1000シート位の違いになると思われますが、入荷が遅れてしまったことは大変痛く、29日までに城南支店第1営業所に引き渡しを完了しなければならないのに、三重工場出荷センターにも共同プロモーション先にも在庫がなく困っております。至急ご指示下さいますようお願いします。

矢島博

4　インバスケットゲームを導入する

案件15「川村ちゃんへの見舞い」

差出人　：　"山内光太"
宛先　　：　"社内メーリングリスト"
送信日時：2010年2月22日　17：21
件名　　：　川村ちゃんのお見舞い

1月28日の川村ちゃんの事故は、本当に残念な出来事でした。
交通事故ゼロという記録も4年7か月19日で切れました。
やっぱ営業車でも、ちゃんと気を引き締めて運転、ということですね！

本人も真剣に反省していて、かなり歩けるようになったとのことで、リハビリも順調みたいです。
営業2課は自分のところだから、すでにお見舞いをしたとのことです。

野球部とボーリング＆飲み会同好会も行ってきたらしいです。
他趣味の川村ちゃんなんで、そうだろうと思いますが、
アウトドアで一杯クラブもそろそろいいかなぁ（所長の顔色、ちらっ）ってことで、
もちろん部長である支店長のOKももらってます。

とりあえず一人500円ずつ集めます。
よろしくお願いします。

インバスケットゲームの未処理案件の実際です。さまざまな内容が盛り込まれているのが、よくわかると思います。

4-1のまとめ

- ケースを作成する前に、職能要件書などで対象とする職位の期待役割などを確認しておく。

- ケースを作成する上で、何を意図するのか、ケース作成の軸を考えておく。

- ケース作成にあたっては、登場人物のプロファイルやケースごとの関係性、時間軸上での配置などを検討する。

採点基準や観察上の留意点を作成する

事後評価のための評価基準を予め作成しておく

○ それぞれのケースでの代表的処理を検討する

　未処理案件を評価する場合の代表的な処理内容をまずは検討します。多くの場合は、ケースを作成するために集めた事案などとセットで、こういう処理が普通なのだというものが見えていますが、後々の採点基準を作るという観点からは、少し複雑な検討過程を経ることになります。

　まず、実際に用意したケースを詳細に分解します。誰が引き起こした行為なのか、誰に向かって発信しているのか、何を要求しているのか、していないのか、またどこまでが事実でどこまでが意見や仮説なのか、関連する未処理案件とはどこでつながっているのか、緊急度や重要度も併せて検討します。

　分解の内容は、図4-2-1のような表に整理されますが、その結果、どういう代表的アクションが出てくるかをケース作成にあたったメンバーで検討します。

　なぜ、代表的処理内容を決めるのかというと、それは次の項目とも関連しますが、加点的に評価する処理行為と減点的に評価するべき処理行為を定める必要があるからです。管理行動とは、その現象に立ち会い、何らかの行動を起こす人の数だけ存在していますが、だからと言ってそれら全て肯定できるというわけではありません。

　自組織の価値観などから見た場合には、こうあってほしい、こう行動してほしいという行動の基準がなくてはならないはずです。標準的な行動は、時間や組織の状況によっても変わるものですから不変のものというわけではありません。しかし、現在の時点では「こうあってほしい」とするものであって、主観的な価値観から見た場合には妥当性があるといってもいいのだと思います。中には、この案件の処理では複数の標準的な行動が設定

できるという場合もあると思いますが、標準があまり多くても評価の段階で困りますので、ある程度、しぼった形で設定する方がいいのです。

● 加点評価、減点評価についての検討

　先にも述べましたが、標準的な行為が設定できれば、より高度な処理である、アイデアがある、具体的になっている、多面的だ、単一に絞って迷わないようにしているなど、プラス側の行為として評価できる行為が見えてきます。同じように、もう少し考えてほしい、画一的ではない方法を見つけてほしい、などマイナス側に評価する項目が見えてきます。

　処理内容を定量的に評価をしようと思っても、標準的な処理内容と加点側で見る代表的な処理内容、マイナス側で見る代表的な処理内容が決まっていなくては、実際の評価は恣意的になってしまいます。もちろん、全ての処理内容を想定できるわけではありませんが、それでも加点的に見る内容と減点的に見る内容を事前に決めておくことは、管理行動の評価と言う意味では大きな意味を持っています。

　加点側、減点側、それぞれで評価する処理行為については、標準行為とは異なり、できるだけ多くの例があるほうがやりやすいのは容易に理解できます。

　加点内容や減点内容については、代替案検討や潜在的な問題（リスク発生要因）などを考慮しているかどうか、あるいは指示命令として行うのか依頼するのかなど、伝達方法での工夫など、一概に処理内容だけで決まってくるというわけではありません。また、回答帳票の隅にメモってある内容などをよく見ると、案外、細かなことまで考えているという場合もあり、評価者のきめ細かい観察力が必要とされます。

● 処理上の緊急度、重要度、優先順の検討

　処理行為の標準、加点評価、減点評価についての概略が決まったら、それぞれの処理内容を全体的に俯瞰して、緊急度、重要度、優先順を考えます。これも千差万別という見方もできますが、やはり自社の価値基準などから行けば、こうであってほしいという基準のようなものがあるはずです。

　緊急度や優先順は、どういうスタイルの評価方法でもかまいません。た

とえば、よく使われる方法は、極めて緊急だ、緊急だ、普通、あまり緊急ではない、まったく緊急ではない、など5段階で評価するものでしょう。

図4-2-1　案件処理評価基準表

	NO.	17
ケースの概略	ケース内容	「クレーム対応指示」
	誰から	近澤　匡（営業推進部クレーム担当）
	誰に	岡部　晴彦（城南支店長） 山田　務（前所長）
	いつ	2010年2月22日　17：21
	方法	メール
	具体的事実	1次回答は営業推進部より既に対象顧客へ連絡済み 発生件名　：Ｐ１０３混入時のトレーサビリティに関する詳細情報提供遅れ 　回答納期　：３月１９日 　回答先　　：城南大学医学部総合事務センター長　清水信義様 　注記　　　：再回答 発生件名　：ＣＬ５０の納入遅れ頻発による安全在庫への悪影響 　回答納期　：２月２８日 　回答先　　：広川総合病院調剤科長　井島慧子様 　注記　　　：回答遅れのため即時対応のこと。基本契約の見直しの恐れあり。 発生件名　：ＱＭ８０での不良品発生 　回答納期　：３月３１日 　回答先　　：ドラッグヤマスギ物流センター長　白川一様
	要求、意見、指示等	営業推進部長名のクレーム対応指示
	補足点	案件はメールとなっているので、既読の可能性がある。
	関連性の考慮	案件２「城南大学事務センター清水センター長からの連絡票」 案件８「Ｐ１０３についての城南対応」 案件５「城南ＭＲ八坂みどりからのメール」 案件７「Ｐ１０３問題」 案件20「業界新聞記事について」
重要度	レベル	A
	理由	重要顧客を含む重大クレームについての営業推進本部からの2次回答指示 案件ごとに問題を分けて考えることが必要
緊急度	レベル	A
	理由	納期を過ぎている項目を含む。 城南大学の回答指示日は今週末。
優先順	優先順	1
	理由	重大クレーム全体への処理
対策判断基準	プラス側の施策例	回答指示 回答結果の報告書作成指示 クレーム１は案件２、案件８と関連付ける。 クレーム２は期日が既に来てしまっているので、対応状況を支店長・営業推進部長へ報告させる。
	マイナス側の施策例	部下課長への丸投げ 各課での個別対応 再回答要求時期を考慮せず直接メールを送る

レベル	A
レベル	A
優先順	1

尺度の正確さなど検討しなくてはならないことはありますが、それでも処理案件全体の緊急度順や重要度順を理解することができます。採点基準を作るという意味からすれば、たとえば極めて緊急だとすることについて、根拠を持ってほしいと思われます。

ただ漠然とそう言われても、評価される側からいうと納得できないモノが残ります。同じように重要度もそうでしょう。緊急度と重要度の検討を重ねてくると、その業務が全体の中でどういう順番で処理されるべきかが決まってきます。優先順の決定です。これらを1枚にまとめて、採点基準表を作ります。図4-2-1は、実際には巨大な表でページの範囲に入りきりませんので、案件17「クレーム対応指示」に関する採点基準の一部を抜粋しましたが、基本的な採点基準表の構成という意味では、表の構造とヘッダーのタイトルをご覧いただくことでご理解いただけると思います。

採点基準表の作成方法は、1つではありません。第3章で説明したビジネススキルや管理行動を基準として、採点基準表を作る方法もあります。これが絶対という方法はありません。大事な点は、インバスケットゲームを実施する目的と対象への適切な評価ができるかどうかです。

今回の場合は、グループディスカッションでの行動観察もあり、単純に未処理案件の処理内容だけで評価はできませんが、未処理案件の処理行為が基礎となる行為であることは間違いがなく、スケジュール処理を含み、どう処理しているかは重要な問題です。

今回、インバスケットゲームの実施にあたって、受講者の有利不利条件を排除するために導入講義と「こういうふうに処理をするんだよ」という軽い導入ケースを用意しています。昇格審査試験という意味合いからすれば、そこも含んでの試験だろうという指摘も納得できるところですが、処理の基礎的な方法論を説明していますので、緊急度、重要度、優先順評価への認識がある程度、平準化されると思います。しかし、昇格昇進試験として実施する場合は、採点基準表の考え方を受験者および研修参加者に伝えてしまうというところがあり、これから導入を検討しているという場合は、採点基準表と実施方法との関係については考慮しておく方がいいように思われます。

○ 採点表を作成する

　採点基準表に基づき、個人別の採点表とグループディスカッションでの観察シートを作成します。

　未処理案件処理に関する個人の採点シートは、図4-2-2のようになっています。評価基準表との整合性が図られるよう、「処理実績」「時間の構造化」「アクション対象」「アクション目的」「アクション内容」「コミュニケーション手段」の6項目で評価するように構成しました。

　それぞれの項目は、さらにいくつかの項目に分かれていますが、採点基準表での加点要素や減点要素、緊急度、重要度、優先順などの判断内容についてもこれらの項目の中の細目として評価されるようになっています。

　それぞれの項目は5段階評価であったり、処理されている／処理されていないの1/0判定であったり、具体的な評価基準や方法によって評価されていきます。それぞれの項目評価ができると、ある一定の統計処理によって正規化されグループのメンバーとの比較などを通して、その人の特徴的な要素を抜き出します。(図4-2-2参照)

　グループディスカッション観察シートは、評価者がグループでの話し合いのプロセスを観察し、どういう交互作用が働いたかを観察する上でのシートです。今回の場合はリーダーシップの要素を、「論理性」「創造性」「感受性」「柔軟性」「指導性」の5つの観点から観察することとしました。この観察結果に基づき、評価者はそれぞれの個人について観察結果の総合評価を行います。

　総合評価の書式は、特に定まったものではありません。内容的には、その人の強みと思われる行動特性とその根拠、同じように改善した方がいいと思われる行動特性とその根拠、ということになりますが、多くの場合は未処理案件での評価内容と大きくずれることはあまりありません。

　以上のような個別評価の他に、受験者及び研修参加者全体を見渡したときの評価については、個人別データをもとに一定の統計的処理を加えて総合判断として報告されます。

図4-2-2　個別評価表（例）

項目	NO.	評価カテゴリ― 内容	案件 1	2	3	4	5	6	7	8
1 処理実績	1	処理未処理（I/O）	1	1	0	1	0	1	-	1
	2	コメントに含まれるアクション数	1	2	3	2	2	1	3	2
	3	他の未処理事項・背景情報との関連づけ処理	1	-	-	-	-	-	-	-
	4	加点要素数	-	-	-	1	-	1	1	1
	5	減点要素数	4	1	4	2	2	5	1	1
	6	緊急度の評価	-	-	-	-	-	-	-	1
	7	重要度の評価	3	1	1	2	2	4	1	3
	8	問題処理の順番	12	5	-	7	-	20	2	3
2 時間の構造化	9	日次、週次計画への組み込み	-	-	-	-	-	-	-	-
	10	月次計画への組み込み	1	-	1	-	-	-	-	-
	11	スタートの設定	-	-	-	-	-	-	-	-
	12	納期の設定	-	-	-	-	1	-	-	-
	13	延期・中止	-	-	-	-	-	-	-	-
3 アクション対象	14	上司	-	-	-	-	-	-	-	-
	15	同僚、関連部署、等	1	-	1	1	-	1	1	1
	16	部下	-	1	-	-	-	-	2	-
	17	部外者	-	-	-	-	-	-	-	-
	18	対象者なし	-	-	-	-	-	-	-	1
4 アクション目的	19	状況把握・情報収集	-	-	-	1	-	1	1	1
	20	意思決定	-	-	-	-	-	-	-	-
	21	実施	1	1	-	1	-	1	2	2
	22	レビュー・フォロー	-	-	-	-	-	-	-	-
5 アクション内容	23	指示・命令	-	-	-	-	-	-	-	-
	24	依頼・委譲	-	-	-	-	1	-	-	1
	25	報告・連絡・相談	1	-	-	-	-	1	1	1
	26	直接処理	-	-	1	1	1	2	2	1
	27	保留・ノーアクション	-	-	-	-	-	-	-	-
6 コミュニケーション手段	28	対面的コミュニケーション	-	-	-	-	-	-	-	-
	29	電話によるコミュニケーション	-	-	-	-	-	-	-	-
	30	メールによるコミュニケーション	-	-	-	1	1	1	2	1
	31	文書によるコミュニケーション	1	1	-	-	-	-	-	-

> **4-2のまとめ**

- 採点基準表を作る目的は、標準処理を決めること。
- 標準処理要素が決まったら、加点要素、減点要素を決める。
- 採点基準表が作成できたら、個人別あるいは組織別の評価表を作成する。

シミュレーションを行う

現実に運用が可能かどうか、実際にトライアルを行ってみる

◯ 時間配分やケースの難易度についてチェックを行う

　ケース、採点基準表、個別採点表、グループディスカッション観察シートなど、実際に実施する上での不可欠なものがそろったら、予定している通りに運用できるかどうかをシミュレーションします。

　シミュレーションのポイントは、設定した時間の範囲で全案件を処理できるかどうかという点が一番大きなポイントです。また、処理案件同士の関連性がわかりやすいかどうか、難易度はどうか、などをチェックします。作成者がシミュレーションを行うと、全てが頭に入った状態で取り組みますので、事前のバグ出しという点ではあまり得策ではありません。できれば、作成に加わらなかった人事部内のメンバーなどにやってもらうということが望ましいと思われます。（図4-3-1参照）

　場合によっては、状況設定が理解できないということもありますし、文字が見えにくいというような指摘もあると思います。コンピュータやネットのないアナログな時代にインバスケットゲームを実施していた頃は、配布する案件を現場の帳票に近付けるべく油で汚すというようなことをしたこともありましたが、最近の場合には書体などでわざと読みにくくするということもあります。しかし、それは実施する上で検討すればいいことだと思います。

　むしろ問題は、事務局がゲーム全体の中で、こういうことを処理行動の中で行ってほしいと意図していたことがはずれてしまうことがあるということです。しかけが相手に伝わらなかった、気づいてもらえなかった、ということが、シミュレーションの段階ではっきりすることがあります。この場合、もう少しわかりやすいようにケースを修正するのか、それともそのままにしておくのかは、事務局の中で検討し修正の方向を決めていかなくてはなりません。

社内で作成する場合、未処理案件のほとんどが、まったく知らないということではないという点が問題で、シミュレーションの中でも大きくひっかかるという案件は少ないように思います。また、複数者のシミュレーション参加者の処理内容を見ても、だいたい似たような処理になっているということの方が多いのだと思われます。

　組織内でケースを作るということの一番大きな問題は、実はこの点にあります。即ち、実施する側も受験者および研修参加者の側も、かなり特徴的な案件を設定し、独創性溢れる処理をしたと思っていても、案外、それほど大きな特徴もなく他のメンバーと変わった処理をしたわけではないということが起こります。

　ケース作成や観察評価に外部者を入れた方がいいと言われる所以は、このあたりにあるのかもしれません。いずれにしても、外部の評価者を入れるのであれば、ケース作成やシミュレーション評価の段階から参加を求め、自社にはない視点を入れこんでおくということが有効かもしれません。

図4-3-1　作成したケースはシミュレーションする

- 関連性は？難易度は？
- 時間は？処理の数は？
- 予想した通りの処理が行われるか？
- わかりやすいか？広がりはあるか？

シミュレーション
・作成者以外の人に
・同じ状況設定で
・実際にやってもらう

インバスケットゲームの未処理案件ケースなどが作成できたら、実際に誰かにやってもらって、予想した通りの処理ができるかどうかをシミュレーションします。その結果、修正する点が見つかったら、よりよい方向へ修正をします。できれば数回繰り返すと、良いものに仕上がるでしょう。

● 修正点を明らかにする

　シミュレーションの結果、明らかになった点をはっきりさせておきます。ケースのイメージが持ちにくい、言葉遣いが理解できない、他の案件との関連性が想起しにくい、緊急度・重要度の判定で大きく迷ってしまう、運営側が意図した標準処理が出てこない、など、多くの問題点が浮かび上がると思います。

　修正点の中で一番の問題は、時間制約と処理案件数の関係です。シミュレーションを行った結果、どうしても与えられた時間の中で処理ができないという場合があるとすると、時間配分を変えるか、案件数を少なくするか、あるいはその両方を同時に改善するか、ということになります。
　今回の場合は、受験者および研修参加者には全数処理を求めますので、シミュレーションの結果、平均して60％程度しか処理できないというような事態であったとすると、改善策を講じないと実際の運用場面ではうまくいきません。
　シミュレーションで起こることは実際の運用場面で必ず起こることですし、受験者や研修参加者から途中で質問や指摘として投げかけられる内容でもあります。必ず何が起こったのか、修正するべき点は何かを明確にしておく必要があります。

　修正点がはっきりとリストアップできたら、その処置をどうするかを決めなくてはなりません。簡単に言うと、改善するのか、そのままにするのかです。修正点だと認識されたものについては、基本的には改善されなくてはなりませんが、むしろそのままにしておく方がゲームの進行上、いい場合があるかもしれません。受験者および研修参加者がそのことに気がつくかどうかというチェックポイントとして活用するという方法です。
　これは、基本的な数字や処理に影響を及ぼすような表現内容に関する項目などでは使えませんが、案件処理の細部で発生する内容についてはあるかもしれません。いずれにしても、シミュレーションの結果を実際に運用する場合に向けて、改善をきちんと織り込んで行かなくてはなりません。

◯ 実施用ツールとしてまとめる

実施準備が整ってきたら、未処理案件などをパッケージ化します。組織図や図面、地図、スケジュール表など、実施に必要なツールとしてまとめます。また、評価側にお願いするシートなども整備しておきます。

案件例については、本書第8章の章末に設定条件を少し変えてパッケージ化したものを掲載していますので参考にしてください。

また、受験者や研修参加者には見えない検討過程で作成使用した、職能要件書やスケジュール検討などの帳票もセットして準備しておきます。言うまでもないと思いますが、使用する研修センターでの生活上の注意や、携行物など審査研修参加上の注意点などを記載したガイダンスも準備しておきます。

図4-3-2　実用パッケージとしてまとめる

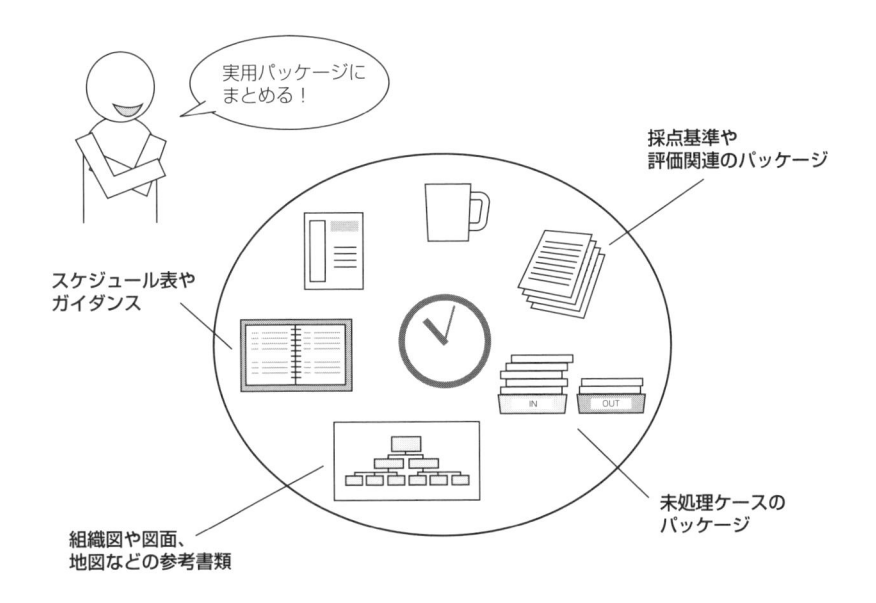

実用パッケージにまとめる！

採点基準や評価関連のパッケージ

スケジュール表やガイダンス

組織図や図面、地図などの参考書類

未処理ケースのパッケージ

インバスケットゲームなどの人材アセスメントツールを活用した人材登用のシステムは、これまでの昇格昇進制度とは、考え方やアプローチの仕方が大きく異なります。
どちらが良い悪いという価値判断を行うのではなく、それぞれの特徴を知ってうまく使うことが必要です。

前の章でも述べましたが、日本企業の場合は、昇格昇進が組織的制度の運用的な問題として捉えられてきましたので、インバスケットゲームの未処理案件ケースの内容やゲームの内容が保持できない可能性があります。したがって、インバスケットゲームに関する一切の帳票類は回収することを事前に通告し、その上でゲームの性格上、内容を社内であっても開示しないという宣誓書にサインを求めるなどの方法を講ずる必要性があるかもしれません。しかしこの点については、「信用しないのか」と審査研修に入る以前の段階で無用なトラブルを引き起こしかねません。自社の状況や受験者および研修参加者の状態をよく理解して、自社にとって好ましい選択をしてください。

4-3のまとめ

- ケース等ができたらシミュレーションを行う。
- シミュレーションの結果、改善点をはっきりさせ、修正する。
- シミュレーションと修正が終わったら、関連帳票も含めてパッケージを作る。

導入計画を作成する

自社へのスムーズな導入を図り、円滑に運営する

◯ 導入を検討する前に考えておくこと

まず、計画を策定する前に考えておくべきことは、事務局のロードがかなり大きいという点です。人材選抜として導入する場合でも、人材育成型の研修として導入する場合でも、実際に運用する責任部門には大きな負荷がかかることを覚悟しておく必要があります。

また、受験者や研修参加者にとっても、研修自体は1、2泊程度の拘束ということになりますが、事後のフィードバックなどで取られる時間などを考えると、かなりの時間が取られる可能性があるという点です。人材選抜として行う場合は、既に昇格審査のスケジュールなどは定例的に決まっているはずですが、従来の方法だと審査にかかる日数は審査だけなら1日程度で済むことが多いと思います。これだと審査官として審査にあたる役員などの拘束時間も少なくて済みますが、インバスケットゲームは年間スケジュール的な問題を考えておかなくてはなりません。

再三申し上げているように、人材登用のための試験として行う場合、その内容が漏れないようにできるかという点についても考えておく必要があります。日本企業は、この点についてはあまり信用ができません。自社で実施した場合、完全な機密事項として扱えなくても、ある程度の信頼が持てるかどうかを確認しておかなくてはなりません。

ならば、未処理案件として提示するケースを毎年作り変えるなどすればいいという指摘もあると思いますが、前述したように、ケースを作るというのはそう簡単なことではありません。そこをやるということになると、運営側の事務局に更に負担がかかることになります。

これも組織風土の問題とも関連しますが、評価者として社外の人間を招へいすることが可能かどうかを考えておく必要もあります。インバスケットゲームでは、評価者の果たす役割が大きく、ゲームの中で、ある役割を

演じる他、ディスカッションでのファシリテーションなど、外部の人間が務めた方がうまくいく役割があります。この点についての許容度などについても検討しておく必要があります。

実際に導入が可能だと決まったら、社内世論の形成にどの程度の期間がかかるのかなど、実際に導入するポイントまでの事前準備期間をどれくらいとるのかについても、考えておかなくてはなりません。

● 従来の昇格昇進制度と異なる点を理解する

従来の昇格昇進制度の前提は、上司による業績評価が基本だという点です。しかし人材アセスメントの1つの方法であるインバスケットゲームは、アセスメントとしての側面を持っていますから、上司の業績評価はあまり大きな意味を持ちません。

上司の業績評価を前提とするということは、優秀であるということが昇格候補者になる条件でした。ある期間の中で優秀評価がある基準以上あることなどが原則でした。

図4-4-1　従来の昇格昇進制度とは異なる

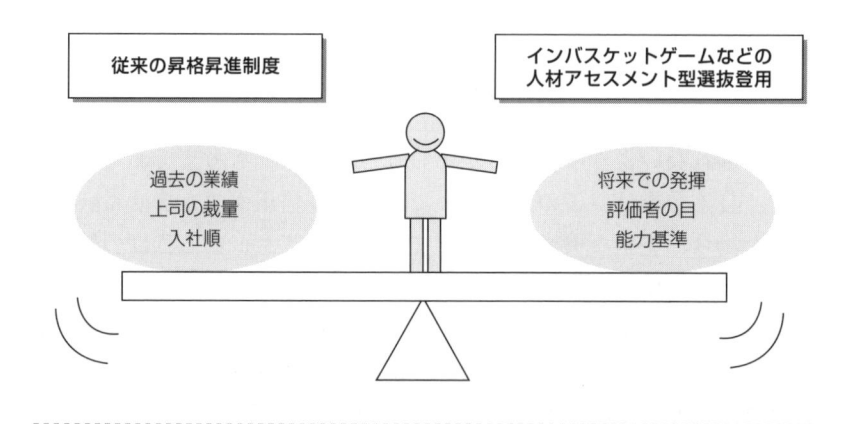

従来の昇格昇進制度

インバスケットゲームなどの人材アセスメント型選抜登用

過去の業績
上司の裁量
入社順

将来での発揮
評価者の目
能力基準

インバスケットゲームなどの人材アセスメントツールを活用した人材登用のシステムは、これまでの昇格昇進制度とは、考え方やアプローチの仕方が大きく異なります。
どちらが良い悪いという価値判断を行うのではなく、それぞれの特徴を知ってうまく使うことが必要です。

しかし、人材アセスメントとして行われるインバスケットゲームによる登用試験では、ゲーム中の出来不出来によって上位等級への合否を決めようということになっていますから、昇格候補者になる時点では何ら優秀である必要はなく、高い基準を超えている必要はありません。できれば優秀評価を持っていることは望ましいとは思いますが、絶対条件ではありません。業績評価は多くの場合、相対評価ですから、年次の関係などで優秀者の枠にたまたま入れなかったが、本来は極めて優秀だという人を審査研修のメンバーとして加えることが可能になります。

つまりは研修の成果で、ある程度の能力評価を行い、その結果に基づき合否を決めようというスタイルですから、候補者になるということはそれほど大きな問題ではありません。よほど問題のある評価でなければ、過去の成績は参考程度の意味合いしかありません。

また、従来の昇格昇進制度では、昇格候補者への上司などからの事前指導が徹底して行われ、面接審査などはある意味、役員からの直接指導の機会のように扱われてきました。これでは、その人の持つ能力の本当のところはわかりません。インバスケットゲームを採用した審査研修では、提示される課題は当日にならないとわかりませんし、グループディスカッションなどについても、あまり事前準備ということはなじまないかもしれません。

また、集合研修方式で相互にフィードバックしながら審査研修は進んでいきますので、事前準備的な対応では全部を乗り切っていくことはできません。さらに、インバスケットゲームでは詳細に設定された採点基準によって、受験者の能力が定量化されます。定量化にあたっては基本的には複数の評価者が合議しながら決めて行きますので、納得性のある審査結果を導き出すことにもつながっていきます。

従来の昇格昇進とは異なる点が多々ありますが、受験者にとってはまったく知らないことばかりということではないはずです。トレーニングとしての研修的な行為と審査としてのアセスメントが複合的に行われていく点を、きちんと理解しておくことが重要です。（図4-4-1参照）

○人事サプライヤーに任せるのか、自主運営するのか

　今回の前提は全てを自主運営するということで説明をしていますが、現実的には全てを自主運営するというのは難しいと思います。ケースの作成にしても、外部評価者の選定にしても、また事後の採点やフィードバックのためのポイントづくりにしても、外部の力を借りた方がスムーズに行くと思われる項目が多々あるように思われます。

　とは言え、何もかもマル投げしてしまうというのもいかがなものか、と思われます。どこまでを外部に委ね、どこまでを自主運営とするのか、費用的な問題もあると思いますが、人材選抜をより効果的に実行するにはどうすればいいのかという観点から考えておくべき問題だと思います。

　評価の問題として考えても、自社の将来人材の発見、選抜、育成、囲い込みということが大きな目的ですから、自社以外の視点を審査研修の場に持ち込むことは、それなりに意味のあることだと思われます。また、受験者への今後の動機づけとなるフィードバックについても、審査研修に直接参加していた外部評価者から具体的なコメントをもらう方が、わかりやすくもあり納得もしやすいのではないでしょうか。

　外部の人事系のサプライヤーの中には、インバスケットゲーム全体の総合的な運営から、ケースだけの提供まで、さまざまなサービスを提供してくれる場合があります。自社の状況や考え方などを十分に勘案しておくことが重要だと思われます。

　最近の傾向としては、全てを自社で運営するより必要な場面で外部者を入れるということの方がいいと言われるようになってきています。できるだけ広い視野で、より良い選抜をしたいという姿勢の表れかもしれません。

　外部のサプライヤーを活用する場合は、当然ですが予算との整合性や費用対効果を検討し、導入スケジュール、予算計画、業務に関わる負荷計画の他に、どの層から導入していくのかなど対象者に関する計画などを準備する必要があります。また未処理案件として使用するケースはある程度、汎用品であることを覚悟しなくてはなりませんが、かえってその方がいい場合もあります。必ずしも、カスタマイズするだけが優れているというこ

とでもありません。自社の状況を正確かつ具体的に表したケースだと現実に縛られ過ぎて、発想が広がらない、議論が発展しないということが起こります。

逆に、自社の状況や業界から離れ過ぎるとイメージができない、想定できないということも起こります。このあたりは、人事サプライヤーを使う場合はよく相談しながら、ということになるのではないでしょうか。

また言うまでもありませんが、人事制度の改訂ということになると、経営者への説明や社員への説明など、それぞれの企業での手続きがあるはずです。これらへの対応を導入計画の中に織り込まなくてはなりません。長い場合は、実際の運用まで数年かかる場合もあるかもしれません。

4-4のまとめ

- 導入を考える場合は、計画化する前に処理しておくことを検討する。
- 従来の昇格昇進制度とは異なる点が多々あることを理解する。
- 外部の活用を考える場合は、その長短を理解して活用する。

図解！

インバスケット・ゲームの教科書

第5章

昇格昇進試験での インバスケットゲームの 実施と事後処理

　この章では、前章で説明した「インバスケットゲームを昇格昇進試験として実施するための事前準備」に引き続いて、実際に運用する場合の留意点と事後処理について説明します。作成したケースを有効に使っていく上でのポイントや、採点へのフィードバックなど、事後処理を円滑に進めて行くにはどうすればいいのかについて見ていきましょう。
　選抜研修型人材アセスメントでも必要なポイントを含んでいますので、運営に携わる人には運用マニュアルを作成する上でのヒントになれば幸いですし、受験者および研修参加者にとっても、全体構造を理解することは有用なはずです。

実施上の留意点

インバスケットゲームを運用する上でのポイントを理解する

● ガイダンスを行う

　昇格昇進審査や試験を行う上で重要なことは、インバスケットゲームを実施するからということの前に、どのような審査・試験であれ、いかなる制度運用であっても公平公正に実施されなければならないという点です。

　インバスケットゲームなどの人材アセスメントツールを昇格昇進審査のプロセスの中に導入し、実際に運用する場合、受験者にとって有利・不利が生ずることはなく、誰にとっても同じ条件下で実施されるということは、自社の人材選抜や登用を意味あるものにするという観点からも重要なはずです。

　通常、人事制度の改訂を行う場合には、経営会議での決定などを経たうえで、その改訂内容がどういう趣旨によるものか、どう変わるのかなどを、全社説明会などの場で周知しなくてはなりません。社員個々の今後の処遇に関わる問題でもあり、全社的な理解と納得性を確保していくことが重要な意味を持っています。

　従来型の等級資格制度の中での昇格昇進制度を運用してきたという場合に、新たにインバスケットゲームを導入するということについては、その趣旨や背景、何を目的としているのかについては、制度改訂の段階で十分な説明が行われなくてはなりません。

　その上で、実際にインバスケットゲームを実施する段階では、やはり具体的な取り組み方法などについて、十分な説明が行われることが望ましいのではないでしょうか。これがある程度、定着してきた、あるいは過去にも実施していたが、しばらく運用をひかえており、再活用的に運用すると言う場合には、審査・試験であるという意味から、基本的な事柄のガイダンスということでもいいのだと思います。

図5-1-1　ガイダンスシート

諸注意

1. 「あなたは「設定されている状況」の人物になりきり、その役割遂行が求められています。
2. 案件処理を始める前に必ず「設定されている状況」を確認してください。
3. あなたが就任する役職のデスクの上には未決箱が置かれており、これから処理しなければならない書類やメモ・手紙・報告書などが順不同に入れられています。なおPCの未読メールも処理していただきますが、便宜上、この未決箱にいっしょに入っているものと理解してください。
4. あなたはその書類などに目を通し、未決箱の案件に対し何らかの意思決定やアクションを取らなければなりません。
5. それぞれの案件に対するアクションを、アクションシートに記入してください。
6. アクションシートの全ての項目について記入漏れがないようにしてください。
7. アクションシートにはあなたの具体的な意思決定、指示・行動を記入し、その理由も記入してください。案件を「無視」、「保留」や「延期」する場合も、いつまでその判断を継続するのか期限を記入してください。
8. 関連する案件があれば案件番号も記入してください。
9. アクションシートの記入形式は自由ですが、人が読むということを意識して記入してください。
10. アクションシートの「重要度」「緊急度」は以下の基準を使ってください。回答欄にアルファベットで記入してください。その時にAとBの中間だからA-やB+など、自分なりの中間判断はしないでください。
11. アクションシートの優先順位にはあなたが案件処理に当たってこうしたいと考える優先順位を記入してください。
12. 案件1から順番に処理しなくてはならないということはありません。処理順は自由です。
13. 案件処理にあたり、組織図を見て適任と思われる部下や相手に指示・命令・依頼・連絡を出してください。
14. 案件はあなたが処理するしかないということを自覚して取り掛かってください。
15. ご自分のペースで処理していただいて結構ですが、設定された状況をよく理解して、基本的には全ての案件を処理すると考えて案件処理に臨んでください。

ガイダンスシートは、実際にゲームを始めるにあたっての諸注意が記述されています。この他に、重要度・緊急度の判定基準なども記載されていますが、本図では諸注意部分だけを抜き出しました。特に重要なのは、15に書かれている「全ての案件を処理する」という点です。
できるだけではなく「すべて」を処理するというのが基本なのです。

　新たに導入することになったという場合のガイダンスでは、実際に行うゲームへの取り組み方法や未処理案件の処理に関する具体的な方法、提示された未処理案件を全部処理する方がいいのか、処理内容について実際に誰かに指示するように事細かく書く方がいいのか、ポイントだけを書く方がいいのか、など、取り組む受験者の立場に立って説明することが望ましいのだと思います。

たとえば、ある特定の立場に立って未処理案件を処理するという設定についての理解の仕方によっては、まるでドラマのセリフを書くように自分の指示を書く人も出てきます。これも1つの方法ですから構いませんが、どの程度の水準が処理で求められるのかについても概略を示しておく必要があります。

　また運用する側から言うと、それが全てではないにせよ、処理した案件数を数値化して、評価の1つの指標として事後のフィードバックに活用しますが、ガイダンスで「できる範囲の処理でけっこうです」と言ったとすると、ゲーム中、処理数を受験者が追わないという現象が起こり、フィードバックの内容とゲーム当初との要求が違うではないかという事後クレームにもつながりかねません。ゲームを始めるにあたって「全ての未処理案件を処理してください」と、きちんとガイダンスで指示しておくことが必要です。

　また手渡される状況設定下では、よくわからない事柄や想像できないというケースもあります。インバスケットゲームの場合はこれらをどう処理するかは受験者個々の判断によるので、基本的にはゲーム中の質問には答えませんが、このことも明示しておく必要があります。

　多くの場合、これらの内容は状況設定シートの中に記載しておき、それを読みながら説明していくというスタイルを取ります。今回実施するインバスケットゲームの場合には、状況設定説明の前に具体的なガイダンスシートが用意されています。（図5-1-1参照）

○ リーディングケースの説明

　リーディングケースの説明というのも、ガイダンスの中の1つの要素だと思われますが、まったく何の説明もせずゲームを開始した場合、その処理内容は、運用側の予想を超えたバラツキを示すことがあります。

　そもそも、インバスケットゲームは何か1つの手法や対策で対応できる性質のものではなく、その人が入社以来、積み重ねてきた経験全てを使って取り組まないと十分な回答に至ることはできません。前章で説明した事

前シミュレーションなどでもはっきりすると思われますが、運用側が思っているよりはるかにその処理内容はバラエティに富み、個人差がはっきりと表れてきます。

本来、昇格昇進審査・試験として行うわけですから、受験者の回答内容がバラつくということは、評価差がはっきり出るということを意味します。運用側としては歓迎するべきですが、ゲーム自体が受験者を困惑させてしまうということを注意しなくてはなりません。つまり、ちょっとしたヒントがあれば困惑することはなかったが、ゲーム自体がまったく初めての経験で、そのことによって戸惑い、思ったような取り組みができなかったという場合、受験者はこのゲーム自体の有効性に疑問を持ち、ひいては昇格昇進審査・試験全体への信頼感を失ってしまう場合があります。

したがって、このことを防ぐ意味でも、実際の未処理案件の処理という行為に入る前に、「こういうことをお願いしていて、こういう処理をするということなんですよ」という例示をしておく方がいい場合があります。しかし、これは先ほど述べた審査での評価差を小さくしてしまう可能性もあり、事前シミュレーションなどでの事前検討とも併せて、自社の事情とよく相談する必要があります。

今回の場合、用意したリーディングケースは簡単なものですが、これを使って実際にどのような処理をするのかを説明しました。以下、その説明の内容を簡単に紹介します。

制限時間内での未処理案件の処理では、どういう優先順で案件を処理するのかが問題になります。したがって、設問全てをいくつかのグループに分けることが必要になりますが、多くの場合、重要度と緊急度でグルーピングを行い、「重要度高い×緊急度高い」、「重要度高い×緊急度低い」、「重要度低い×緊急度高い」、「重要度低い×緊急度低い」の4つにグルーピングされます。

図5-1-2の案件を見てみると、案件1の場合は、お得意様の社長さまが、突然、来社され、他部署から「あいさつに来てもらえますか」との依頼ですから、緊急度は高いという判断になるのでしょう。

案件2は、個人的な趣味の情報収集ですから、業務上は重要度も緊急度も高くないという判断になるのだと思います。

　案件3の場合は、新規受注先を開拓するために、おそらくまだ訪問したことのない企業などを攻略する計画を立てよう、ということのようですから、自社の将来にとっては大きな意味を持っているように思われますが、それほど緊急措置的にやらなくてはならないということでもなさそうです。

　案件4は、重要顧客のＣ社からの緊急注文について納期回答をしなくてはならないという状況です。これは、重要度も緊急度も高いだろうという判断でいいのではないでしょうか。

図5-1-2　リーディングケースの例

■ 重要度・緊急度から優先順を考えるための例

案件1：得意先A社の社長が来社し対応部署からあいさつにきてほしいとの要請
案件2：趣味の釣行のための情報収集
案件3：新規受注先開拓のための客先訪問計画の立案
案件4：重要顧客C社からの商品Dに関する緊急注文10,000個分についての納期回答対応

どのように処理するかということを説明するために、重要度と緊急度から処理の優先順を決めるための事例です。
重要度・緊急度それぞれの判断基準については、あまり厳密に考える必要はありません。
大まかな判断でグルーピングするということが大事です。

　このように、案件をいくつかのグループに分けると、どのグループから処理をすればいいのかが見えてきます。もちろん最初に手をつけるのは、重要度も緊急度も高いグループです。次に手をつけるのは、いろいろな考え方はあると思いますが、常識的に判断すれば時間的な制約のある緊急度は高いが重要度はそれほどでもないとするグループということになるのではないでしょうか。

4番目のグループは重要度も緊急度も高くないグループのはずですから、自動的に第3番目のグループは重要度は高いが緊急度はそれほど高くないグループということになるのだと思います。
　たとえば、20個の未処理案件を処理するとして、大きくこの4つにグループ分けを行い、さらにその中で重要度・緊急度で順位づけを行っていけば、どの案件から処理をするべきかが見えてくるはずです。

　重要度と緊急度の判断を行う場合、あまり厳密になりすぎるとそれだけで時間が経ってしまう場合があります。重要度の定義、緊急度の定義は厳密に考えていくと、いろいろと考えなくてはならない要素があるのは理解できますが、ここでは処理のグルーピングを行うことに主眼がありますので、極端な言い方をすれば、個人の主観的な判断でも十分だということになるのだと思います。
　重要度と緊急度でマトリックスを作る場合、図5-1-2のように代表的な事案をまとめておくとわかりやすくなると思います。これも客観的な基準に基づき分類したというよりは、経験則的な分類ということになるのだと思います。したがって、第1領域を「目の前の大事な仕事」、第2領域を「明日のための仕事」、第3領域を「気にしなくてもいい仕事」、第4領域を「とにかくすぐやる仕事」などと標語的に分類することも可能です。（図5-1-3参照）

　昇格昇進試験として実施する場合は、リーディングケースを使って説明をする場合、ここまでの説明で十分だと思われます。要は取り組み方についての理解がまったく及ばない、何も説明を受けることがなかったので実力が発揮できなかった、ということへの対応が行われることが重要なポイントです。インバスケットゲームでは、緊急度の判断と重要度の判断、優先順位の判断を求めますが、その方法がわからないということでは困るということです。
　しかし、ゲームの開始前にあまり重要度、緊急度、優先順の判定を説明し過ぎても、受験者をそちらの方へ誘導してしまう結果になりますので、あくまでも未処理案件を行う上での必要要素につき説明を行うということに留め、案件の処理内容も重要であることを同時に説明しておきましょう。

図5-1-3　重要度と緊急度のマトリックス

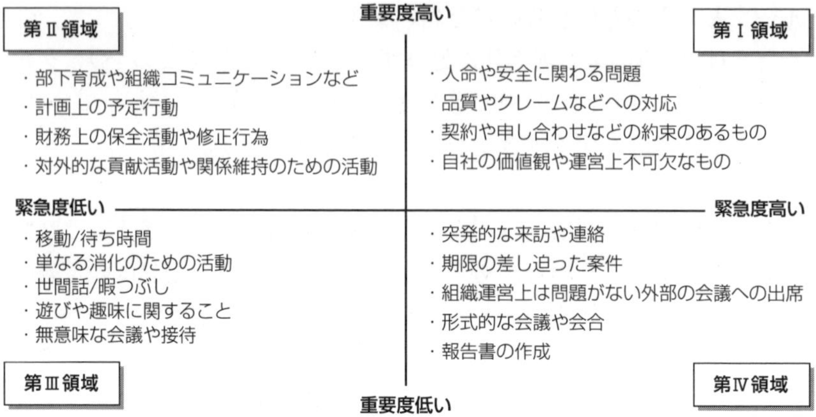

第Ⅱ領域（重要度高い・緊急度低い）
- 部下育成や組織コミュニケーションなど
- 計画上の予定行動
- 財務上の保全活動や修正行為
- 対外的な貢献活動や関係維持のための活動

第Ⅰ領域（重要度高い・緊急度高い）
- 人命や安全に関わる問題
- 品質やクレームなどへの対応
- 契約や申し合わせなどの約束のあるもの
- 自社の価値観や運営上不可欠なもの

第Ⅲ領域（重要度低い・緊急度低い）
- 移動/待ち時間
- 単なる消化のための活動
- 世間話/暇つぶし
- 遊びや趣味に関すること
- 無意味な会議や接待

第Ⅳ領域（重要度低い・緊急度高い）
- 突発的な来訪や連絡
- 期限の差し迫った案件
- 組織運営上は問題がない外部の会議への出席
- 形式的な会議や会合
- 報告書の作成

第Ⅰ領域の場合は、人命や自社の存続、価値観の変更、契約などで縛られているもの。第Ⅱ領域は部下や人材の育成、当初の計画など。第Ⅲ領域は、直接、業務に関係しないこと。第Ⅳ領域は突発的なことがらと理解してください。

◯ 受験者のケース処理段階で留意しておくこと

　実際に受験者が未処理案件の処理に取り組んでいくときに陥りやすいポイントなどは、先に指摘をしておく必要があります。インバスケットゲームを昇格昇進審査・試験の一環として使っているという意味合いからは、ここでの留意点は受験者の力量判定に大きな影響を及ぼすとも考えられますので、事前説明としてのリーディングケースとしては扱わないという判断でもかまわないと思います。

　多くの場合、未決箱に入っている未処理案件のいくつかは相互に関連していて、一つ一つを単独で処理していると発見できない問題がありますが、複合的に考えると新しい問題が見えてくるというような設定になっていることが多いからです。

　問題発見の力量の差は、昇格昇進審査・試験での評価ポイントの1つでもあり、ここを事前説明することは、評価という観点からはあまり好ましいとは考えられません。無論、選抜した人材を育成する機会としての研修の場でインバスケットゲームを行うというのならば、むしろ説明して参加者の可能性を引き出すことに使うという方法もあるように思います。

ケースを使って考えてみましょう。図5-1-4を見てください。先ほどの重要度、緊急度判定のためのケースより少し複雑になっています。案件1と案件3からは、案件1で生じている大量の在庫を顧客Ｌ社に振り向けられれば問題の1つは解決できるように思われます。
　しかしもう少し考えてみると、具体的なＬ社からの発注量や大量在庫問題と言っている商品Ｐの在庫量はわかっていません。また、それがお客様Ｔ社が行った転注、即ち当社からＳ社への注文の切り替えの結果、生じた在庫であることなどに注意すると、転注の理由など検討しておくべき項目が見えてきます。転注の理由は、価格の問題でしょうか、品質の問題でしょうか、納期やアフターサービスなど対応状況の問題なのでしょうか？　それとも、もっと別の理由があるのでしょうか？

　案件2からは、生産本部が商品Ｐについて使用部品を変更したこと、そのことによって見積もり原単位を変更したとの連絡が来ていることがわかります。このことも大きな問題を含んでいそうです。そもそも、見積もり原単位を変更するということは、見積もりの価格に影響を及ぼすということですから、それが売価の引き下げに貢献しているのか、売価に反映して価格を引き上げなくてはならないのか、を考えなくてはなりません。
　売価への転嫁が難しいなら、生産本部で影響分を吸収するのか、物流や営業が影響分を引き受けるのかどうかなど、検討しなくてはいけない問題があることが理解できます。生産本部も理由があって使用部品の変更に踏み切っているはずですが、そもそもなぜ使用部品を変更するのでしょうか？　そのことによって、何らかのメリットは生じているのでしょうか？
　顧客に訴求するポイントを秘めているのでしょうか？
　通常、使用部品の変更などはデザインレビューなどと呼ばれる設計変更会議が開かれ、その場で各部門の合意が取られているはずですが、今回の連絡はそのことを踏まえているのかどうかも気になるところです。

　案件3から、顧客Ｌ社からは在庫、納期の確認が来ているとのことですが、案件2との関連性からは、使用部品を変更したことを通告しなくてはならないのかどうかも検討しなくてはなりません。また、Ｌ社の側が使用

部品の変更を受け入れるのかどうか、仮に現在持っている在庫が旧部品を使用した商品Pであると考えた場合、L社には新部品を使用した商品Pと旧部品を使用した商品Pの2つのロットを受け入れてもらえるのか、その場合の価格など納入条件はどうなるのか、受け入れてもらえないとしたら旧部品での商品Pなのか、新部品での商品Pなのかも検討しなくてはなりません。仮に旧部品での商品Pであるとしたら在庫で足りるのか、不足するとしたら生産本部は旧部品での生産は可能なのか、新部品での商品Pであるとしたら生産本部での生産計画や生産能力は顧客Lの要求を満たすのかどうか、を考えなくてはなりません。

　また、今回はS社との競合がはっきりしていて、T社が行ったS社への転注原因の内容によっては、S社は思いもよらないような条件をL社に提示してくるかもしれません。L社は重要顧客であることがはっきりしていますから、ここでの受注は商品Pに関する中期の受注計画、即ち案件4にも大きな影響を及ぼしそうです。

図5-1-4　案件ごとの関連性から新たな問題を見つける

案件1：営業推進より商品Pの大量在庫発生原因は顧客T社が行った当社からS社への転注によるとの報告
案件2：生産本部より商品Pの使用部品変更にともなう見積もり原単位変更の連絡
案件3：重要顧客L社より商品Pについての在庫及び納期の確認。S社との競合
案件4：商品Pに関する中期受注計画の策定

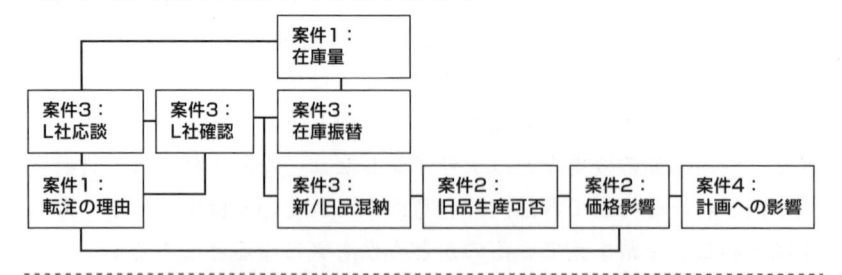

```
                          ┌─────────────┐
                          │ 案件1：      │
                          │ 在庫量       │
                          └─────────────┘
┌──────────┐ ┌──────────┐ ┌─────────────┐
│ 案件3：  │─│ 案件3：  │ │ 案件3：     │
│ L社応談  │ │ L社確認  │ │ 在庫振替    │
└──────────┘ └──────────┘ └─────────────┘
┌──────────┐             ┌─────────────┐ ┌──────────┐ ┌──────────┐ ┌──────────┐
│ 案件1：  │             │ 案件3：     │ │ 案件2：  │ │ 案件2：  │ │ 案件4：  │
│ 転注の理由│             │ 新/旧品混納 │ │ 旧品生産可否│ │ 価格影響 │ │ 計画への影響│
└──────────┘             └─────────────┘ └──────────┘ └──────────┘ └──────────┘
```

インバスケットゲームで提示される案件の中には、相互に影響しあう内容を含んでいるものがあります。それらの関連性を考慮すると、単純に対応するのではなくて、別の観点からの処理内容が見えてきます。案件同士の関係性をよく考えて処理することが重要です。

このように考えてくると、これらの案件を処理する上では、大きなポイントが2つありそうなことがはっきりしてきました。
　1つは、営業推進はT社が行ったS社への転注の原因分析を早急に行い報告すること、もう1つは、L社からの確認に関して商品Pの使用部品変更がどの程度の影響を及ぼすのかについての影響度分析を行うこと。この2つが、仕事のスタート地点になりそうなことが理解できます。

　S社の動向については、正確に把握しなくてはなりませんし、使用部品変更については、そのことのメリットデメリットを含め、どのような方法で調べるのか、直接L社にストレートに聞くという方法もあるでしょうし、そうしないという方法もあるでしょう。
　同時に生産側の対応可能性を協議しておかなくてはなりませんし、現在あるとされている大量在庫の確保や配分についての打ち合わせも必要になってくるでしょう。S社の動向によっては戦略価格や緊急納品体制、その他対応方法を講じなくてはならなくなる可能性がありますから、上位者との協議や報告を綿密に行っていく必要性も生じるでしょう。
　これらの内容から、自分自身がどういうストーリーを描いて、誰とどのような仕事をしていくのか、組織をどう動かしていくのかを決めなくてはなりません。

　前述したように、これら案件を関連付け、ストーリー展開して、業務方針やアクションを決めていくのは、まさにインバスケットゲームが受験者の行動を通して、その背後にあるマネジメント能力や将来の可能性を見ようとするところに行きつきますので、事前に説明するという行為とはなじみません。
　しかし最低限、伝えなくてはいけないことは、案件ごとの関連性を上記のようによく検討すること、処理する場合は誰にどのような内容をどのような方法で伝えるのかをはっきりさせることです。また人に伝えるということを前提にしているので、文字や記入内容がわかりやすいようにすることなどは伝えておかなくてはなりません。

● 評価者（アセッサー）によるゲームの関与と観察

　今回のインバスケットゲームにおいては、ゲームの途中で評価者が顧客や上司の役割を演じて、何らかの関与を行うことになっています。今回の場合は、フルバージョンで実施するということを前提としていますので、評価者のゲーム中の関与について説明しますが、そこまでやる必要はないとお考えの場合は省略していただいても構わないセッションです。

　評価者のゲーム中の関与は、以下のように行われます。
　たとえば、前述の案件4で言えば、商品Pに関する中期受注計画の策定に関して、評価者が上司役を演じて途中で受験者を呼びます。そして「商品Pに関する中期受注計画の進捗度確認をどうするのかを聞かせてほしい」「商品Pについての転注原因追求について誰を任命するのが適当か人選をしてほしい」「在庫の配分や調整のための会議を主催してほしい」などの要望を伝えます。指示を受けた受験者は、その指示に対してどのような処理するのかが観察され評価されていきます。どのように対処するかは、受験者の自由判断です。案件4の中の処理項目としてアクションシートなどの回答用紙に記入するということでも構いませんし、他の案件処理の中の一環として処理内容を記述するということでも構いません。また、評価者にその場で即答するという方法もあると思われます。

　インバスケットゲームが事務処理能力だけを評価するような場面で使われる時には、この介入についての判断や処理が大きく取り上げられることがありました。たとえば電話を鳴らし、顧客からのクレームや相談を延々と入れ続け時間と処理との関係性を見る、また相談された内容をきちんと処理の中に織り込んでいけるかどうかを見るなど、ロールプレイング的な意味合いから実施されることがありましたが、現在の実施方法の中では、それほど積極的には取り上げられないようにも思います。

　1つには、選抜研修型として行う場合、ある程度まとまった人数の人がメンバーとして参加していて、個人的な指示を行うことが難しいこと、個別に指示を追加するというようなことを目的とするなら、未処理案件を追

加として提示すれば済むことなど、実施上の改善が図られてきたことにもよるのだと思います。

図5-1-5　評価者のゲームへの関与は目的による

インバスケットゲームの途中で、評価者が行う関与（上司役や顧客役になりきって何らかの指示や注文を出すこと）は、ゲーム全体の中で何を目的としてるのか、ゲーム全体に対してどのような効果が期待できるのかを十分に考えておかないと、いたずらにゲームを混乱させたり、受験者および参加者のとまどいを引き起こしたりするので慎重に考えて行ってください。

　しかし、少人数で行う昇格審査・試験の場合、臨機応変に事態に変化する力や普段のマネジメントの様子を少しでも再現してもらいたいとの観点から実施される場合があります。この場合には、アクションシートなどの回答用紙へ記入される処理内容ももちろん重要ですが、その場での対応、態度、判断などの様子が評価されることになります。

　したがって、上司役を演じる評価者以外にも、その場面での対応の様子を観察し評価する評価者が必要になることになります。評価者など関与する人々の労力などを勘案して、VTRなどでその様子を撮影し事後評価の中で採点していくという方法を採用する場合もあるようです。

　いずれにしても、評価者が何らかの役を演じてゲーム中、受験者に関与する場合、その目的やねらいをはっきりさせておかないと、やったことはやったが実際の評価にはあまり影響はなかったということになりかねません。実施する場合には、事前検討などを十分に行って意味のあるものにしてください。（図5-1-5参照）

● グループワークでの留意点

　今回は、昇格昇進審査・試験の一環としてインバスケットゲームを実施しますが、未処理案件の処理だけではなく、受験者同士でのグループディスカッションへの観察も行うこととしています。未処理案件の処理という行為は、ある意味、個人的な作業ですが、グループワークに引き上げることによって集団内での行動評価が可能になります。

　グループワークでは、まず自分自身が行った未処理案件への処理内容について、メンバーに説明を行います。全部の説明は難しいので、たとえば優先順位1番から3番のものについて、どういう処理を行い、その処理を選択した理由を説明していきます。メンバーからは、自由に質問が行われます。多くの場合、なぜその優先順なのか、どうしてそのような処理になるのか、他の方法は思いつかなかったのか、などの質問が投げかけられます。それほど困る質問でもないように見えますが、案外、答えることが難しかったりします。優先順が異なる場合など、その根拠性を巡って、違いや一致点を探し出す行為が始まりますが、しっかりした根拠を考えていないと答えに窮してしまうということが起こります。

　評価者はグループの議論の様子を観察し、議論の分かれ目になったポイントや議論のターニングポイントになった発言などを注意深く観察していきます。

　評価の観点は、多くの場合、以下のようなものでしょう。

- ・ロジカルに表現できるか
- ・相手の力や立場を考えながら話ができるか
- ・相手の言うことに耳を傾け言わんとする本質をきちんと把握しているか
- ・自分の立場や主張に固執せず柔軟な姿勢で場に臨んでいるか
- ・その場をより生産的・建設的にするために努めているか
- ・アイデアや新しい発見をその場に提供しているか

これらの評価の観点が予め定められていて、グループの話の流れの中でどう発揮されたかが評価者の観察記録として作成されていきます。今回の場合は、「論理性」「創造性」「感受性」「柔軟性」「指導性」という短い単語で評価の観点が定められていますが、内容的には同じような趣旨であるのは言うまでもありません。

　将来の自社における指導的立場を担える人材を選抜したいという、昇格昇進審査・試験の一環として行っているという観点から見ると、やはりリーダーシップや指導性が大きな評価ポイントになってきます。立場の異なるメンバーからなるグループディスカッションを行うと、上位職位の人がリーダーシップを握りそうなものですが、未処理案件の処理という具体的な行為についての説明や議論を行うと、ロジカルに説明できるかどうか、なぜその処理を選んだのかなどの背景や根拠をきちんとメンバーに伝えられるかどうかなどで決まってくることが多いように思います。

　グループワークでは、一通り自分の処理内容についての説明が終わると、たとえば発表した案件のうち、優先順などで一番食い違いの多かったものについて、なぜ見方の相違があるのか、見方の相違から見えてくる当社のマネジメント上の課題とは何か、などのディスカッションに移っていきます。この場合、一致度が高かった項目を選ぶという方法もあると思われますが、違いを議論することによって、組織的な問題や気づきを発見することが期待されています。

　相違点については個人発表の中でも行われていますので、それほどの時間を取ることはないと思います。むしろ、その相違から何を発見するのかという点がグループで話し合う際の大きなポイントになっていますし、そこをいかに大局的な観点から議論するのかという点が、評価者の観察ポイントになっていることは言うまでもありません。

　第3章でも述べましたが、マネジメントのスタイルは担当する人の数だけあると言っても過言ではありません。しかし、マネージャーに必要とされるスキルという分類では、職務上の専門知識や技能・技術に由来するテクニカルスキル、人間関係を調整していく上でのヒューマンスキル、そして全体を統合的にみて方向性や道筋を示すコンセプチュアルスキルの3つ

があるとされています。話し合うという行為を通して、自分の持つ専門性や人間力、そして全体を見渡し方向づける力をどう発揮しているかを観察することは、人材アセスメントを行う上でも重要な点ですから、評価者には3つのスキルをベースにして、その人がどう発言し、どのようにグループのために貢献したかを観察評価することが求められます。観察記録が大きな意味を持ちますので、評価者はできるだけ詳細に記録用紙に具体的な観察事実を残すことが要求されます。

図5-1-6　グループディスカッションを観察する

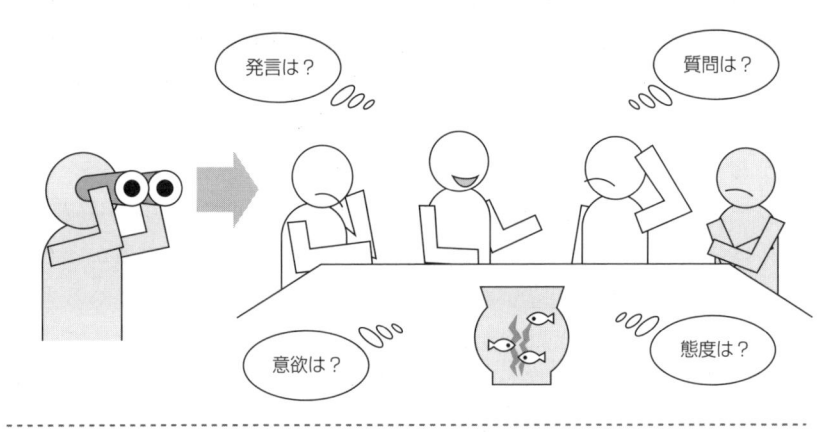

グループディスカッションを観察することを、フィッシュボール（金魚鉢）法とよぶことがあります。ガラスでできた鉢の中で動く金魚を観察することと、グループディスカッションでメンバーが、どのような発言をするか、どのような質問をするかを観察することがよく似ていることから、そう呼ばれるようになりました。

　インバスケットゲームの採点基準は予め用意されていますが、グループディスカッションなどの観察記録をどう作っていくかという点については、標準を作り加点項目、減点項目を決めるということで対処できるわけではありません。何回かグループワークやグループディスカッションへの観察評価を行い、経験から何を記録として残し、何を評価すればいいのかを学ぶ必要があります。
　その意味では、グループワークの評価者を社内的にどう育成するのかという、今回のインバスケットゲームの話題とは少し異なる課題があります。

社外や組織外の視点をいかに有効に活用するかが重要だとの理解が進んだ結果、最近では外部の評価スキルを持つ人材を活用することで解決策を見出しているように思います。

　社内評価と外部評価をうまくミックスさせて、より効果的な人材選抜を行うことを目指す企業が増えているように思いますが、これは、1つには人材登用という人事的中核行為の中に外部の視点を入れて軽いショックを与えることで、人材登用の効果を引き上げたいという狙いもあるように思います。つまり、社内評価では「あの人は優秀」とされている人が、外部者の目には「普通の人」と判定され、社内的にはそうでもないとされる人の中に優秀性のポイントを見つけるなど、違う視点での人材の発見を行いたいとする動機が働いているからだと思われます。

　さて、グループワークの最後は、グループで検討した事項を発表する、プレゼンテーションするというステージです。誰が発表者になるのかという点も大きなポイントの1つですが、グループのディスカッション内容を発表するという点から言うと、補足説明やグループ外のメンバーからの質問にどう答えていくのかというのも大事な評価点です。（図5-1-6参照）

　発表事項は、最近ではホワイトボードなどを使ってまとめられることが多くなったように思います。もちろん、従来のように模造紙を使ってまとめるという方法もありますが、パソコンを使いパワーポイントなどで発表するということも珍しくなくなってきました。方法はそれぞれに特徴がありますから、自社の状況に応じて選択すればいいのだと思います。

　発表の内容については、グループで検討された内容が十分に反映されているか、論理の趣旨はしっかりしているかなどが評価のポイントになるのでしょう。発表の段階では、ついつい発表者のプレゼンテーションに目が行きますが、発表後にどのような質問が行われたのかの方が実は意味を持っていたりします。

　マネージャーにとっては、自分で何かを伝えるという行為も大事ですが、部下などが持ち込んでくる説明を聞き、質問をしながら今後の課題や修正点を見つけていくということが重要であったりします。そういう意味からは、発表の後の質問の方が観察評価の力点であることがあります。どのよ

うな質問をしたのか、相手を困惑させるだけの生産性の低い質問であるのか、相手の一番言いたい点を引き出し、その上で改善点やより高度な理解を導き出すことにつながるような質問だったのか、などが評価されていきます。

　グループワークの時間として配分されるのは、2時間程度が一番オーソドックスだと思われますが、ここまで述べてきたような評価ポイントが重要だということは、グループワークを始めるスタートの段階、また発表の段階などで大事にしてほしい点などとして伝えていくことが必要です。

　また役割分担や時間配分、グループでの検討内容のまとめかた、発表方法など、グループワークを進める上での基本的な事項についても事前説明として伝えておくことが必要です。

5-1 のまとめ

- ゲームに入る前のガイダンスでは、必要事項を確実に伝える。
- リーディングケースの説明は、目的に応じてどこまでやるかを決める。
- 評価者によるゲームへの関与は、事前検討で採否を決める。
- グループワークは評価の観点と外部者評価がポイント。

実施後の採点

実施後には、採点し評価を確定させる

○ 処理内容について評価する

　インバスケットゲームの中心をなす未処理案件の処理については、準備段階で作成しておいた採点基準を表にして評価を行います。採点基準通りに進めば問題はないのですが、採点段階になって受験者が行った未処理案件の処理内容を見ると、事務局や運営側が想定していた以上の処理内容が出てくることが多々あります。

　事前検討では思いつかなかった処理方法や意表をついたような処理が示されている、加点行為や減点行為として想定していた内容が複合的に表現されている、処理内容は想定通りだが伝え方や伝える対象が微妙に異なっている、処理内容が箇条書きや体言止めになっていてどのようにでもとれる、など想定を超えた処理結果が見つかります。

　では、事前に作成した評価基準が役に立たないのかというと、そういうわけでもありません。評価基準の作成の段階や、その後のシミュレーションの段階で検討した事柄の多くが、実はこの段階で意味を持ってきます。採点基準としては採用しなかったが、理解の範囲の中に入っている事柄や基準表の中に文字として入れなかったが想定事項として理解していたことなどが、参考として活用できるのです。

　評価にあたっては、まずそれぞれの受験者が記入した回答用紙とスケジュール表を詳細に点検しなくてはなりません。採点するべき対象は、基本的には回答用紙とスケジュール表ですが、詳細点検の結果、未処理案件として提示されたケースシートも、よく見てみないとわからないということがあります。

　要するに学校の試験ではなく、自社の将来人材を選抜するという観点からすれば、回答用紙だけの評価では不十分だという可能性を理解しておかなくてはなりません。

字の上手い下手ももちろんありますが、悪筆、癖字などで判別に苦労するということもあります。また、文章の書き方のくせ、表現の特徴など、実際に個人の処理内容を読みこむのには、ある程度の時間が必要となります。欄外に書かれているメモのような内容が意味を持っていたり、裏に書かれていたりと、どこまでを評価の範囲に組み込むのかは、実際に回答用紙に触れると一番悩むところです。

図5-2-1　ある受験者の処理回答例（案件1、2、3）

案件NO.	タイトル	回答内容
1	（未読メール）「第1営業チーム活動の件」	No.9のところでメールを出している旨を簡単に伝える。
1	（未読メール）「第1営業チーム活動の件」	可能であればその後に第一営業所チーム活動に付いて、話し合える時間がとれるかどうか日程調整したい点をメールで伝えておく。
2	（未読メール）「城南大学事務センター長からの連絡票」	配送の佐間戸運輸事故について、再度謝罪の言葉を申し上げる。
2	（未読メール）「城南大学事務センター長からの連絡票」	ご依頼のあった責任問題と指示について、対応が遅れている現状を簡単に説明する。
2	（未読メール）「城南大学事務センター長からの連絡票」	後日担当者に訪問させお詫びする。
2	（未読メール）「城南大学事務センター長からの連絡票」	帰国後三浦が直接伺う旨の指示をメールで対応。
3	（未読メール）「売上早期計上化運動について」	当営業所の繁忙を極めている状況が分かった旨を伝える。
3	（未読メール）「売上早期計上化運動について」	再度モチベーションアップの為にも話し合っていきたい為、4月中に日程調整の上、会議を行っていきたい点をメール。
3	（未読メール）「売上早期計上化運動について」	柴田課長に第一営業所全員の都合のいい日を調整しておいてほしい旨、依頼。（当方のスケジュールシート添付）

　もちろん、これらを加点的に評価するのかについては、意見の分かれるところです。昇格昇進審査・試験であるという厳密な場であることから回答用紙の回答欄以外の記述は一切評価しないという基本的スタンスがある一方で、全体を評価するということが人材登用の機会である昇格昇進審査・試験の基本だという考え方もあると思います。

　いずれにしても、それぞれの企業や組織の基本スタンスに立脚すればいいのだと思いますが、大事なのは、一度定めたスタンスは変えないということではないでしょうか。

それぞれの回答用紙を採点する上で、もう1つ大事なのは、その受験者が特定されないということです。特に人事部や評価者としてアサインされた上級マネージャーなど、社内の人間が評価者となって採点する場合、誰の回答内容かすぐわかるということでは困ります。できるだけ受験者の特定が行われないように評価を行うか、採点スポーツなどでよく用いられる方法、即ち、複数評価者での評価とし最高得点評価と最低得点評価は切り捨て評価をするなどの方法を用いる、などの工夫を考えておく必要があります。外部者の場合、そのような恣意的な見方は働きませんので、この意味でも外部者の活用ということが意味を持ちます。

○ 実際の処理内容を検討する

　さて、実際の処理内容を見てみましょう。これはある受験者の実際の回答内容を電子化したものです。実際にはボールペンで書かれたものでしたが、やはり個人の特定ができるということから事務局が電子化した資料を作成しました。もちろん、詳細に回答を点検し、評価対象に差がつかないように配慮しています。また、1つの案件に対して複数の処理が提示されている場合は、それぞれ切り離して項目化されています。（図5-2-1参照）

　重要度、緊急度、優先順判断は、採点基準の作成の段階で基準が設定されていますから、乖離率など統計的な処理を行って、採点基準をベースにした評価が行われています。優先順の判断で言えば、たとえば優先順6と判断した項目と優先順7と判断した項目が入れ替わっていても、あまり大きな意味は持ちませんが、評価基準として設定した優先順と大きく異なっているなどの場合には、何らかの意味があるはずなので、その点を注意して検討していくことになります。

　次に、案件処理行為についての評価が行われます。ここは処理内容が必要になるので、事務局が作成した電子化情報をもとに評価を行っていきます。評価者は、電子情報化された内容を読みながら事前検討で評価基準として作成しておいた個別評価シートをベースとして、処理実績、時間の構造化、アクション対象、アクション目的、アクション内容、コミュニケー

ション手段の観点から、処理内容を構造化します。

　ここまでの評価プロセスは、その人の管理行動の特性を見ようとするものです。たとえば、ある受験者の回答内容を構造分析してみると、時間の構造化で言えば、納期の設定だけを行っていてスタートの設定をしない、また月次計画への組み込みを意識していない、さらにアクションの対象者はほとんど部下に集中し、アクション内容は指示命令を主体としているなどの行動特性があることが理解できたとします。

　このような特性を持つ管理者は、いつまでにやれとは言うけれど、いつから始めろとは言いません。また、月次の計画に反映させるなどの視点がそれほど強くありませんから、指示した人の仕事を業務期間という観点で管理することに、あまり意識が行っていません。

　したがって、進捗管理を先回り的に行うというより納期直前になって、どうなっている、できたのか、と聞くことの方が多いのではないでしょうか。指示された部下にすれば、任せてくれていると受け取ることも可能ですが、自分の力にあまり自信のない人の場合には、最後の最後まで何もサポートしてくれず、結果だけを求められても辛い、ということになるかもしれません。またその案件の処理について、自分が主体となって上司との打ち合わせや他部門との調整などを行っていくというわけでもありませんから、応分の責任や分担を引き受けるということもありません。自組織の中での上下の連携、自組織を超えた横断的な組織力の活用という点で、今後の成長課題と認識した方がいいかもしれません。

　処理内容への評価も大事ですが、実は管理行動を構造化することで、その人の管理スタイルのようなものが見えてきます。

　この処理内容の構造化が終わると、次に最初に設定したケース作成上の柱（図4-1-4参照）ごとに、構造化内容を再整理します。今回の場合は、「組織マネジメント上の課題」への対応、「業務上の課題」への対応、「社会要請への対応」の3つを重視してケースを作成しています。それぞれのケースがどの柱に分類されているのかが紐付けされていますから、それぞれの柱ごとに構造化した処理内容、そして文字として書かれている処理内容を再整理します。（図5-2-2参照）

> **図5-2-2 処理内容から行動を構造化する**

（目的は？）
（対象は？（誰に？何を？））
（方法は？）
（価値との一致は？）

行動を構造化することで、その人の管理行動の特性が見えてきます。それぞれの案件処理は独立して行われますが、処理案件全てを見渡してみると、特定の対象だけを相手にしている、指示命令しかしていない、などの特徴が見えてきます。またケースを作る時に分類した項目と照らし合わしてみると、その人の価値基準も見えてきます。

○ 今後の課題を浮き彫りにする

　ここまで整理してくると、組織マネジメント上の課題について言えば、時間の構造化がほとんどできていない、アクション対象がはっきりしない、アクションの目的も定まらない、などになります。業務上の課題の場合は、常に納期を設定している、アクション対象の90％以上が部下に集中している、アクションの目的は意思決定の伝達、方法は指示命令、などです。社会要請への対応になると、時間の構造化もない、アクション対象、目的、方法、全て定まっていない、などの特徴が見えてきます。

　その上で書かれた内容を読みこんでみると、所長職という立場で考えた場合にはいかがなものか、という内容が多いなどの特徴が浮かび上がってきます。もちろん、なるほどこうあってほしい、さすがだ、という内容が書かれているものもあって一概には言えませんが、行動の背後にあるスキルの程度やその人の考え方などが見えてきます。また、重要度・緊急度・優先順と関係づけて処理内容を見ると、緊急度の高いものはそれなりに処理方法が詳細に書かれているが、それ以外のものは、案外、記述が荒いなどの特徴がよく見えてきます。

設定した評価の価値基準での整理、内容の読み込みができたら、最後にアクション全体についての総合的な判断を行います。即ち、加点要素はあるのか、減点要素はあるのか、という価値判断になります。加点要素、減点要素は標準的に定めてありますが、それらを参考にしながら評価者は自分自身の判断で加点、減点を決めていくことになります。

加点要素、減点要素については、その水準評価、たとえば、かなり効果的な加点要素、まあまあの加点要素などの評価から＋2点、＋1点などとする場合もありますが、評価者のスキルや時間的にそれほど余裕のないことから、発見した加点要素は＋1点、減点要素は－1点とし、水準評価は行わないこととしています。

未処理案件の処理については、以上のように定量化評価と処理内容を読みこんでの両面から評価を行います。結果はレーダーチャートなどのグラフ化することによって、視覚的に他の受験者との違いや特徴を理解することができます。

● ゲーム中の評価者の関与への評価

インバスケットゲームの中で評価者が行った関与への回答が、何らかの形で表現されているかどうかをチェックします。たとえば「商品Pに関する中期受注計画の進捗度確認をどうするのか案をきかせてほしい」という要請をゲーム中に受けていて、「わかりました」とその場で回答していた場合、進捗度確認案を何らかの形で回答しなくてはなりません。

案件4での関連として関与を受けていますから、案件4の回答の中に本来なら、回答が記入されていなくてはなりません。評価を行う上では案件4の1を最初から与えられた未処理案件のケースとし、案件4の2をゲーム中の関与のための評価項目として設定しておきます。したがって、回答をしなかった場合は、案件4の2での案件処理は完全に行われなかったことになります。

以降の採点処理は、通常の未処理案件の処理と同じになりますが、問題は関与を受けた段階で即答している場合です。即答を受けた場合、回答の内容を評価者は書き留めておき、これでいいですね、と確認をしておかなくてはなりません。

また、その場でこうしますとの回答に加えて、アクションシートなどの回答用紙に回答が書いてある場合があります。同じ内容なら構いませんが、処理内容が追加されている、あるいはまったく違う処理内容が書いてある、などが起こります。追加的に処理内容が記述されている場合は、処理内容の追加という形で評価を行いますので、採点上は大きな問題にはなりません。関与時に即答的に回答した内容とまったく異なる処理内容が記載されている場合には、注意を要します。1つの判断は、処理内容が矛盾していても追加処理としてそのまま受け入れ、採点するという方法です。この場合は、追加処理の採点と変わりません。

　もう1つの考え方は、明らかに関与時の回答と内容が変わっている、あるいは逆のことを言っているというような場合、アクションシートに書かれた内容の方が時間的には後に書かれているということになりますから、処理を修正したと判断してアクションシートに書かれた内容を採点対象とするという考え方です。どちらを選択するかは評価者の考え方によりますが、最終評価を評価者が集まって合議して決める段階では、こういう評価にするという合議決定が必要になります。

○「ない」ということへの評価は難しい

　ゲーム中の関与への回答で難しいのは、実は回答がない、ということへの評価です。通常の未処理案件ではその案件を処理する場合、反応しないという選択肢も実は存在します。この場合、受験者は回答用紙に「反応しない」と記載することになりますが、ゲーム中の関与について何も書いていないということが、単に回答を忘れたのか、それとも反応しないという選択肢を選んだかによって違ってきます。単に忘れたということなら処理なしとして採点をすればいいのですが、反応しないという選択をしたということだと、処理はされているということになります。回答が書かれていないという事態は、実は評価者にとって難しいのです。関連案件での処理内容やその案件での処理などから推測しなくてはなりませんが、ほとんどの場合は推測しても推測できないということの方が多く、書かれていない場合は、書かれていないという事実から処理しなかったと評価上の判断を下さざるを得ません。

図5-2-3　ゲーム中の関与への評価

ゲーム中の関与への評価は、グループディスカッションなどでの様子などを参考にして行わなければなりません。アクションシートに書かれていなくても、話し合いの中で説明が行われたりする場合があります。よく受験者の処理行動や発言に注意しておかないと、評価者の側が見逃してしまったということになりかねません。

　それは当然だ、なぜそのようなことを言うのか、というご意見もあると思いますが、案件処理のステージの後で行われるグループディスカッションを観察していると、ゲーム中の関与に関して、私は反応しないということにしたと発言される場合があります。そして、その反応しないという理由はこういうことだと、根拠をともなった説明をする受験者が時々見られることがあります。この場合、評価者は原則通り、書いてないから未処理と評価するのか、それとも聞いた以上、処理したとして評価するのか、評価のやりかたが分かれることになります。
　どちらの方法を採用するにしても、まずはその受験者の言い分を観察時点でしっかり聞きとらなくてはなりませんが、評価者がその段階でグループディスカッションの中に割って入ることはできません。評価者は発言があれば、その内容を聞き、事後の評価プロセスの中で判断をするということになります。（図5-2-3参照）

ゲーム中の関与についての説明の中でも言いましたが、このように非常に判断が難しい事態を出現させるので、評価者のゲーム中の関与はあまり積極的には行われません。関与を行うと決めた場合には、未処理案件の処理にプラスして採点評価をすればいいとするのではなく、反応しないという処理などを含めて、難しい回答への対応、即ち、グループディスカッションで詳細な観察を行う、その後の全体でのワークの中で確認行為を入れておくなど、何らかの対策を立てておく必要があります。

○ グループディスカッションなど集団観察での評価

　昇格昇進審査・試験の一環として、グループディスカッションなど集団観察を行った場合の評価については、評価者の観察結果をもとにすることになります。評価者には観察のための帳票が配布されていますから、その中に観察の結果を記録することになります。多くの場合、観察記録は、評価者が事後に集まり、評価者内での観察報告として他の評価者に報告されます。目的は観察内容の確認と共有です。

　この観察結果の共有を経て、評価者は受験者個々に対する評価を定めていきます。集団観察に対する評価は、入社試験の段階での集団討議観察など、社内の評価者であっても経験する機会はないわけではないと思いますが、自社の将来を託す人材選抜という段階で、個人的な思い入れやハロー効果が生じないかという点がチェックされなくてはならない点です。この点については、評価者への事前説明などで注意を促しておくことや、観察結果の報告の中でそのような言動があれば、評価者が相互に指摘して修正を加えておきます。

　評価の方法は様々ですが、通常は評価者の個人別観察レポートという形で報告されることが多いのだと思います。書式を統一することなどを行った後、一定の記載要項に基づき、評価者は個人別に観察結果をレポートします。観察対象である受験者個々のグループディスカッション時の具体的な行動の例示とそこから読み取った管理行動上の特徴、好ましいとする行動、今後も伸ばしてほしいとする行動、逆に課題だと考えられる行動、今後の成長過程で修正を期待する行動など、プラス面とマイナス面を両面記載するというのが一般的だと思われます。

評価者の個別評価を、その後どう扱うのかも決めておかなくてはなりません。個別評価を持ち寄り統合して1つのまとまった見解とするのか、それとも個別評価を全て評価資料として採用し、未処理案件処理の採点表など、その他の資料とともに最終判定資料として持ち上げるのか、ということを決めておかなくてはなりません。

社内の評価者でグループディスカッションなどの観察評価を行った場合の問題の1つは、それほど大きな観察ポイントの違いが生じないということです。外部者を交えて集団観察を行うとすぐにわかることですが、そういう見方もあるのかと驚くことがあります。しかし、社内の評価者で観察報告を行うと、「そうね、だいたい同じ」と観察結果が似通っているということが生じます。実は、集団観察評価での一番の問題は、観察結果が似通ってしまうという点です。観察結果が似通ってしまうということがなぜ生じるのかというと、評価者が観察をする場合に見ている事実が基本的に同じ行為を見ているということ、また違う行為に着目していても着目のポイントがほとんど同じということから生じます。

図5-2-4　評価の合意は綿密に慎重に

社内の評価者が集まって合議をすると、ほとんど同じ見方で、会議がスムーズに進むということが起こります。逆に言うと、多様な見方がない、同じ視点しかないということで、受験者にとって意味のあるものとはならないことがあります。

この場合には、観察報告の段階で、他に観察できた行為や気がついた内容はないのかを再点検しておかなくてはなりません。この段階での観察結果の詳細点検を行うかどうかで、その後の個人別評価レポートの内容が深く核心を突くのかどうかと言う点につながってきます。

　運営側が注意をしておくべきことは、評価者の観察報告がするすると流れるように進んでいき、極めて短時間のうちに報告会が終わってしまうというような事態を招かないことです。スムーズに報告会が進んでいくということと、多面的な視点が提示されるということは矛盾するものではありませんが、本当にそうなのかどうか、報告会を取り仕切る事務局が注意しているかどうかという点が、大きな問題なのです。したがって、グループディスカッションへの評価者による観察報告の内容がレポートの深浅を決めると自覚して、評価者もまた深いディスカッションが必要になります。この点については、第2章で述べた人材アセスメントの中のフィールドアセスメントでの留意点を再確認していただくといいのだと思います。

　インバスケットゲームにグループディスカッションへの観察を取りいれるのは、集団の中での行動を実際に観察することによって、未処理案件の処理で現れる管理行動への評価を補強しようというものです。したがって、できるだけ多面的な観察が行われ、多様な視点からの評価が受験者個々に向けられる必要があります。

○ 評価者の合意を形成する

　未処理案件の処理についての採点、ゲーム中の関与についての評価をしてグループディスカッションへの個人別レポートができたら、最後に評価者が集まって、それらの資料をもとに個人別の評価について話し合いを行います。

　評価者は、グループディスカッション後の観察報告で一度、確認と共有化を行っていますが、最終的な評価結果を持ち寄り、合意を形成します。受験者一人一人について評価者の評価内容を報告し、他の評価者からの質問や指摘をもとに詳細な議論を行い、評価を決めて行きます。

　時間的に言うと、受験者の数×評価者の数、プラスそれぞれでの合意時間、ということになりますから、油断をすると膨大な時間が必要になりま

す。事務局にとっては内容もさることながら、時間管理がこの段階では極めて重要な意味を持ちます。

　今回の場合は、昇格昇進審査・試験の一部ということで実施していますから、評価者の個人評価の最終として受験者個々の昇格昇進の可否判断を報告してもらう場合がありますが、この場合、まったく見方が違っていて意見が平行線をたどるという場合があります。合意しようにも合意できないという場合です。

　なぜ、評価者の合意を問題にするかというと、評価結果のフィードバック内容を決めなくてはならないからです。評価者の立場や見方が違うのだから、両論併記的な結論でも構わないということでもいいのだと思いますが、あまりに違い過ぎる場合、どうしろと言うのだという事後での受験者の反発を引き起こしかねません。やはり、評価内容がある程度、統合されているということが望ましいのではないでしょうか。

図5-2-5　合意のルールを決めておく

合意のルールを決めておく

評価の合意を行う会議では、意見が分かれることは当たり前！

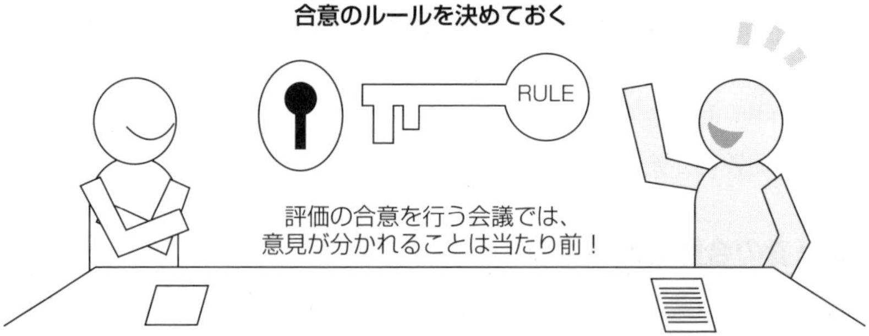

複数の評価者が、それぞれ個別に行った評価を持ち寄り合意を行う会議では、見方の相違や意見の対立が起こるのは当然です。その場合にどうするのか、という「合意のためのルール」を先に決めておかなくてはなりません。評価結果が、受験者の成長のため、自社の将来人材を育成するためだということを認識して、合意のための会議に臨まなくてはならないのです。

　しかし、異なる評価結果を統合するということは至難の業です。それぞれの評価者にとっても、真剣に採点し評価をした結果なわけで、そう簡単に折れることは難しいのだと思います。

　こういう場合に、先にルールを作っておくといいのかもしれません。評

価者が合議をする場合に、評価者の中のリーダーを決めておいて、意見が分かれた場合はリーダーが裁定する、あるいは多数決を取る、事務局が裁定するなど、何らかのルールを先に決めておき、そのルールに参加する評価者は従うということを予め定めておく必要があります。物事の決め方に決定版はありませんから、それぞれの組織がそれぞれの理屈で決め方を決めておくということでいいのだと思います。（図5-2-5参照）

　合意の内容は、事務局が議事録として採録しておきます。重要なのは選抜育成という視点です。自社の将来を託す人材を選抜するということが大きな目的ですが、選抜後の成長を期待しているということもインバスケットゲームでの人材登用試験を採用した理由のはずです。受験者個々のどこが優れているのか、優れているところをどう活用してほしいのか、また逆に改善を要するのはどういう行動や考え方なのか、今後の成長過程の中でどのように取り組んでほしいのかをまとめておくということが重要です。評価の合意は受験者の成長のために行うのだということを、認識しておく必要があります。

　評価者が合意し、その結果が議事録として採録されたら、通常は事務局が総合所見のような形で見解を取りまとめます。総合所見としてまとめられた内容を見ると多くの場合は、インバスケットゲームとして行った行為を指摘せず、抽象度の高い表現に終始していることがあります。たとえば、「本来持っている人間性を今後も発揮して業務運営の中で活用してほしい」などです。言いたいことはわからないでもありませんが、せっかく実施したインバスケットゲームで顕在化させた管理行動の特徴が伝えられていません。
　合意の段階では、特にそのことがよく出ていた未処理案件の処理行為やグループディスカッションでの発言や態度など、できるだけ具体的な事実をともなって伝えるようにしてほしいと思います。次で述べるフィードバックとも関係しますが、具体的な行動の中の事実を指摘されると人は、いいと指摘された行動は繰り返そうという動機が働きます。指摘された内容が自分自身、あまり気がついていない行為であればなおさらです。事実を伴って総合的な所見をまとめるということを、大事にしてください。

5-2のまとめ

- 未処理案件は、行動の構造化を行い評価採点する。
- ゲーム中の関与への評価は、グループディスカッションなども活用して慎重に行う。
- グループディスカッションへの評価は、観察者の報告が重要。
- 評価者の合意段階では、先に合意のためのルールを作っておく。

実施後のフォロー

実施後には受験者に結果をフィードバックする

○ 評価結果をフィードバックする

　今回の場合は昇格昇進審査・試験の一環としてインバスケットゲームを実施していますので、最終結果は昇格昇進の結果として発令されますから、特に受験者個人に対するフィードバックは必要ないという考え方もあると思いますが、人材育成という観点からは、やはりフィードバックを行っておくことが重要です。インバスケットゲームの内容だけを切り分けて、フィードバックするということでもいいと思います。

　フィードバックに当たっては、誰がどのタイミングでフィードバックするかという点が重要なのではないでしょうか。たとえば、発令が出てしまったというタイミングで直属上司からフィードバックを受ける方がその人の今後の動機づけにつながるのか、それとも昇格昇進の発令はまだ出ていないが、実際に運営にあたって評価にも加わっていた人事部などから説明を受ける方がいいのか、さらには評価者として招いた外部の専門家からカウンセリング的にフィードバックを受けるのがいいのか、他にも方法はあると思いますが、重要なのは受験者の今後の動機づけにつながるように場を持ちたいということだと思います。

　フィードバックされる内容も重要です。できるだけ具体的に、インバスケットゲームに取り組んだ行為の中から説明を受けることが、その人の理解を助けて動機づけに向けた気づきにつながっていくと思われます。「この未処理案件での処理のこの内容を例にして説明する」など、具体的なゲーム中の行動を振り返りつつ、良い点、悪い点を理解していくことが大事なのです。

　したがって、実際にインバスケットゲームの進行に立ち会っていた評価者や運営側が1次的なフィードバックを行うことは、受験者にとっても、自身の行動を振り返る意味でも意義のあることです。この場合には、一方

的な評価結果の伝達ということではなく、受験者の側から、こういうふうに考えてこの処理を選択したなど、双方向的な検討が行われるという可能性を含んでいます。処理についての自分なりの考え方を表明し、評価者の側からそのことについての別の見方の提示を受け理解を深めることができれば、受験者にとっては、インバスケットゲームに参加した意味を改めて理解することができるのではないでしょうか。

　評価者の側から事実だけを並べ立て、あれがいい、これが悪い、と言われても、なぜいいとするのか、なぜ課題視するのかという点についての説明がなければ、受験者の方は素直に受け取れません。この点について、評価者側は事実を伝えるということの意味を十分に認識して、臨まなければならないように思います。

　インバスケットゲームの中で観察された管理行動や集団の中での行為は、その人の持つ能力や考え方が、たまたま、その場その時で現れた表現に過ぎません。したがって、それぞれの行為に共通する内容や観察事実から論理的に導ける特徴などを説明し、その上で、今後の取り組み課題などを理解してもらうということが必要なのだと思います。

　受験者にとっては、意外な指摘だと受け止められることもあるでしょう。また、耳が痛いという内容を含んでいるかもしれません。しかし、自社にとって有意な人材として育ってもらうためには、伝えるべき内容を伝えなくてはなりません。もちろん、改善課題だけをフィードバックするわけではありません。それより重要なのは、受験者その人が持つ特徴や、今後活かせると思われる強みを伝えていくことです。

　自分のことは自分が一番よく知っているという人がいますが、それは自分自身のいやなところであったり、直したい点であったり、マイナス側の認識であることが多いように思います。インバスケットゲームを通して明らかになるのは、もちろん改善領域に属するものもありますが、その人の良い点、強い所、今後活かすべき力というものも明らかになってきます。

　ゲーム後のフィードバックで行ってほしいのは、これらのプラス側の特徴を伝えることです。案外、人は自分自身の良さや好ましい点について知ることがありません。自分の強みや特徴を認識して業務運営や組織の中で

のマネジメントを行うことが組織にとっても重要なことは言うまでもありません。マイナス側のフィードバックよりもプラス側のフィードバックを重視して、受験者の動機づけを行うことが重要なのではないでしょうか。

○ 将来につなげるフィードバックを行う

また、今回のフィードバックで気をつけなくてはならないのは、管理行動上の特徴や強み、今後の課題などであって、人格評価や性格診断を行っているというわけではないという点です。評価者にとって注意しなくてはならないのは、ゲーム中の観察からその人の人格的な問題点や性格上の特徴が垣間見えるということです。よほど、そのことがその人にとっても、組織にとっても大きな影響を及ぼす可能性があると考えられる場合は別ですが、そこまで踏み込むフィードバックではないということを認識しておかなくてはなりません。

図5-3-1　フィードバックはゲームの実施と同じぐらい重要

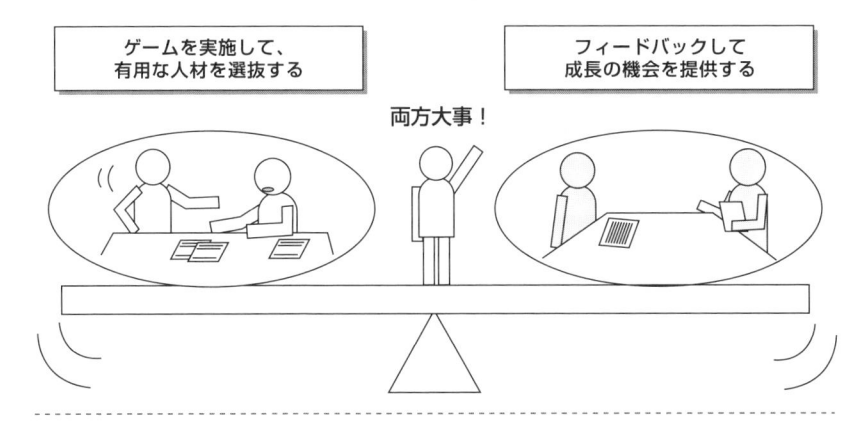

ゲームを実施して、有用な人材を選抜する

フィードバックして成長の機会を提供する

両方大事！

インバスケットゲームを実施することのみに注意が行きがちですが、実はゲーム後、受験者や参加者にフィードバックを行うことも、ゲームの実施と同じぐらい重要です。ゲームの実施では有意な人材の発掘や選抜が行われますが、フィードバックでは成長の機会を提供することになり、人材の育成という意味では両方の相乗効果が大事なのです。

今回、評価の対象となっているのは管理行動上の特徴という点であることを認識して、フィードバックに臨む必要があると思います。受験者にし

てみると、どうしてそこまで言われなくてはならないのかという問題を引き起こす場合があります。こういう状況に立ち至ると、受験者の側には、フィードバックを受け入れない、拒絶するというメンタルブロックが働き、せっかくの機会が台無しになってしまうことがあります。

　フィードバックを行う意味は、今回の場合は人材選抜を行うということが主目的ですが、付随する目的は、選抜された、されないに関わらず、自社の将来にとって有益な人材を育てるための動機づけを行うことだという点を、しっかり認識しておく必要があります。（図5-3-1参照）

　フィードバックを効果的にする上での、もう1つの問題点は、たまたまインバスケットゲームの結果を評価し、その評価事実を受験者に伝達するという役目を担っているに過ぎないと割り切って、淡々と結果を伝えて行くことに終始することです。

　言うまでもありませんが、フィードバックの書類を読むだけなら、特にフィードバックの場を設ける必要はないのです。たとえば、ゲームの運営にも関わらず、その内容もしっかり把握していない直属上司が、人事から来た結果だし、口頭でフィードバックしろと言われているから、という理由でただ伝えるという場合、極端に言うとムダな時間をその上司も受験者も割かされるということになり、あまり意味のあるフィードバックだとは言えそうもありません。

　実際にフィードバックに携わる立場の人が、必ずしもゲームの運営や評価に関わるとは限りません。大規模組織になればなるほど、この現象は顕著になってくるのだと思います。こういう場合は、フィードバックを効果的に行うために、フィードバックを行う人を対象とした説明会などの機会を持つ必要があるかもしれません。場合によっては、今回の目的は何か、どういうことを実施したのか、何をフィードバックしてほしいのかなど、フィードバックに関わる人たちに趣旨を伝え理解して取り組んでもらうためのしかけを作っておかなくてはならないかもしれません。

　インバスケットゲームを実施するということも重要なことですが、組織の将来を託す人材を選抜し育成していくという意味では、フィードバックをどうするかということにも力点をおいておく必要があります。

● フィードバックを再チャレンジにつなげる

　運営側、組織の側からフィードバックの重要性を説明してきましたが、受験者および研修参加者の側からフィードバックをどう受け取るかという点について考えてみたいと思います。

　フィードバックでは、自分自身がインバスケットゲームの最中に行った行為や行動をベースにおいて、あなたの管理行動の特徴はこういう点で、今後、もっとそのことを積極的に活用してください、とか、少し改善するということを考えながら行動されてはいかがですか、などの説明を受けることになります。

　もちろん、昇格昇進審査・試験の一環として参加しているわけですから、一番気になるのは、結果はどうだったかという点であるのは言うまでもありません。

　従来型の昇格昇進審査であれば、候補者になった段階で合格するということがほぼ決まっていたものでしたが、人材アセスメントとして実施される昇格昇進審査は必ずしもそうではありません。候補者になるという意味も必ずしも優秀者であるからではありません。過去の業績ではなく、将来の可能性を評価することを重視していますから、誰にでも平等に人材アセスメントを受けるチャンスはあるのです。したがって、合格をほぼ約束するというよりは、均等に用意された昇格昇進審査・試験の場で、どういうパフォーマンスを発揮し、将来への可能性を提示したかどうかを見ることに力点がありますから、そういうものが見られなかったとしたら受験者として参加した全員が合格ではないと判断される可能性があるのです。

　逆に言うと、選抜型であるということは、少数の選抜される人と大多数の選抜されない人からなっているということを意味しています。つまり選抜されない、合格しない、ということの方が多数派であって、そのことにどう対処するかと考える方が前向きで生産的だと言えなくもないということです。

　そう考えると、フィードバックを受けるということは、選抜された少数の人にとっては、もう一段上に登っていくためのヒントということになる

のでしょうし、選抜されなかった大多数の人々にとっても、再チャレンジするためのポイントを知るいい機会だということになるのではないでしょうか。

図5-3-2　新しい人材登用は再チャレンジを可能にする

（何回もチャレンジできる）
（ポジティブに考える）

人材アセスメントを取り入れた新しい人材登用、選抜、育成の考え方は、過去の業績にもとづくのではなく、将来の可能性を見て評価を行おうとするものです。
そのため、1回のチャレンジで全てを決めるのではなく、何度でもチャレンジできるのが特徴です。

　選抜という行為は、一度だめだったからもう二度とチャレンジできないという性質のものではありません。むしろ、何度でも再チャレンジするということが前提としてなければなりません。選抜する側も、選抜条件を環境の変化に合わせて変えていきます。今回の選抜にうまく適合しなかったのは、選抜条件とたまたま一致しなかったからかもしれません。だとすると、何が選抜条件と一致しなかったのか、何が自分の良さや強みと認識されたのかを知っておくことは、今後、再チャレンジをしていく上でも大きな意味を持っていると言えるでしょう。（図5-3-2参照）

○ ポジティブに受けとめる

　インバスケットゲームの中で、受験者は自分が知っていること、自分の持っているスキル、知識を総動員して未処理案件を処理してきましたが、自分の管理行動や業務遂行上での特徴を理解して取り組んでいるわけでは

ありません。経験則でそうしたというのが、ほとんどの受験者の取り組みではないでしょうか。少し考えてみると、自分自身が経験則的に行った行為を評価者が観察をし、評価をして、それぞれの行動の中にある共通項や特徴を指摘してくれるとしたら、それは今後の自分自身の成長にとって、どれほど有用であるかは自ずと理解できるところではないでしょうか。

　問題は、そのようにポジティブに受け止める力が、自分自身の中にあるかどうかです。従来型の昇格昇進のイメージを引きずっていると、選抜されない方が多数派で普通なのだという気持ちの切り替えができないかもしれません。ポジションアップということについて、再チャレンジということに前向きになれないかもしれません。そもそも、ポジションアップにチャレンジしなくてもいいのだという気持ちで過ごしているかもしれません。
　しかし現実は、職場の中からそういう「ぬるい」発想を追いだそうとしています。チャレンジしないという人は職場の中ではいらないのです。何も正社員の資格を持たずとも、定期採用で入社してきた人でなくても、将来の自社の将来を託す人材を探索する場合、社内外に人材を求めるということがそれほど不思議ではなくなってきています。上司が外国人であるという事態も徐々に珍しい光景ではなくなってきているのです。否応なしにチャレンジしなくてはならない環境になってきているのです。
　だとすれば、今回のインバスケットゲームに参加した結果、昇格昇進では思うような結果にならなかったとしても、次回へのチャレンジのためにフィードバックを積極的に活用して次回のチャレンジに活かすというように考える方がいいのではないでしょうか。

　組織の側から言えば、自組織の将来を託す人材をできるだけ早く選抜し育成プログラムに乗せて、囲い込んでしまいたいということになりますが、それが一握りの人であるとしたら、大多数の人々は社内だけに場を求めるのではなく、社外を含んで自分の可能性を探るということになります。チャレンジの場を社内だけにとどめる必要はなくなっているのです。そう考えた場合、インバスケットゲームなどで知ることのできる自分自身の管理行動上の特徴や、業務行為での強みは、自分自身を成長させ「市場価格」を

高めていく上でのいい資料となるのかもしれません。もちろん、自分の会社を信頼している、愛しているという方々がほとんどでしょう。その場合にも、自分が信頼し愛している組織のためにどのような貢献ができるのかをしっかり認識するということは、自分自身にとっても組織にとっても意味のあることです。

　これはインバスケットゲームだけではないのかもしれませんが、自分が参加した場からフィードバックを受ける機会があるとしたら、そのことに積極的に立ち向かい、自分を成長させるということのためにより善く活用するということが望ましいのではないでしょうか。

> **5-3のまとめ**
>
> - フィードバックは、受験者の動機づけという点から、ゲームの実施と同じぐらい重要である。
> - フィードバックを受ける人は、自己成長の機会としてポジティブに受け止めること。

第6章

受験者および参加者はどう対応すればいいのか

　この章では、インバスケットゲームに参加することになったという人や、昇格昇進審査・試験の一環として受験しなくてはならなくなったという人たちが、事前準備や事前の対策をどう進めておけばいいのか、また実際の場に臨んだ時、どのように対処していけばいいのかについて考えてみましょう。
　現実に対応を余儀なくされる受験者が知っておくべき「傾向と対策」を、実務的な立場から解説します。

事前準備をどのように進めるべきなのか

「まったくの未知だ」という状況になることを避ける

○ 考え方を切り替える

　インバスケットゲームのための準備をする、傾向と対策を練る、という場合、最初に行わなければならないのは、新しい人材選抜登用方式に対処するために考え方を切り替えなくてはならないということです。従来の昇格昇進試験などとはまったく違う考え方に基づく人材選抜登用方法なのだということを理解しておかなくてはならないのです。

　インバスケットゲームでの人材選抜は、お芝居などの出演者を決める「オーディション方式」なのだと考えてください。

　そもそも「オーディション方式」というのは、劇場などで新しい演目を企画した場合、その演者を選ぶにあたって、「この人だからこの役」というように、先に「人」ありきでキャスティングを行うのではなくて、公募したたくさんの応募者の中からその役に合った人を選ぼうという方式のことを言います。

　この方式では、実績のあるベテラン俳優もまったく無名の新人も同じテストを受け、その役を演じるにあたってのふさわしさや、お芝居をより良いものにできるかどうかという可能性が試されていきます。多くの応募者から少しずつ絞られていき、最後には役に応じた一番ふさわしい人が選ばれていきます。即ち、企画した演目の役を演じてもらうにあたって、過去の経験や実績よりも、今ここで演じてほしいと思う役柄についての最適性で選抜が行われていくわけです。（図6-1-1参照）

　その役にふさわしいという意味で考えれば、これまで多くのお芝居に出てきて誰もが知っているという有名な役者さんにとっては、実績があるということがマイナスに働く場合があります。即ち、以前、演じた役のイメージがついて回るということが、敬遠の理由となって選抜されないという結果につながるのです。

企業などの組織においても、同じ考え方が取られるようになってきました。実績や前例を中心に評価をすれば、どうしても経験の深い人、年数を重ねた人が有利になります。経験がそれほどない若い人の場合、その人の特徴や良さを評価するよりも、経験のなさからくる不足感や欠点にどうしても目が行ってしまいます。

　経営環境が安定的に推移している状況下なら、経験や実績をベースにおいた評価でもいいのかもしれません。しかし、先行きが不透明な今の時代環境の中で組織の将来を託す場合、過去の実績はあまりあてにならなくなってきています。むしろ、過去の実績に捉われた結果、新しい状況に応じた対処方法を見出せず、組織を危機に晒してしまう可能性すらあるという指摘もあります。

図6-1-1　実績経験は無関係のオーディション方式

人材アセスメントを取り入れた昇格昇進試験は、たとえて言うと「オーディション方式」です。経験や実績より、その役柄にふさわしいかどうかで選びます。新人もベテランも、同じスタートラインから評価されるのです。

　インバスケットゲームに代表される新しい人材選抜方法では、経験や前例、実績や年齢などに関係なく、オーディションによって　お芝居の役回りにふさわしい人を選ぶように自社の中核人材を選んでいきます。選び、

役につけ、また評価をして、という選抜の「ふるい」を何度でも行い人材を選抜していく方が現在の経営環境下で「適所適材」を実現することにかなっているのです。

　従来の昇格昇進方式のように、ノミネートされたらほぼその職責に登用される、ということが保障されてはいないと認識しなくてはなりません。逆に言うと、一発勝負ではないメリットもあります。オーディション方式では、その人にやる気があれば、何度でもチャレンジが可能ですが、ポジションや職位について挑戦し続けるというのも、我々、日本企業のビジネスマンにはあまりなじみのないことです。
　考え方を変えるということは簡単なことではありませんが、まずはそのことを意識しないと、インバスケットゲームに向けての準備は始まりません。

● ビジネスマンとしての全てが試される

　インバスケットゲームに参加するための準備に、これだという定石は残念ながらありません。なぜならインバスケットゲームは、何か特定領域のある能力だけを評価しようとするのではなく、ビジネスマンとしての全てを評価しようとするものだからです。
　しかし、実務という観点から考えた場合、準備のしようがないわけではありません。実務家として自分が何を持っているかを「棚卸し」することで、ある程度の準備は可能になっていきます。
　自分自身の棚卸しと言っても、インバスケットゲームではビジネスマンとしての能力評価を行うわけですから、ビジネス能力についての棚卸しをすればいいということになります。

　第3章で見たように、ビジネス能力は顕在化している「職務行動」と個々人の生い立ちや個性などをベースにした「パーソナリティ」という2つの要素で構成されています。さらに「職務行動」は「思考力」と「行動力」から構成されています。
　思考力と行動力について自分がどの程度の力を持っているかを振り返る

ことは、ビジネスマンであればそれほど難しいことではありません。なぜならば、企業内研修の多くは、思考力を必要に応じて強化し、行動力を養うことを目的に行われることが中心になっていて、入社以来の研修で受けてきた内容、また日々の業務を振り返ってみることで、自分自身の棚卸しができるからです。

○ 判断力の棚卸し

まずは、「判断力」の棚卸しをしてみましょう。

新人教育から管理者教育まで、判断力を高めるために多くの教育機会の中で繰り返し伝えられてきたことは、「当社の考え方、当社の思考法」ということのはずです。

ほとんどの企業は、判断力の基礎としての思考力を高めるということについて独自の方法論を持ち、それぞれに初級編、中級編、上級編としてレベルごとにテキストを作り、職位に応じた上達の道筋を作っています。

思考法とは言わなくても、たとえば、問題解決法や創造法、営業力向上研修、品質管理のためのツール教育など、さまざまな名称で思考力を高め、訓練する機会と教材が用意されています。（図6-1-2参照）

まずは入社以来、教育を受けてきた研修機会の中で使用されたテキストやレジメ、ノートやメモなどを引っ張り出して、なるほど当社の方法論はこういうことだったのかと再確認をすることが、「受験準備のその1」ということになります。人によっては、社内講師として自社の思考法などを講義しているという場合もあるはずで、この場合には、自分が作った講義用のノートが何よりの参考書になります。

また日常業務の中では、ほぼ毎日、仕事を論理的に進めるための道具が使われています。日常業務の中だからこそ意識せずに使っている道具、即ち、それぞれの組織に特有の思考法や発想法、問題解決技法などを改めて見直すことが肝心です。当然、業務知識の確認にもつながりますし、自分自身の思考方法についての特徴を再認識することにもつながります。

しかしそれでも不安だという場合には、書店や図書館などでロジカルシンキング、問題解決法などと題した思考法強化に関する書籍を当たること

になりますが、実務の現場で使い、なじんできたものの方がより現実的で体にあっているのは言うまでもありません。書籍で思考法を学習する場合のポイントは、自分はすでに現実で使っている、知っているから補完的に理解するのだというスタンスを取ることです。

そもそも書籍に当たるということは、インバスケットゲームの特効薬を探すということではないはずです。書籍で良いと思った方法がインバスケットゲームの実際の場で役に立つかどうかはわかりません。付け焼刃的な知識よりも、自分の中にある実務上の経験知としての思考法の方が有効であることは言うまでもありません。

図6-1-2　判断力の棚卸しはわが社独自の思考法

入社以来、受けてきた研修などで伝えられた「わが社の問題解決法」や「思考法」などのテキストやノートを使って、思考力に関する確認をしておきましょう。

○ 行動力の棚卸し

自分の行動を棚卸しするには、業務記録や備忘録、業務日誌などを振り返ることで可能になります。

ビジネスマンとしての行動力には、業績追求のための行動と部下育成などマネジメント上の行動の2つがありますが、多くの場合、日常的に記録している業務記録には、この両方が記載されています。

ビジネスマンであることの強みは、記憶ではなくて記録です。いつ何をしたということがすぐには思い出せなくても、業務日誌の形で記録として残っていますから、手帳や備忘録などを取り出せば、数年前のある日に何をしていたのかということが再現できるはずです。まずはこの業務日誌を読み、自分自身の行動を振り返ることができます。（図6-1-3参照）
　業務記録の付け方には、それぞれ特徴があって、そこまで細かくは書いていないという方もいるかもしれません。しかし業務記録を読むと、その時、どういうことをしていたか、何を考えていたのか、など、不思議ですが目の前に当時の情景が浮かび上がってきます。

　業務記録は多くの場合、業務を中心として、いつどこで誰と会ったのか、どういう会議に出席したのか、その議事の結果はどうだったのか、など業務行動について記述されています。天気や株価、当時のニュースなど、業務上の関心から当時注目していた事柄についての記録もあります。
　営業関係の方であれば、お客さまとのやりとりや日々の業務活動を記録した営業日誌、製造系の方であれば、日々の朝礼や夕礼などでの一口講話など、日常業務の細部に渡る記録が自分の軌跡として残っています。場合によっては、写真などが貼付されていることもあります。
　業務日誌に記された内容は、その人独自の内容を持っています。今となっては読みながら冷汗が出てくるようなことが残っているかもしれません。しかしそのことも含めて、全てが自分自身の行動記録であって、業務行動での特徴を振り返ることができます。

　ビジネスマンの行動のもう1つの側面であるマネジメント行動という意味では、部下を指導してきたという立場にあった人は、業績評価など部下指導の記録が残っているはずです。どういうタイプの部下にどういう指導を行ってきたのか、育成するために必要と思われることをどのように伝え、どう引き出してきたのかなど、部下との関わりという側面から見た自分自身の行動記録がそこにあるはずです。
　業務記録を点検することは、実務的にも意味のあることです。今後の自己成長という意味からも、インバスケットゲームの受験の機会にしっかりと見つめ直しておいてください。

図6-1-3　業務記録や備忘録を確認する

自分自身の行動面での振り返りは、「業務記録」を読み返すことで確認を行います。業務記録には、当時の業務行動や部下との面談や指導内容が詳細に記録されているので、自分の行動の特性などを振り返ることができます。業務記録以外にも、たとえば営業日報など、職場で記録として残っているものも確認してみてください。

○ 業務知識の棚卸し

　インバスケットゲームでは、初めての職位や部署などになりきることが求められますが、その場合にも我々が拠り所とできるのは、自らの経験とこれまでに獲得してきた業務上の知識であることは言うまでもありません。事前準備として「棚卸し」してきた思考能力や行動力も当然、業務知識に含まれる重要な項目の1つですが、ここで言う業務知識とは、それぞれの職種で得られる専門的な内容を指しています。

　専門知識の再確認を行うことは、自分が業務上のさまざまな場面で行ってきた判断の軸を確認することにつながります。専門家としての判断軸から行ってきた判断内容は、これまで行ってきたマネジメントや業務遂行上の詳細を1つのビジネス能力としてまとめあげていく上での、重要なキーを構成しています。

　インバスケットゲームが求めているものは、限られた時間の中でいかに効率的に業務を処理するかということですが、その処理内容がモグラたた

き的なその場しのぎの処理内容ではなく、案件全体を通して筋の通った全体感のある処理行為をしているかということです。

　案件ごとの処理について一貫性があるかどうかということを考えた場合、その基準となるのは、ある分野の専門家としてどういう判断基準を形成してきたのかという点のはずです。

　開発系の分野にいた人と営業系の分野にいた人とでは、同じ案件の中にある同一の現象を見てもどう対処するかは立場の違いから微妙に異なっているはずでしょう。この差が、実はマネジメントスタイルの差につながっていると考えると、やはり自分自身が持つ専門家としての業務知識を確認しておくことが必要になってきます。インバスケットゲームのようなマネジメントシミュレーションの場に臨む場合、再度、自分自身の専門家としてのスタンスを確認する上から、専門領域のマニュアルなどをもう一度、振り返ってみることが重要です

　担当者の域を卒業して、業務全体を管理するマネージャーの立場になると、業務マニュアルや専門的な領域の業務基準を定めた関係書類を改めて開くことはなくなってきます。つまり、組織マネジメントが主たる業務になり、今さら専門性と言われても困るという場合があります。

　この場合には、自分の職歴をたどってみるという方法があります。履歴書に書くような一般的な内容ではなく、どの部署でどういう担当についていたか、その中でどのような仕事を担当してきたか、自分自身でしか作り得ない業務経歴書というのが書けるはずです。詳細に自分自身のビジネスマンとしての足跡をたどってみることは自分の専門領域のタイプを再確認することにつながります。（図6-1-4参照）

　多くの部署を移動してきたが、その経歴を詳細にたどってみると、実は1つの領域の専門家として育成されてきた自分に気がつく場合があります。また逆に、ほとんど異動らしい異動はなかったが、1つの部署の中で、複数の専門領域について深く関わり、気がつかなかったが部門の中での複眼的な専門家として育成されていた、という場合もあるでしょう。

　いずれにしても、自分自身の職業人としての詳細な足跡を確認することは、専門性という観点から業務知識についての棚卸しをするということにつながっています。

図6-1-4　専門知識は業務マニュアルや職務経歴

専門知識に関する確認は、業務マニュアルなどを活用すれば確認できます。職務上、どちらかというとゼネラリスト的な立場にいる場合は、入社以来の経歴を振り返ってみて、自分の業務知識や専門性について再確認をしておくとよいでしょう。

◯ 規範・基準の確認

　インバスケットゲームに参加するための準備として、思考力や行動力、そしてそのベースとなる専門知識を棚卸ししてきましたが、忘れてはならないことがあります。それは、自社の規範や基準について確認をしておかなくてはならないという点です。

　最近では、企業人に高い社会性が求められるようになり、企業も社会との調和や整合性を社員の言動に求めるようになってきています。企業理念やビジョン、行動指針と呼ばれるものの中に、当社の人間であればこう考えてほしい、このような行動を取ってほしいという思考基準や行動基準が示されています。これらについては、社内報やさまざまな示達・通達など、参考になる資料は数多く存在していると思います。また社外に向けた広報誌や環境報告書、CSR報告書などの文書も、最近の自社の考え方を再確認する上では一級の資料でしょう。社長などが行う年頭あいさつや訓示なども自社の考え方や社会との関係性を理解する上では重要な資料ですし、さまざまな雑誌などで取り上げられる自社の経営幹部の発言も意味あるものだと言えます。

新しい資料はもちろん、手元にある古い資料などをそろえて一読してみると、改めて自社の考え方や社会に対する姿勢などを再確認することができます。業界や企業の特性によっては、特に厳しい姿勢を持つ分野があります。たとえば情報系の会社であれば、個人情報の取り扱いについては、一層厳しい考え方や基準を持っているはずですし、自動車の関連企業であれば、交通ルールや事故などへの対処方法については一般的な取り扱いよりも厳格な対応を社員に求めるはずです。

　できれば普段からこれらの資料に目を通しておけば問題はありませんが、斜め読みをしている、大まかにしか把握していないという場合、やはりしっかり確認をしておく必要性があります。

○ 組織活用を前提とする

　ここまで進めてきた事前準備は、実務の中でできることを中心にしてきましたが、インバスケットゲームに臨むにあたっては、自分が意識して考え訓練しておかないと対応が難しいというものもあります。その1つが、「組織を活用する」という点です。

　インバスケットゲームは、未処理案件を制限時間の中でいかに多く処理するかということが求められます。担当者として問題解決を行う場合には、現状把握・分析、解析、対策立案、実施…という一連の流れで合理的に考え、自責で取り組む方法を考えれば十分です。

　しかし、マネージャーにとっての問題解決は少し違います。自分が問題をどう解くかではなく、組織としてその問題にどう対処し、解決への道筋をいかに構築するかということの方が重要な意味を持っています。別の言い方をすれば、マネージャーは自分の頭や体を使って問題に立ち向かわなくてもいいのです。誰かを使って問題を解くということも可能なのです。

　インバスケットゲームでは、もちろん自分自身が主体となって未処理案件を処理するという方法を選択することもできますが、それよりも部下などの人的資源をいかに有効に活用して、組織能力の最大化を図るかという点に理解が及ぶか、また理解が及んだ場合、その理解が具体的な行為として実現されるかという点に評価のポイントが置かれていることが多いので

す。（図6-1-5参照）

　したがって、未処理案件を処理する場合には、組織の力を活用するという前提を置いて考えなくてはなりません。またインバスケットゲームの中では、まったく未知の状況や未経験の役職になりきることが求められます。設定された状況下で、どうすれば組織の持つ力が最も効果的に活用できるのかという仮説を設定する力も必要になってきます。

　この点については、事前準備として実務の中で活用できるものが少ないのですが、自分ならどうするかと日常業務の中で考えるクセをつけるなどの取り組みを意識して行っておくことが必要です。

図6-1-5　組織を活用した行動力

マネージャーは、全てを自分の力だけで行う必要はありません。部下や組織の関係者を使ってもいいのです。指示命令するばかりではなく、依頼する、協力を仰ぐ、一任する、意見を求める、など様々な方法があります。組織としての力を活用するということは、「人を使う」ということなのです。

○ 意思決定力を強化する

　実務的な準備が難しいものとしてはもう1つ、「組織が動くきっかけを作る」ということ、即ち、意思決定を行うという課題があります。

　組織が動き出すには、そのアクションに必要なメンバーや関係者が、その行為の必要性を認識することが必要です。インバスケットゲームの上では、設定された状況下で自らの判断や考え方を、文章を使ってメンバーへ伝達することから始めなくてはなりません。「こう動いてほしい」という

意思が伝わって初めて、メンバーが具体的な行動を起こします。
　意思の内容はさまざまです。指示命令的な内容もあれば、相手にゆだねてしまうというもの、場合によっては何もしない、無視するということもあるでしょう。意思の内容や方法は千差万別であっても、組織が動き出すきっかけを与えるということでは共通しています。
　では、きっかけを与えるにあたって必要なことは何かと考えると、マネージャー自身の意思決定が最初であることは言うまでもありません。与えられた条件の中で、自分自身がどうしたいのかを第一に決めなくてはなりません。決めるという行為は個人の内心的な行為ですから、誰かに相談したとしても最後は自分自身で決める以外に方法はありません。

　意思決定力を短期間で養成する、また修正するということは難しいかもしれませんが、意思決定力がある、意思決定が早い、と言われる人のことを考えてみることでヒントが見つかります。
　意思決定が速いと言われている人の場合、こういう問題はこの解決方法と、問題の種類と対策を結び付けてパターン化していることがあります。最初は初めて遭遇するような問題であっても、何回か似たような問題に出会っているうちに、このタイプの問題は、こう対処をすればほぼ解決できるとパターン化し標準化を行っていきます。
　パターン化ができると、似たような問題に再び出会った時、問題の原因分析や対策立案や代替案検討などを行わなくても、これはこう、と短時間で最適ルートを見つけ出すことが可能になっていきます。そしてその内容は、ほぼ外れがなく周囲の人々からも信頼を受け、あの人は意思決定が速い、という評判につながっていくことになります。

　この観察結果を応用して、インバスケットゲームの案件処理に当たって、自分が使う文章をパターン化するという訓練方法があります。これは少し気をつけるだけで日常業務の中でも応用が効き、意思決定力や前項の仮説力強化にも有効な方法です。（図6-1-6参照）
　我々がビジネスの現場で使う言葉は、文学的に洗練された言い回しや美辞麗句は必要ではありません。業務を遂行していく上での意思の伝達が必要十分かつスピーディに行われればいいはずで、文章のパターンが決まっ

ていても問題はありません。

　どうするかというと文章を定型化し、標準化して使うということを徹底します。具体的には、文章を書くルールを自分の中で決めてしまいます。自由に言葉を使ってもいい部分と、定型化してその言い回ししか使わない部分を決めてしまいます。

　たとえば、『「山田さん」に「売上伝票の記入」を「依頼」する』という文章の場合、「」の中の、「山田さん」、「売上伝票の記入」、「依頼」という言葉は自由に変えても構いませんが、『～に～を～する』という文章の基本構造は変えない、と決めてしまうということです。

　窮屈な感じがするかもしれませんが、意思決定での問題の1つが自分の経験を標準化していないということだということに気づくと、自分の使う言葉や言い方、伝達方法を標準化することの重要さに思いが至ります。

図6-1-6　ビジネス文はパターン化する

上手な文章より判別がたやすい定型文を多用する！

問題解決法の基本は定まった形の文章で現象を表現すること（パターン化）

- ■ 問題を分析する　　　　　　→　「～ に発生した ～ の原因を究明する」
- ■ 決定する　　　　　　　　　→　「～ のために ～ を決定する」
- ■ 潜在的問題（リスク）を分析　→　「～ を ～ までに ～ 程度 ～ する」
- ■ 状況を把握する　　　　　　→　「～ の状況を把握する。～ を調査する」
- ■ 実行段階　　　　　　　　　→　「～ を実施する」

たとえば、「交差点で車がぶつかった」として

- ■ 問題を分析する　　　　　　　→　「交差点」に発生した「交通事故」の原因を究明する
- ■ 決定する　　　　　　　　　　→　「示談」のために「相互負担の割合」を決定する
- ■ 潜在的問題（リスク）を分析　　→　「後遺症の影響」を「示談」までに「和解できる」程度「検討」する
- ■ 状況を把握する　　　　　　　→　「交通事故」の状況を把握する。「交差点の交通量」を調査する
- ■ 実行段階　　　　　　　　　　→　「交通規制」を実施する

意思決定を改善するには、普段、使っている文章表現を「パターン化」すること。ビジネスの現場では、上手な文章よりも分かりやすい文章の方が重要だということを理解して、少々窮屈でも、自分の表現をパターン化しておきましょう。

　今回はインバスケットゲームの事前準備ということで考えていますが、自分自身の意思決定について問題を感じている人は、この方法を繰り返すことで自分のモノの考え方の特徴や意思決定や伝達方法でクセを再発見することができます。また、短時間で改善点や修正ポイントを発見することも可能です。

実際に取り組んでみようと思った場合は、案外、簡単に取り組めます。毎日やりとりするメールで自分の決めたルールに従い、文章を作ればいいのです。最初はぎこちないかもしれませんが、繰り返しているうちに自分のものにすることができるようになります。

○ 表現力という準備課題

　インバスケットゲームの場合、提示される案件を処理する上では、文章を使って自分自身の判断を伝えるということになります。即ち、「文章表現力」ということが重要な意味を持ってきます。同じ内容を伝えるとしても、「文章として」命令的に伝えるのか、相談として持ちかけるのかでも相手の反応は変わってきます。

　最近では、電子メールが普及し、文章で意思伝達を行うことが増えてきています。その結果、書くのは苦手だという人は少なくなってきていますが、案件処理として書かれた文章を見ると、何が言いたいのかわからないと言うものが多いのも事実です。

　インバスケットゲームの案件処理において一番重要なのは、何が言いたいのかがはっきりわかるということです。そのために、先ほどと同じように文章をパターン化するということを日常的に訓練しておくという方法もあります。

　しかし、この方法にも実は問題がないわけではありません。それは、発信する側と受信する側が、この文章のパターンは「問題提示」だ、このパターンの文章は「指示命令」だということを相互認識しておくか、それとも誰の目から見ても「問題提示」である、「指示命令」であるということが一目瞭然になっていなくてはならないということです。

　自分だけがこのパターンで書いた場合は、「問題提示」なのだ、このパターンは「指示命令」だ、と決めておいても、相手がそう受け取ってくれないということでは意思の伝達という目的を達成したことにはつながりません。この点をよくよく確認しておかないと、文章のパターン化という行為は独善的な行為、独りよがりということにつながってしまい、組織の牽引者であるマネージャーの行為としてはいかがなものかということになってしまいます。

とは言え、「表現力」という問題について事前準備を進めるとすると、やはり日常的な電子メールの中にヒントがあります。毎朝、パソコンのメールを開けると、未読メールが山のように押し寄せています。多くの場合、新しいメールから順番に開けるか、古いメールから開けるかのどちらかのはずです。

しかし、すぐに開けるのをやめて、未読メールのタイトルを眺めてみると、内容がすぐわかるようになっているもの、あれっ？と注意をひきつけるもの、中身が何かはすぐに判断のつかないもの、など、なかなかに個性的であることに気がつきます。

開いたメールの中身も同じです。わかりやすいものからそうではないものまで、さまざまなバラエティがあることが理解できます。一読して理解できるものと、もう一度読み返さないと理解できないというものまで、表現力の参考という意味では、ありとあらゆる見本が詰まっていると言っても過言ではありません。

「なるほどうまいな」というメールと自分の書いた文章を比べてみることが、改善の一歩になります。たとえば、自分の書いた文章はとりあえず「よろしくお願いします」と結んでいるが、よくできているメールでは「誰に」「何を」「どうしてほしい」ということがしっかり書いてあって、その結びとして「よろしくお願いします」という言葉が書いてあるということに気がつけば、その文章をマネてみるということで、文章表現力の改善は進んでいきます。

インバスケットゲームでは、相手にどうしてほしいという意志の伝達を文章で行わなくてはなりませんから、「どうしてほしい」という部分がかなり重要な意味を持っています。したがって、上手なメールがどういうふうに「どうしてほしい」を伝えているのかをしっかり検討し、そして上手にそのことをマネすることをやってみるというのが「表現力」改善につながっていきます。

6-1のまとめ

- 事前準備の第一歩は、オーディション方式のような新しい方法に取り組むのだと、考え方を切り替えることが重要。
- インバスケットゲームで試されるのはビジネス能力の全て。
- ビジネス能力の構成要素は、思考力、行動力、業務知識である。事前準備は、これらについての自己棚卸しを行うこと。
- 思考力の棚卸しは、社内研修でのレジメや教材を確認する。
- 行動力の棚卸しは、業務記録を振り返る。
- 業務知識の棚卸しは、業務マニュアルと業務経歴を確認する。
- 自己棚卸しの最後に、自社の規範や基準を確認する。
- 準備しにくい項目として、組織活用や意思決定への認識があるが、日常的に使う文章をパターン化するなどの対処方法がある。
- 表現力は、日常的にやりとりしているメールの中から上手なメールをマネて改善する。

受験時の対応について

実際のインバスケットゲームでどう対処すればいいのか

● ケースを処理する上での手順

　案件処理として提示されるケースの数は、だいたい、2、3時間で20問～30問前後です。提示されるケースは長短さまざまで、内容も業務に直結するものから、まったく業務に関係しないだろうと思われるものまでバラエティに富んでいます。

　実際に取り組んでみるとわかることですが、提示されたケースを前にすると、何から手をつけていいのかわからなくなります。提示された状況を考えず、とにかくやればいいのだろうと全体的な処理計画を持たずに取り組み始めると、時間だけが過ぎていき思ったほど処理ができないということが起こりがちです。インバスケットゲームでは、提示された未処理案件を制限時間の中で処理することが求められていますが、無計画な姿勢で時間内に処理できるほど甘くはありません。

　取り組むにあたっては、「全ての案件を処理する」と決めてかからなくてはなりません。「できる範囲で」とか「できるものだけ」などという妥協点を先に作って処理にかかると、結局は思ったよりもできなかったということになりかねません。「全部やる」と決めてかかることが処理段階での集中力を高めますし、合理的な処理をスムーズに進めることにもつながっていきます。処理手続きに入る前に気持ちの中で「全部やる」ということを再確認してください。

　具体的な処理手順については、概ね、「全体の読み通し」「グルーピング」「グループ内での処理順決め」「具体的な処理」「確認修正」「終了手続き」の6ステップから構成されていると考えるのが常識的な分類だと思われます。

図6-2-1　インバスケットゲームの処理は6ステップ

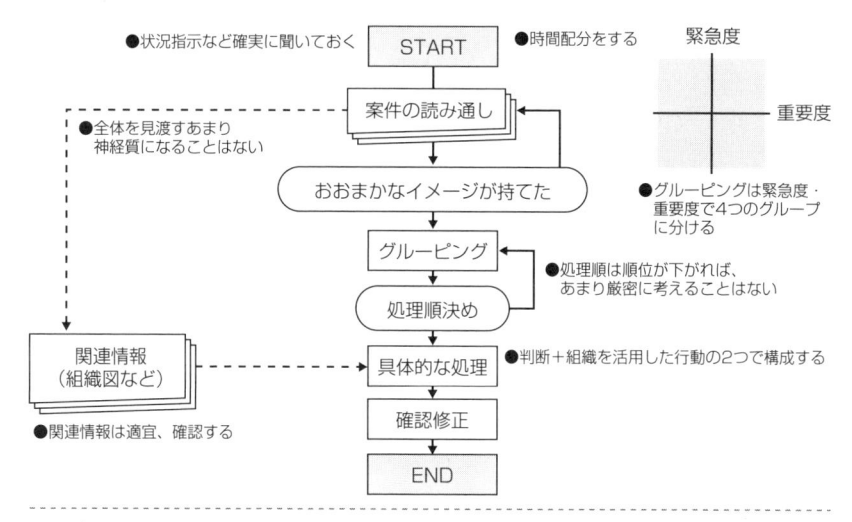

- 状況指示など確実に聞いておく
- 時間配分をする

START
↓
案件の読み通し
↓
おおまかなイメージが持てた
↓
グルーピング
↓
処理順決め
↓
具体的な処理
↓
確認修正
↓
END

- 全体を見渡すあまり神経質になることはない
- グルーピングは緊急度・重要度で4つのグループに分ける（緊急度×重要度）
- 処理順は順位が下がれば、あまり厳密に考えることはない
- 関連情報（組織図など）
- 関連情報は適宜、確認する
- 判断＋組織を活用した行動の2つで構成する

インバスケットゲームでの処理手順は、大まかに分けて「全体の読み通し」「グルーピング」「グループ内での処理順決め」「具体的処理」「確認修正」「終了手続き」となります。グルーピング、処理順決めの後は、実際に処理するケースをいくつか取り出して処理する場合と、全てを処理する場合があります。ステップごとに、自分なりの時間配分をしておきます。

○ 前処理「時間配分を考えておく」

　これも実際にインバスケットゲームに臨むとわかることですが、極めて時間がないということに気がつきます。なにか1つのことにとらわれてしまうと、あっと言う間に終了時間になっているということになりかねません。要は手早くスムーズに処理を行っていけばいいのですが、案外、そのことが難しいのです。先ほどの6ステップを、たとえば20問3時間という制限の中で行うとしましょう。全件処理を前提とすると、「具体的な処理」について1問5分という時間をかけるとした場合、それだけで100分、3時間の制限時間の大半を使ってしまいます。

　処理に入る前の準備として、まずステップごとのだいたいの時間配分を決めておくことが重要です。たとえば、「具体的な処理」に100分とすると、残る5ステップを80分で行うことになります。「全体の読み通し」に20分、「グルーピング」に10分、「グループ内での処理順決め」5分×4グループで20分、「確認修正」20分、残りの10分で「終了手続き」という具合です。

自分なりの「時間割」を頭の中に先に作っておくことが大事なポイントですが、時間配分の問題を考える場合には、もう少し細かい点を確認しておく必要があります。それは、自分の読むスピードや書くスピードを知っているのかという点です。インバスケットゲームに臨む前の準備項目としてやっておくべき内容ですが、特に「書く」ということの重要性を確認しておかなくてはなりません。

　通常、インバスケットゲームではパソコンは使えません。鉛筆やボールペンというアナログな文房具での記述が基本になりますが、最近のビジネスマンは「自分の手を使って書く」という行為が苦手です。ビジネスの現場では、物理的に書くという行為が極端に少なくなっていますから、自分がどの程度のスピードで書くことができるのかということが案外わからなくなっています。また、書くという行為をほとんどしていないという人の場合は、20問の案件についての処理内容を書くだけで手が持たないということも起こります。

　自分の書くスピードを知る方法としては、パソコンの中に残っている送信済みメールの文書をいくつか抜き出して、実際に書いてみるということをやってみましょう。送信済みメールに残っているものは自分が作った文章ですので、キーボードで「打つ」という感覚と手を動かして「書く」という行為の違いを再認識しておくことが重要です。(図6-2-2参照)

　また、パソコンを使ってもいいという場合もありますが、その場合も自分の打つスピードはどうなのか、ブラインドタッチで打てるのか、打てないのか、という点でも違ってきます。

　要は、インバスケットゲームも業務と同じように、ステップ管理やイベント管理という感覚を持ち込むことが重要だということです。ステップ管理やイベント管理では、それぞれのステップやイベントに対して納期設定が行われるのが通常です。それと同じように、時間配分を決めていくと考えてください。

　大事な点は、時間感覚ということからインバスケットゲームに取り組むということの全体イメージを先に作っておくということです。そのためには、ステッピングや時間計画を作り、作業を予測して、実際の場に臨むようにしてください。

図6-2-2 書くスピードについて確認する

（書くという行為をしばらくやっていないや。。。）

（ブラインドタッチで80ワード/分は打てる！）

インバスケットゲームで、案外馬鹿にならないのが「書く」という行為です。ほとんどの職場でパソコンを使っているということから、しばらく文字を書くという行為を行っていない、苦手になったという場合は、どれくらいのスピードで書けるのか、疲労の程度はどのくらいかを前もって試しておいた方がいいでしょう。PCでは、ブラインドタッチができるがどうかで速度が大幅に変わります。

○ 処理手順1「全体の読み通し」

　参加者や受験者が具体的な処理に入る前に、事務局や外部アセッサーから、状況提示や回答用紙への必要記入項目の説明や取り組む上でのガイダンスが行われますが、その一環として、簡単なケースを提示して、こういう具合に処理をしてくださいという例示が行われることがあります。多くの場合は、案件ごとに判定する「重要度」と「緊急度」の決め方についての説明が主ですが、関連帳票や地図、組織図、スケジュール表など周辺情報の提示も併せて行われます。実際の処理行為に入ると、これらの関連情報が意味を持ってくるということが多々あり、集中して聞いておく必要があります。また場合によっては、こういう順番で処理をするといいという処理手続き例を示してくれる場合もあります。この場合は、事務局などが事前シミュレーションをした結果ということがありますので、参考にするというスタンスが大事です。

ガイダンスが終わると、参加者および受験者の処理が始まります。まずは、ケースの全てを一読することから始めてください。厳しい時間制約があるから全体を読み通している暇はない、ということで最初のケースからシリアルに、つまり順番通りに処理をしていくという作戦を取る人が出てきます。自分の中に確固たる基準や深い専門知識、幅のあるマネジメント能力があるという人の場合は、時間節約という意味から可能な作戦かもしれませんが、重要度や緊急度の判定など提示案件全体の中での相対的判断が必要になる要素もありますので、やはり一度は全体を読み通しておくということが必要になってきます。

　読み進めていくと、前の案件とこの案件は関連しているなどと、案件ごとの関連性に気が付きます。気がついた内容は当然、メモしておくと後の処理で役に立つことがありますが、あまり詳細なメモを作るよりも提示された案件全体のイメージをつかむようにして、全てのケースを読み通します。
　読み通してみると、仮に20問提示された案件があるとしても、その案件がいくつかのまとまりとして固まっていることが見えてきます。重なりあう部分や関連している状況が把握できてきます。提示された案件からいくつかの業務テーマの塊が見えるようであれば、その読み通しはかなり成功した読み通しと言えます。

　インバスケットゲームでは、まったく経験したことのない職責や立場になると想定することが求められますので、読み通しを行っても、そのケースが何を言っているのか、どういうことを求めているのか、すぐには理解できないというものもあります。一度で全体感のある読み通しができなかったという場合は、再度、読み通しをということになりますが、あまりこだわり過ぎてもよくありません。仮に意味がわからないというケースがあれば、「意味不明」「理解不能」などメモを記入しておき次のステップへ移行するという手もあります。
　読み通していくうちに、おぼろげながら見えてきた案件同士の関連性にしたがってグルーピングを行っているうちに、「このケースが言っているのはこういうことか」と気がつくこともあります。全体を読み通す最初の

段階では、あまり細部にこだわらず全体を俯瞰するような気持ちで取り組むことが重要なのです。

○ 処理手順2「グルーピング」

提示された案件全部を読み通したら、次はグルーピングを行います。

通常、案件処理にあたっては、重要度と緊急度の判断を行うことが求められますので、その基準にしたがって分類を行うというのが定石ですが、案件同士の関連性によっていくつかのテーマごとに分類するという方法もあります。

テーマごとに分類をすると、この案件を処理するためには関連するこの案件を先に処理しておかなくてはならないなど、処理の優先順が見えてきて、その判断に基づいて、重要度と緊急度を決めていくというやり方もあります。

図6-2-3 重要度と緊急度、どちらを優先させるか決めておく

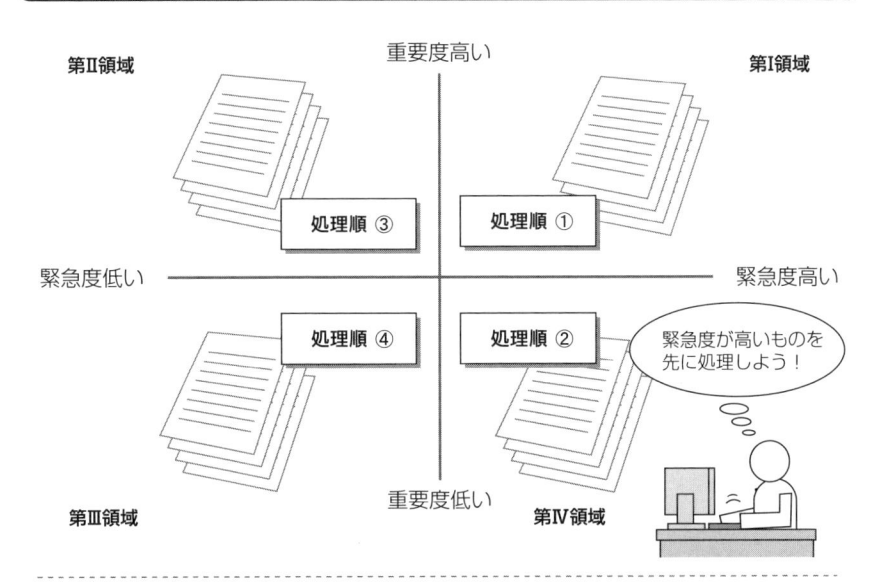

第II領域　重要度高い　第I領域
　　　　処理順③　処理順①
緊急度低い　　　　　　　　　緊急度高い
　　　　処理順④　処理順②
第III領域　重要度低い　第IV領域

緊急度が高いものを先に処理しよう！

第I領域の場合は、人命や自社の存続、価値観の変更、契約などで縛られているもの。第II領域は、部下や人材の育成、当初の計画など。第III領域は、直接、業務に関係しないこと。
第IV領域は突発的なことがらだと理解してください。

ここでは、インバスケットゲームではほぼ確実に要求される重要度と緊急度での分類に基づき、グルーピングする方法を説明します。

　重要度と緊急度を判断軸として分類を行うと、4つのグループに分類することができます。4つのグループとは、「重要度も緊急度も高い」グループ、「重要度は高いが緊急度は低い」グループ、「重要度は低いが緊急度が高い」グループ、「重要度も緊急度も低い」グループの4つです。

　実際にやってみると、このケースはどちらに入れたらいいのかと迷う場合もありますが、「とりあえず4つに分類してみる」程度に決めてグルーピングを行います。しばらく保留しておくという手も、もちろんあります。先に行った「全体の読み通し」で全体感が大事だったように、次の処理手続きに進んで行くことで見えてくるものもあります。

　グルーピングが終わると、4つのグループのどこから処理をしていくかを決めなくてはなりません。まずは「重要度も緊急度も高い」グループから手をつけるというのが常識的な判断だと思いますが、「重要度は高いが緊急度は低い」グループ、「重要度は低いが緊急度が高い」グループのどちらを優先させて処理するのかということに迷いが生じるでしょう。

　ここで重要なことは、全体の読み通しや提示された状況、立場への自分なりの判断で構いませんので、重要度と緊急度のどちらを優先させるのかを先に決めておくことです。つまり、提示された案件のコトの重大さを優先させるのか、時間的な問題を優先させるのか、どちらのスタンスを自分が取るのかということを先に決めておく、ということです。

　仮に読み通した全体の感想や想定された状況や立場への理解から、緊急度を優先させた方がいいと感じた場合は、「重要度は低いが緊急度が高い」グループを「重要度は高いが緊急度は低い」グループに優先させて処理することになります。ここを決めておくことが、合理的で効率のいい案件処理につながっていきます。(図6-2-3参照)

◯ 処理手順3「グループ内での処理順決め」

　グルーピングが済んだら、グループごとに分けた案件の内容を確認し、グループの中での処理順を決めておきます。4つのグループ全てについて、この段階でグループの中の処理順をだいたい決めておきます。

グループ内での処理順を決めるために並べ替えなどを行ってみると、読み通しの段階でのメモが役に立ちます。この案件は別の案件と関連性があるというメモから、似たようなテーマを持ったケースが別のグループにあることが見えてきます。たとえば、このグループには「案件1」が含まれているが、関連のある「案件13」は、「重要度は高いが緊急度は低い」グループに属している、などがわかるのです。

　また、グループ内での処理順を決めていく過程で、これは別のグループに再分類した方がいい、とグループ分けの再仕分けを発見することがあります。この場合には、都度、再分類を行っておきますが、これもあまり厳密になり過ぎると、自分の判断そのものに自信が持てなくなったりしますので、あまり神経質になり過ぎないようにします。また重要度も低い、緊急度も低いというような案件の処理順について悩むのも、いかがなものかと思われます。

　案件処理の基本は、自分の決めた処理順、この場合は「重要度も緊急度も高い」グループの案件を処理してから、「重要度は低いが緊急度が高い」グループの処理に進むことですが、関連性があると明らかにわかっている案件については、関連性のあるもの同士をまとめて処理してしまうという方法がないわけではありません。ただし、関連する案件をまとめて処理する方法をあまり取り過ぎると、せっかく分類した重要度・緊急度でのグルーピングでの全体感のある処理が崩れてしまうので、適宜、判断を行いながら全体の進捗を図っていきます。

○ 処理手順4「具体的な処理」

　インバスケットゲームでは、全ての案件を処理させるという場合と、重要度・緊急度判定を行った上で、たとえば優先順の高いものから5案件を選んで処理しなさい、という場合があります。従来は案件を選んでという後者の方が多かったのですが、最近は全ての案件を処理せよという方式を取る場合があります。また、回答方法も択一式などで回答させるという場合もあります。ほとんどの場合は、緊急度・重要度・優先順判断と個別処理内容を記入するというものです。

いずれにしても、回答用紙や指示に応じて正確かつ着実に処理をしていきます。

具体的に案件処理をする場合に悩むのは、どこまで書けばいいのか、何を書けばいいのかという点です。当然、時間制約の中での記述ということになりますから、全てにおいて満足のいく回答を書くということは難しいのかもしれません。押さえるべきポイントを押さえた回答を書くということが、最適解に近いのかもしれません。昇格昇進試験として実施されている場合は、できるだけ失敗をしないということが成功の可能性を広げますが、第7章で説明するように「研修」として行われる場合は、より積極的な記述のしかたがありますので、どう記述するかという点については第7章も参考にしてください。

図6-2-4　昇格昇進試験では、肯定的に、必要最低限、全部やる

＜回答用紙＞
・「帰国後」
・「Bさん」
・「見積算定基準の再説明」
・「直接してほしい」

重要度＝4
緊急度＝5

優先順＝3

誰に何をどうしてほしいのか？

昇格昇進試験の場合は、必要最低限のことをやる！

昇格昇進試験としてインバスケットゲームを受験する場合には、あまり多くのことを書こうとせず、必要最低限のことを進めていきましょう。処理内容として入れる項目は、「誰に」「何を」「どうしてほしい」で考えるのです。「拒絶」「却下」「差し戻し」「無視」など、否定的なアクションはできるだけ避けるようにします。

インバスケットゲームの案件処理では、それぞれの案件について「あなたがどうしたいのか」、つまり「誰にどのようなアクションをいつの段階で取ってほしいのか」を記述することが求められています。したがって、回答としては、このことがわかりやすく記載されていればいいということ

になりますが、過不足なく記述するというのは、簡単なようで難しい作業であることはまちがいありません。

　具体的な処理内容を書き出す前にまず行うことは、どういう処理をするのかを決めることです。まず、どういう方向で組織を動かすかを決めなくてはなりません。方向性を決めたら、そのアクションに関係する対象者と対象物と対象行為をはっきりさせなくてはなりません。つまり、「誰に」「何を」「どうしてほしい」のかを決めていくのです。

　なお、昇格昇進試験の場で判断から行為につなげる処理行為としては、「拒否する」「却下する」「無視する」など、否定的印象を持つ行為を選択するのはあまり得策ではありません。どう考えても否定的なアクションしか取れないという場合はしかたがありませんが、否定的行動を選択する場合は慎重に行ってください。

　この点がわかる形で記述されていれば、記述内容としては最低限の要件を満たしていると判断されます。たとえば、「重要顧客であるA社からコストダウンの要請が来ていて、再見積を作成したので承認をしてほしい」という案件に対して、「私の帰国後にBさんから見積もりの算定基準に関して再説明を直接してほしい」と回答した場合、「帰国後」「Bさん」「見積算定基準の再説明」「直接してほしい」という内容が記述要素として入っているので、処理内容としては最低水準はできているということになります。（図6-2-4参照）

　しかし、実際に記述するということになると、それほど簡単な話ではありません。たとえば、次のような記述が行われることがあります。

「Bさんへ。お疲れ様です。今回は重要顧客からの再見積もりということで本当に大変でしたね。このたび、しばらく私が貴部の責任者になりました。どうぞよろしくお願いします。私はしばらく海外出張のため話を聞くことができません。それで帰国次第、一度、コストダウンのもとである算定基準について聞かせてもらった上で、見積もりの内容を聞かせてもらえたらと思います。その上で判断をしたいと思います。どうぞよろしくお願いします」

非常にていねいですが、インバスケットゲームの回答としては、ここまで書く必要はありません。具体的な案件処理の段階では、実際に伝える文案を作成するのではなくて、処理行為の内容についての記述が必要とされているということを理解しておく必要があります。場合によっては、箇条書きでも構わないのです。

　ならば、箇条書き的に記述した方が時間的にも有利だから、そう記述せよということなのかというと、そうでもありません。たとえば先ほどの事例で、「Ｂへ、算定基準の再説明指示」と回答したとすると、いくつかの要素が抜け落ちていると判断されてしまいます。全ての場合においてそうですが、特に箇条書き的に回答する場合は、簡略化し過ぎないか、必要項目がきちんと入っているかと注意をしておく必要があります。

　もう１つの問題は、何をさせたいのかはっきりしているかどうかです。できるだけアクションの網を広くかけておきたいと考える受験者に多いパターンで、あれもこれもと書き過ぎて、一体何をさせたいのかわからないということがあります。

　たとえば、上記の案件への回答例です。「Ｂへ、帰国まで決済を持つように連絡する」「顧客Ａへは、Ｂから連絡を入れさせる」「客先が納得しない場合は、Ｂの上司Ｐからの再説明をする」「工場への生産指示は、Ｂから入れさせる」「再見積もりの代替案を考えさせておく」「他の製品での代替は可能か検討させる」などと、複数の処理案が記述されたとしましょう。

　代替案を検討しているという点や、複合的な観点から判断をしようとしているという点ではいいのかもしれませんが、主となる重点行為は何かという点や、優先順はどうなっているのかがよくわかりません。

　代替案や複数指示を記述するという場合には、その必然性や根拠、優先順などが伴っていることが重要で、単に思い付きを書いておくという作戦はあまりいい方法ではありません。

　具体的に案件を処理していく上では、必要なことをわかりやすく書くということを念頭において記述しなくてはなりません。

　最後に案件の処理が終わったものについては、別の場所に置く、裏返し

ておく、簡単なリストを作るなど、進行状況が確認できるようにしておきます。

○ 処理手順5「確認修正」、処理手順6「終了手続き」

　グルーピングされた4つの分類の案件についての全ての処理が終わったら、それぞれのグループ単位に案件ごとの処理内容を確認しておきます。確認の過程で、関連性への過不足や処理の巧拙などが見えてきます。修正の必要があれば、修正を加えます。回答として要求されている項目全てが記入されているかどうかを確認します。重要度、緊急度、処理順など、案外、軽く考えていて、記入漏れを起こしているということが往々にして起こります。

　確認が終わったら、回答用紙を元の順番に戻すなど、最終的な処理を行い処理手続きを終了します。

○ ゲーム内処理「アセッサーの関与について」

　複雑なインバスケットゲームの場合には、アセッサーが上司や顧客、関係者などの役を担い、受験者に処理途中で質問や依頼を行ってくる場合があります。

　　　　図6-2-5　アセッサーの関与は慎重に対応する

しかるべき対応をしよう！
途中関与は意味がある
案件処理はマネージャーにとってはルーティンワーク
その場その場での対応を見てみたい！

案件処理の途中で、アセッサーなどが上司や顧客などになりすまして関与してくる場合は、それなりにきちんと対応しましょう。案件処理の中身よりも、その場での対応内容を重視している場合があります。

この場合にどうするかというのも、インバスケットゲームでの重要なポイントですが、そういう関与がないという場合は、この項目は飛ばしていただいて結構です。
　アセッサーが関与するのは、案件処理の途中で緊急事態や突発事態が発生した場合に、どのような対応をするのかを確認したいという動機が働くからです。（図6-2-5参照）
　アセッサーがゲームの途中で関与してきた内容というのは、マネージャーでなくてはできない業務を提示しているわけで、無視したり、軽く考える性質のものではありません。多くの場合、受験者は案件処理に追われ、アセッサーが提示する緊急課題や要請への対応が甘くなってしまいます。内容をきちんと把握し、与えられた時間の中で可能な限りの最適解を模索しなくてはなりません。

　アセッサーが関与してくるインバスケットゲームは、基本的にはかなり高度な状況設定になっていますから、まずは設定された状況を正確に理解しておかなくてはなりません。条件設定シートや組織図、関連する人物像などをゲームに入る段階でしっかり認識しておかなくてはなりません。
　多くの場合は、案件処理の途中でアセッサーの関与があること、アセッサーの想定役割については説明がありますから、このような与件が提示された場合は、単純に案件処理に進むのではなくて、まず案件処理の付随情報と提示されるもの、たとえばレイアウト図や顧客情報、営業エリアの地図などをしっかり確認することから始めなくてはなりません。
　しかし、どこで関与してくるのか、どういう難題を持ちかけられるのかと、そのことばかりを気にして周辺情報の理解に時間を費やしてしまうようだと、すっかりアセッサーのペースに乗せられてしまったということになってしまいます。本来は案件処理を行うということで進んでいるのがインバスケットゲームだということを、忘れてはなりません。

　アセッサーが関与してくるタイミングは、受験者の側には予測はつきませんが、関与を受けた場合は、案件処理を一旦、中断して、アセッサーの関与内容を正確に把握することに努めます。できるだけ正確に理解を進めるように気をつけます。多くの場合は、どこかの案件と関連するように要

望や指示などを行ってきますので、その点をよく理解するようにします。

その上で、案件処理の中でアセッサーの関与に対する回答だとわかるように反応を返すことを心がけます。一番良くないのは、無視したと受け取られかねない回答を行うことです。この点に注意しながら回答を考えます。条件設定によっては、アセッサーの関与項目に対する回答欄がある場合もありますので、この場合は、他の案件処理と同じように、「誰に」「何を」「どうする」と言うことが明確に伝わるように心掛けて回答を作成します。

● ゲーム内処理「グループワークへの対応」

個人作業としての案件処理が終わると、数人でのグループを作り、それぞれが行った案件処理の内容をもとにグループワークを行うことが通常です。昇格昇進試験として実施する場合は、グループワークを行わないという場合もありますが、集団討議の観察を重視して評定を行いたいとすることが多くなってきています。

図6-2-6 グループワークは素直に臨む

- 観察されていることは気にとめてもしかたがない
- メンバーの意見を受け止めよう
- メンバーからの意見を聞いて、素直に自分のマネジメントスタイルの参考にしよう

インバスケットゲームの後半で行われるグループワークは、自分自身のマネジメントスタイルや他のメンバーの処理内容などを知る機会と考えて素直に臨むこと。ずっと沈黙を続けたり、一方的に話し続けたり、メンバーの意見をさえぎったり、否定したりすることのないように気をつけましょう。

グループワークでディスカッションの材料とされるのは、受験者個々が行った案件処理の内容です。いくつかの方法がありますが、グループディスカッションをファシリテートする進行役(多くの場合はアセッサーや人

事担当者など）が、たとえば以下のような提示を行います。

「案件1についての処理内容をそれぞれグループメンバーに披露して、なぜそのような処理を行ったのかを説明してください。そしてその中から最適解としての処理内容やこうすればもっといい処理ができるという点を見出してください」

 これを受けて、受験者はそれぞれの処理内容についてグループのメンバーに説明していきます。そして、なぜそうしたのかなど、他のメンバーに処理内容についての質問を繰り返していきます。その検討を通して、最適な処理方法だと思われる内容を探索的に検討し、グループの見解としてまとめあげていきます。
 グループワークの様子は、アセッサーや人事担当者などが周囲から観察し評価を行うことになります。リーダーシップの状況や発言の様子、グループの中での存在感や影響力の様子など、予め決めておいた項目に従って観察評価を行います。

 観察評価されているから、ということで発言を控えたり、様子見をすることはあまり得策ではありません。観察評価の内容を気にしても、何を評価項目としているのかは受験者の側にはわかりません。そのことを気にするよりも、グループメンバーの意見や指摘、質問などから、自分自身のマネジメントスタイルの特徴や修正点をしっかり見つめていくことの方が良い結果につながるでしょう。
 せっかくの機会だと考えて、自分のマネジメントスタイルを再確認するということに重きを置いた参加姿勢を持つことが重要です。案外、自分のマネジメント上の欠点などには気がつかないものですが、自分が良いと考えて行った案件処理を提示してみると、意外な意見や質問に遭遇し、別のアプローチがあることに気がつかされます。同じ職位を目指す人たちと議論をすることは、自分のマネジメントスタイルの幅を広げ、マネージャーとしての力量を拡大していくことにもつながります。この点を意識して、グループワークに臨んでください。（図6-2-6参照）

6-2のまとめ

- ケースを処理する上でのステップを理解しておく。
- 時間計画を想定することは、インバスケットゲームでの案件処理に対する全体感を形成すること。
- 具体的な案件処理を行う上では、文案を作るのではなく処理内容を説明すると理解する。
- アセッサーの関与は軽く考えない。処理にあたっては、無視したと受け取られないようにする。
- グループワークは観察評価を気にしないで、自分の成長のためだととらえて参加する。
- 特にグループワークでは、相手の言うことを受け入れるということを大事にする。

受験後の対応について

受験後のフィードバックを自己成長につなげる

● フィードバックを受ける

　昇格昇進試験としてインバスケットゲームを実施した後には、昇格昇進の可否とともに、インバスケットゲームでの評価やアセッサーやグループワークにおける観察評価をもとにしたフィードバックが行われるのが通常です。人事が行うのか直属上司が行うのかは、それぞれの企業によって異なります。

　フィードバックを受ける場合、ついつい結果の良否という点に目がいってしまいがちですが、自分自身のマネジメントスタイルの特徴など、多くの点で学習できる内容が返ってきます。

　実は、インバスケットゲームを主体とする昇格昇進機会の設定は、再チャレンジということを前提として成り立っていて、何度でも挑戦できるということが背景にあります。結果として昇格昇進が認められたという場合であっても、次のステージでの試験が待っています。残念ながら、今回は残念な結果だったという場合であっても、またチャレンジできる、リプレイできるという点が、インバスケットゲームの特徴です。

　何度もトライすると、インバスケットゲームというものには慣れるのかもしれませんが、だからと言って自分の持つマネジメントスタイルが修正されるかというと、そうでもありません。自分がトライした結果をきちんと聞き、そこから改善するべき点をきちんと理解することが重要な意味を持っています。指摘を「受け入れる」ということが重要なのです。

　せっかくのフィードバックを受けても、「そんなことはない」「それはおかしい」と即座に否定してしまう人がいます。しかし、自分の立場や考え方からすれば「そうではない」と思えることでも、他人から見れば「そうだ」ということは確かにあるのであって、ここを受け入れなければマネジ

メントでの自己改善は始まりません。

相手の意見を尊重しながら自分の意見を言うことができるかどうかという点が、大きなポイントになってきます。そのためには、相手の言っていることをしっかり聞くことが大事ですが、相手の言っている言葉を聞くというよりは相手の話の内容を聞くということに留意しないと、なかなか受け入れるということはできません。

フィードバックする側である人事や直属上司は、その点を考慮しながら今後の成長を期待していますが、受け取る側にその素地がなければ、今後につながるものにはなりません。やはり「受け入れる」ということが、自己成長の上からでも欠かせない要素の1つなのです。

結果が出なかったという場合のフィードバックを受けるのは、気乗りがしないものかもしれません。しかし再チャレンジが可能であるということは、どこに課題があったのかをきちんと見つめるということから始まるものだとも言えます。フィードバックの内容は、再チャレンジのための指針を示してくれている場合がほとんどですので、今後につながる自己改善のための道しるべとして積極的に受け取る姿勢が重要です。

図6-3-1　フィードバックを自己改善のきっかけとする

（自己改善のきっかけとしよう！）
（次につなげるためにきちんと伝えよう）

昇格昇進試験の場合、結果の良否にとらわれがちですが、人材アセスメントでの登用方式ではリトライ、再チャレンジをすることができます。フィードバックから自己改善のヒントを探し、次につなげるようにしてください。

とは言え、フィードバックが受験者にとって意味のあるものであるためには、フィードバックの中身、方法、伝達者についての納得性がなければ、フィードバックを受ける当の受験者としては素直に聞けないと言うのも事実です。

フィードバックは、必ずしも文章や紙面で行わなくてはならないというものではありません。たとえ言葉であったとしても、その内容が的を得たものであり、誰がやっても変わらないような単なる数字の羅列、無味乾燥な紋切り型の評価でなく、受験者の胸に響くような内容であることが重要です。

また、伝え方というものについても十分な配慮を行うべきであることは、言わずもがなです。廊下やすれ違いざまに伝える内容でもないし、また職場の多くの仲間がいるような場で笑い話のようにして伝えるものでもありません。きちんと場所と時を選んで、相手の立場に立った伝達の方法を考えなくてはなりません。忙しいからと、人事から回ってきた封筒を開封もせず、そのまま渡してしまう、また逆に自分の考えを相手に押し付けてしまうようなスタイルでは、せっかくしっかり準備した内容であっても、受け取る側にその気持ちをなくなさせてしまうことにもつながります。伝達するということは組織マネジメントの基本だと考えて、相手に納得のいく方法を考えてください。

フィードバックにおける最後の問題は、誰から伝えるのかと言う問題です。人事がやればいいのだと事務局にマル投げしてしまうというのは、受験者にとって今後のモチベーションにつながるのでしょうか。また、昇格昇進の結果が良かった場合だけ自分が引き受け、期待した成果が出なかった場合には代役を立てるということもいかがなものかと思われます。実は、インバスケットゲームに参加することよりも、しっかりしたフィードバックを受けることの方が、その人の今後につながる場合が多いのです。

以上の観点から、しっかりしたフィードバックを行ってください。

◯ フィードバックから自己のマネジメントスタイルを修正する

　フィードバックを受けた後の工程は、自分自身のマネジメントスタイルを改善するということです。マネジメントスタイルには、完全というものはありません。しかし、より良いものにできるという性質を持っているのも事実です。

　具体的に改善を進める上で重要な点は、フィードバックとして指摘された内容を自分なりにしっかり理解しておくということです。そのためには、自分が行った案件処理の内容を思い出しながら、どこに問題があったのか、グループワークでの役割の果たし方などをなぞってみるという方法があります。完全に再現することは難しいかもしれませんが、再現することから見えてくることは示唆に富んでいます。フィードバックしてくれるのが直属上司であれば、自分自身の処理内容を提示し意見や感想をもらうという方法があります。

　また、フィードバックの内容を自分なりに整理し直してみるという方法もあります。業務上で行う改善については、現状把握、原因分析、対策立案と、合理的なプロセスを踏んで改善を行うことができますが、自分自身のマネジメントスタイルとなると、思い込みや自信、変えたくないという思いなどが交錯して、業務改善のように進められないものです。

　しかし、自社の将来を託す中核人材としてノミネートされたということを考えた場合、自己改善をどうするかということは、個人的な側面はもちろん、組織全体に関わる問題であるとも言えます。

　その意味からも、しっかりフィードバックの内容を理解し、自分としては今後どうするのかという指針を立て、自己改善に取り組まなくてはなりません。

　自己改善は、短期的にできるものではないはずです。長時間の取り組みと継続する強い意志の上で、ようやく成立するものです。フィードバックを機会として、自己改善、自己成長に取り組んでください。

6-3のまとめ

- フィードバックを受ける場合も、「受け入れる」という姿勢が重要。
- フィードバックを機会として、自己成長につなげる。

第7章

選抜型研修として実施する

　この章では、インバスケットゲームを昇進昇格審査・試験として行うのではなく、自社の将来を託す中核人材を育成する「研修」として行う場合の留意点について説明します。
　これまでに説明してきた「昇格昇進」試験ではなく、その前あるいはその後に、人材育成の観点から実施する場合のポイントについて考えてみましょう。

管理職の能力開発における課題

組織力向上のキーとして管理職の能力向上をどう捉えるか

○ OJT機能の低下

　最近の中間管理職層を中心とした組織的な能力強化の問題については、いくつかの指摘があります。

　従来から言われていることとして、団塊世代の大量退職によって、社内に指導者がいなくなっているということが挙げられます。また、バブル崩壊後に多くの企業が採用を手控えた結果、ちょうど中間管理職の入り口にさしかかった30歳代半ばの層が組織の中にいないという問題も指摘されています。つまり、先生もいなければ生徒もいない、という状態です。

　また、現在の中間管理職の中心層である40歳代の層については、その採用時期がちょうど1980年代後半のバブル期と重なり、入社後はバブル崩壊による経営環境の激変から教育らしい教育を受けずに来てしまい、組織的な質的劣化が起っているとも指摘されています。

　このような状態で、組織の中でOJT（オンザジョブトレーニング、職場の中で具体的な職務を通して行う教育のこと）を実施しようとしても、まともな教育や研修、経営知識の伝承が起こっていかないということが指摘されるようになりました。

　そもそもOJTとは、どちらかというと現場の経験豊かな年長者が、その職務的な経験知を若い世代へ時間をかけて伝えていくということが前提となっていて、中間管理職や経営幹部の育成というステージで取り上げられるという性質のものではありませんでした。

　しかし、企業の中でOJTについての悩みを尋ねると「中間管理職の育成がうまくいっていない」「次世代の経営幹部が育たない」などの項目が上がってきます。即ち、現場における育成だけではなく、組織をけん引していく中間管理職や経営幹部の育成という意味合いにおいても、組織的な伝承がうまくいっていないという現実が起こっているのです。

図7-1-1　OJTが機能していない

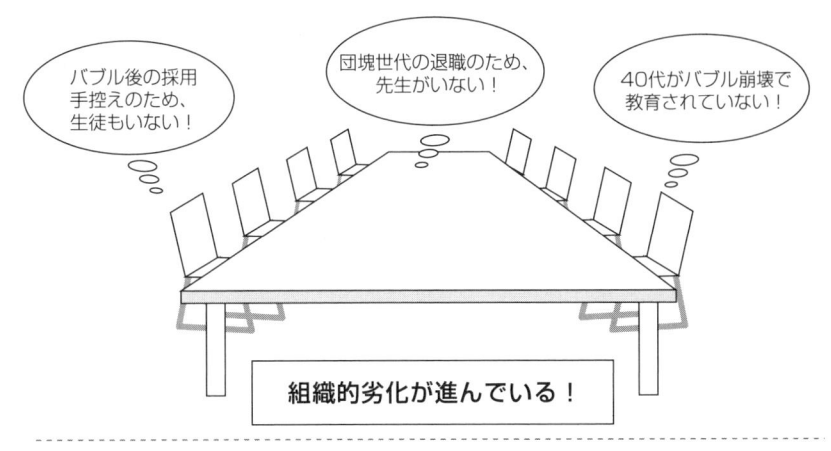

- バブル後の採用手控えのため、生徒もいない！
- 団塊世代の退職のため、先生がいない！
- 40代がバブル崩壊で教育されていない！

組織的劣化が進んでいる！

OJTが機能しなくなり、経営人材の育成という面でも、経営知識の伝承がスムーズに行われなくなって、「中間管理職の育成がうまくいっていない」「次世代の経営幹部が育たない」などの問題が指摘されるようになってきています。

　また、経営環境の変化に対応していくには、業務の高度化が避けられないところですが、従来のように経験知を伝えるというスタンスでのOJT的な教育では、現実のスピードに追随できず、社員の能力開発や経営幹部の育成方法を根本から見直さないといけなくなっているということも指摘されています。

　人材育成、特に自社の中核人材である中間管理職や経営幹部を育てるとなると、時間がかかるだろうということは想定できるところですが、より短期的により早期に人材を育成したい、という二律背反的な経営人材育成でのテーマを同時実現したいという動機が働くようになってきました。

　その解決策の1つとして、研修であっても「選抜型」とするということが増えてきています。従来の育成方法では、ある職位になれば全員が受けるということや、現在の経営幹部から次世代の中間管理職へOJT的に行われる伝承行為を前提としてきましたが、限られた経営資源を有効に使い、かつ短時間で効果的な人材発見と早期囲い込みを行うためには、対象となる人材そのものをある程度、絞った上で教育投資を行おうという形になってきているのです。

◯ 選抜型研修での課題

　選抜は誰が行うかというと、基本的には「会社が選ぶ」ということになりますが、選ぶということの前段階では「公募」など、手上げ方式で自薦させるという方法がとられる場合もあります。

　一次選考は書類でという形が通常です。日本企業の場合は、入社後の経歴や対人関係能力など属人的特性に偏る傾向がありましたが、最近では、はっきりと定量的に比較可能な業績に特化した選抜基準を持つ企業も増えてきました。この場合は書類選考と言っても、作文などではなく、対象者の過去3年間にわたる業績の推移や利益状況、市場でのシェアや今後の成長性など、業務上の実績を中心にした評価が行われます。

　従来は、まず候補者を部門などから推薦させるほか、人事などが一括して経営会議などへ候補者リストを上程するという方法が主でしたが、これでは有意な人材の早期発見につながらないという観点から、社長直轄の選抜委員会を設置して、そこで人材探査や選抜を行うというトップダウン形式の選抜方法を採用する企業も見られるようになってきました。

　しかし、選抜方式を基本とする経営幹部の育成方法にも課題がないわけではありません。昇格昇進やポストや賃金などの処遇が絡むといった場合には、それぞれの職場も配慮し、本人もさまざまな障害を乗り越えてチャレンジしてきますが、「研修」ということになると状況は違ってきます。なぜなら、「研修に参加する人」は、いくら会社に選抜をされたといっても「忙しい」ということに変わりはありません。研修に参加しないということが起ります。業務の都合を理由として、それも会社業績に関連するような業務を理由として、突如、参加をキャンセルしてきたり、途中で抜けてしまうことなどが起こってくるのです。

　その結果、会社が選んだという事実だけが存在し、肝心の育成効果があったのかどうかは定かではないということが起こります。中間管理職の育成に強い危機感を持つ企業では、そのような行為は認めないとの強い姿勢で臨んでいる企業もありますが、そうでない場合は、掛け声と実態が伴わないという現象が起きています。

◯ 研修カリキュラムとインバスケットゲームの関係

　研修効果という視点から考えた場合、選抜者には「次のステージ」のためにという課題が与えられることになります。経営幹部の育成という高度な目的を持った研修の場合は、事前課題の他に、経営戦略、企業会計、マーケティング、企業倫理、人事マネジメントなど多くの「科目」が用意されます。

　インバスケットゲームは、全体のプログラムの中で「経営シミュレーション」的な色彩で実施される場合がほとんどで、1回ではなく、何度かステージを変えて実施されることがあります。提示される状況や職位は、将来、就くであろうポジションが提示され、案件として示されるケースも自社の経営課題に近い内容が含まれるようになります。

図7-1-2　経営人材の育成はMBA的に行われる

多種多様な科目／企業研究から経営課題への提言／一流の講師陣

経営人材への教育はMBA的に、事前課題、多くの科目、一流の講師陣で実施されています。最後のゴールは、企業研究など対外的研究から自社の経営課題への提言とするところが多いです。

　また、インバスケットゲームの一環として行われるグループディスカッションについても、グループメンバーとだけの議論ではなく、社外コンサルタントや経営トップを交えた場に変わっていきます。その議論を踏まえて、社外研究や他社研究などがグループごとに求められ、それぞれが設定

した研究テーマから自社の将来的な経営課題についての提言を行うことが研修全体のゴールとして設定されます。

これらの内容から考えて、人事部等の社内教育に関する事務局が、インバスケットゲームに関する教材や採点基準を用意するということは難しくなっていきます。たとえば、経営戦略や企業研究との関連性などを加味して研修プログラムの中に配置するのは、相当の準備や専門性を要します。

7-1のまとめ

- 経営幹部の育成は、長期的な観点と短期的な観点の同時実現が求められている。
- 選抜型で行う人材育成研修は万能ではない。選抜型ゆえの課題もある。
- 経営幹部育成のための研修プログラムにおいては、インバスケットゲームも高度化する。

昇格昇進試験として運用する場合との相違点

人材育成に特化した場合の特徴を理解する

○ 研修効果の時間的レンジは長い

「昇格昇進試験」と大きく異なるのは、「研修」として行われる場合、失敗したということがそれほどダイレクトには影響しないという点です。一概には言えませんが、昇格昇進試験として実施される場合は、ポジションや処遇・賃金など、ダイレクトに影響してくる具体的な結果というものがありますが、研修の場合には期待されている研修効果について、将来での発揮が求められるなど、時間的レンジが現在よりも将来に軸足が置かれており、かつ長期にわたるという点が特徴です。

現実的な結果に直結する「昇格昇進試験」に臨む場合は、失敗の可能性を少しでも低くして成功の可能性を広げたいというスタンスで考えることになりますが、「研修」として実施される場合にはもう少しロングレンジで考えることが可能です。

図7-2-1　研修で実施されるインバスケットゲームは自己成長が目的

■ 研修で取り組む場合、自己成長という観点から、強化する分野にしぼって取り組むことも可能

■ 例えば、「判断の部分について取り組みたい！判断の幅を持たせたい！」という思いで取り組む

昇格昇進試験として実施されるインバスケットゲームは、厳しい時間制約の中で一定の得点ができる水準を確保するために、できるだけ失敗の可能性を減らし、成功の確率を高めたいという動機が働きます。しかし、研修の場では自己成長を目的に取り組むことができるのです。

たとえば、昇格昇進試験の一環であれ、研修のプログラムとしてであれ、インバスケットゲームに取り組んだ受験者または参加者からは「時間がまったく足りない」という声がよく聞かれますが、昇格昇進試験の場合は、定められた条件下での最善を追求しますから、制限時間の中でベストを尽くす、即ち「全部やる」ということを考えます。研修の場合には「できないこともある」というスタンスを取ることも可能です。「全部やる」よりも、「自分の能力を高める」ということに軸足を置くことができるからです。(図7-2-1参照)

○ 取り組む焦点を置く

昇格昇進試験の場合、短時間の間に事前に提示された環境与件や当社の販売方針、取引先との歴史的な背景や取引上の前提条件などを、詳細に検討している余裕はほとんどありません。しかし、研修の場では、少し時間を取って深掘りして考えることも可能です。

たとえば、インバスケットゲームの案件処理では、設定された環境下で与えられた職務を前提として、それぞれの案件の重要度や緊急度を決め処理の優先順を定め、部下や関係者を使って組織を活用した行動を起こしていくということが求められますが、どうも自分は判断力に問題がある、問題発見が苦手だという場合、少しそこに力点を置き、時間をかけて考えるということが研修の場では可能です。

本来、昇格昇進試験の場でも理解しておかなくてはならないことですが、具体的なケースを使って考えてみましょう。第3章でも説明をしましたが、ケースについて考えるには、まず状況を把握し、何が事実で何が事実でないかを見極めなくてはなりません(図7-2-2参照)。

このケースの場合、「先月の新製品AZ-115の売上高が対前月87％だった」ということ以外に事実は見当たりません。後は山田係長の意見や推測、予断などである可能性が大きいと言わざるを得ません。必ずしも定量化されていることだけが事実というわけではありませんが、事実と事実でないことを見極めていくということが、「判断力」を高めていく上では必要なことのはずです。

図7-2-2　ケース「営業企画部　山田係長からの報告メール」

営業企画部　山田係長からの報告メール

先月の新製品AZ-115の売上高は、対前月87％でした。販売促進策として行ったスーパー各社様へのポップ出しは良かったと評価していますが、結果的には、競合するツカモト商事の戦略価格に負けたのだと分析しています。
ツカモト商事はそれほど販売促進策を打ってきていないのですが、やはり同社は、低価格だという消費者の認識が高いのが、好結果の要因だと考えています。
次月度での数字の挽回に全力を上げて取り組みます。

またもう少し考えてみると、山田係長のメールは、山田係長が導いていきたい仕事の方向性を示唆しているかもしれません。いわゆる誘導バイアスがかかっていると判断することも可能です。

スーパー各社へのポップ出しが、本当に有効なのかどうかは判断がつきませんし、競合企業のツカモト商事の価格がどの程度の競争優位性を持っているのかについても理解が及びません。しかし彼は、有効だ、消費者の意識はそうだ、と言っています。どこに軸足を置くかで、随分と判断が変わってきそうな内容です。また、山田さんは経営企画部の係長で、現場からの意見ではないことなど、気になる点がいくつかあります。

この場合、他のケースや事前提示された関連資料、組織図や個人的な情報はないのかなど、周辺情報から判断を膨らませる方策はないのかと考えてみることが可能です。短い時間の中では機械的に処理してしまいがちな内容であっても、研修などで時間がある場合は深掘りをして考えることが可能です。

本来なら昇格昇進試験などでも行っておきたいことですが、なかなか現実にはそうはいきません。事前準備として、社内での話題や一般的なニュースなどを通して日常的に訓練しておくことが望ましいところですが、研修という場では「すべてのケースはできないかもしれない」と割り切ることで、焦点を絞った取り組みが可能になります。

○ 問題の種類によって、判断から行動への道筋を考える

　実は、インバスケットゲームで提示される案件のタイプは、大きく3つに分けられます。問題のタイプを知っておくことは、処理を行っていく、どういう判断をするか、という上では重要な意味を持っています。できれば、昇格昇進試験に臨む前に理解をしておきたいところですが、事前準備として問題のタイプ分けをする時間的余裕はあまりないでしょう。

　下図のように、「発生型」「探索型」「設定型」に分けられます。「発生型」と言われるものは、逸脱問題・未達問題とも言われます。

図7-2-3　問題と課題のタイプ分け

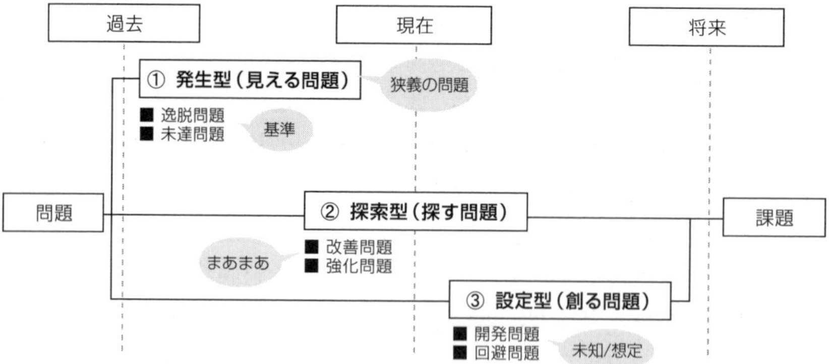

| 過去 | 現在 | 将来 |

① 発生型（見える問題）　　狭義の問題
　■ 逸脱問題
　■ 未達問題　基準

問題　　　② 探索型（探す問題）　　　　　　　課題
　　　まあまあ　■ 改善問題
　　　　　　　■ 強化問題

　　　　　　③ 設定型（創る問題）
　　　　　　　■ 開発問題
　　　　　　　■ 回避問題　未知/想定

「課題型」と「問題型」ではアプローチも違う

インバスケットゲームで提示される問題と課題は、大きく3つのタイプに分けられます。それぞれの特性を知っていれば、判断や行動での選択が楽になるのです。

　たとえば、示されるケースが、「製品Bが納期遅延を起こしていて、その対策が必要だ」というような場合です。ある基準から「逸脱している」「未達状況」を起こしているというような場合です。

　このタイプのケースは、原因追求と責任所在の明確化、対策の立案実行ということが求められる処理内容です。しかし、インバスケットゲームで案件として提示される場合には、先ほどのケースと同じように誘導バイア

スがかかっていたり、安易な対策実行が他のケースの障害となるような仕掛けがしてあります。この場合には、「対策が必要だ」という一言に人はひっかかってしまいます。他の案件との関係をじっくり考えてみると、安易な対策実行に走らず、まずは原因追求、責任所在の明確化を行うことに処理の立ち位置を移すことが重要だということに気がつく場合があります。しかしこれも、「発生型（逸脱問題・未達問題）のケース提示だな」と理解することができるから可能になるのであって、問題の分類と対策の関係をじっくり考えることのできる研修の場ならではかもしれません。

2つ目のタイプは「探索型」と言われるもので、改善問題・強化問題とも言われます。たとえば、「今月は売上強化月間です。必ず！必ず！必ず！数字を出してください！」というケースです。どうでしょうか、すっかりその気になって「必達を約束します」などという処理をしてしまわないでしょうか。

実は、このタイプの案件が要求しているのは、「現状でもまあまあうまく行っているのだけれど、できれば今よりも良くしたい」という趣旨によるものです。実は、それほど厳しく結果を求めていないということが隠れています。結果よりも「どのような取り組みをするのか」「どういう視点や立場で取り組むのか姿勢を見せてほしい」ということに力点があることを理解しておく必要があります。インバスケットゲームの場合、設定された企業の経営理念や改善方針、販売方針などとの整合性を見ておくことが求められていることがあります。方針管理との整合性の問題です。

3つ目は、「設定型」とも言われ、開発問題・回避問題と言われるものです。「環境リスクの低減に取り組まなくてはならないが方策を考えよ」というような場合です。実はこのタイプの問題は、何が問題かまだわかっていないので、問題を定義するところから始めなくてはアクションの設定ができないというものです。「環境リスクの低減」とは、一体どういう問題があると言っているのでしょうか。いきなり「方策を」と言われても、何をしていいのかわかりません。

研修の場では、提示されたケースと他のケースとの関係、周辺情報との関係から、問題のタイプを判断することで、選択する行動を考えることが

できます。慣れてくれば、案外、短い時間でも判断していける内容ですが、時間のある研修の場では、じっくり考えることで経営的なセンスを養うことにつなげてほしいところです。

図7-2-4　問題型での解決ステップ

問題型でのステップは、結果をもとに原因へと遡り、原因究明に基づく対策実施、再発防止策で完結する

①テーマ選定	現状とあるべき姿のGapを問題として明確化する　→　改善項目の決定 狙い値の設定：①管理特性、②目標値、③納期
②現状把握	結果のバラツキを見て、改善の攻めどころを絞り込む
③改善目標の設定	どこまで改善するのかの改善目標を設定する　①管理特性、②目標値、③納期
④要因分析	現状把握で明らかになったバラツキの要因を調べ上げる 原因を突き止める。データと事実による統計的な検証を行う
⑤対策立案	原因に手を打つ。対策案を絞り込む。良い結果を生み出す条件を列挙する（アイデア出し）
⑥対策実施	対策を実施する。実施計画に基づき改善状況を把握する
⑦効果確認	対策の効果を測定する。狙い値が達成できたかを確認する
⑧歯止め（標準化）	実施してみてうまくいったものを標準として定める（再発防止策）

問題型でのステップは、結果から原因へとさかのぼっていく追及型。それぞれのステップの特性を理解しておけば、案件処理の中で迷うことはありません。

図7-2-5　課題型での解決ステップ

課題型でのステップは、予測できないことへの対応策・最適策の実施、実施後の事実確認で完結する

①テーマ選定	課題を洗い出す。①必要性、②重要性、③緊急性などを評価してテーマを絞り込む
②課題の明確化	ありたい姿から現状を見て、Gapを明確化する　→　攻めどころを決める Gapを埋めるための手段を見つけ出す着眼点を、ターゲットという
③活動目標の設定	いつまでに、どこまで達成するのかの目標を決める
④方策の立案	期待効果が大きいと考えられるアイデアを出し尽くし、効果性から評価する 評価の結果から方策を絞り込む
⑤最適策の追求	絞り込んだ方策を具体的に検討する 予測される潜在的な問題点や障害を考慮し、最適策を選択する
⑥最適策の実施	実施計画を作る。実施計画に基づき実施状況を確認する
⑦効果確認	当初狙った目標に対して結果がどうなっているか、事実・データで確認する
⑧歯止め（標準化）	効果のあった施策を継続維持するために、手順・管理方法を標準化する 効果が持続しているかも併せて確認する

課題型では、何が課題なのかを設定することから始まります。案件処理の場合、誘導バイアスをかけやすいので注意が必要です。

図にあるように時間軸をおいて考えてみると、過去に設定した基準に逸脱したかどうかと考えるタイプのものを「問題」、問題そのものがわからず設定した問題によって将来の道筋が変わるような開発型や回避型のタイプを「課題」と呼ぶことがあります。
　問題と課題については、解決に至る道筋がパターン化されていますので、この点を理解しておくということも、案件処理に取り組むヒントにつながっています。この場合は、たとえば問題型の場合に「要因分析」の段階で処理をすればいいなどとの判断を下すことになります。多くの企業では、第6章で説明した自社独自の問題解決法などの中で、これらの内容を説明している場合があります。昇格昇進試験の場合は、準備として再確認することができるはずです。研修においては、じっくり時間をかけて理解を深めることができます。（図7-2-4、図7-2-5参照）

● 行動の基本形を試してみる

　事実と事実でないこと、問題のタイプから理解できることを理解したら、次はインバスケットゲームのもう一つの要素である「組織を活用した行動」ということについての方策を考えてみます。ここは、昇格昇進試験の場では、もっとも機械的に処理してしまう「落とし穴」的な領域かもしれません。
　「組織を活用した行動」というものを考える場合も、実はすでに整理された知恵というものがあります。やはり、ケースを通して考えてみましょう。このケースは、先ほどの問題のタイプ分けでは、いくつかの要素が混在していることがわかりますが、ここでは「組織を活用した行動」という視点から考えてみましょう。部品倉庫でのコスト低減ということがテーマのようです。（図7-2-6参照）

　いろいろな手が考えられそうですが、行動を選択する上では、生産現場などでの工程改善や品質管理などで使われる考え方が役に立ちます。即ち、「排除、結合、交換、単純化」「標準化、単純化、専門化」などの考え方です。もっと単純化して、「やめる、変える、減らす」という言い方もあります。

> **図7-2-6　ケース「製造部　鈴原さんからの相談メール」**

```
部品倉庫では、派遣会社飯山スタッフの社員が20名います。
場内物流コスト低減の要求が、物流部から出ています。倉庫の使用スペースをAスペー
スからBスペースへ移すことも可能ですが、その場合は生産ラインとの調整が必要に
なります。生産ラインからは、投入順の変更が可能であれば部品倉庫のコスト低減に
協力できるとの意向を聞いています。
ただし、この場合は部品倉庫内での工程の組み換えが必要になり、派遣スタッフの増
員が必要になります。
物流部の要求は、コスト低減以外にも派遣会社の見直しや外注化要求も出ています。
生産技術部からのサポートをお願いします。
```

　このケースの場合、物流部から出ているコスト要求に応えるには派遣社員の数を減らす、という方法もあれば、生産ラインから出ている要求をのんでスペース変更を行うという方法もありそうですが、この場合は倉庫内での工程組み換えや派遣社員の人員増が発生します。しかし、倉庫内での工程組み換えを積極的にやってみるという手はどうでしょうか？　倉庫内の工程編成が今より単純化できたらどうでしょうか？

　昇格昇進試験の場合には、じっくり考える時間的余裕はありませんので、行動のオプションを考えることがなかなかできません。しかし「何かをやめてみてはどうか」「複数のものを統合するとどうなるか」「入れ替えるとどうなるか」「単純化するとどうなるか」と考えることで、「組織を活用した行動」の幅は広がっていきます。

　いろいろ考えることができる研修の場では、単純に案件処理を行うことより、どれだけ深く考えられるか、間口を広げることができるかと、行動についての思考実験をやってみることが可能です。

● 意思伝達を試す

　インバスケットゲームは、案件処理の行う場合に「誰かに何かを伝える」ということで完結していきます。先ほどの生産技術部への相談でも、連絡してきた製造部鈴原さんへ直接連絡をするという方法もありますが、物流

部へ連絡をするという方法もないわけではありません。また、無視してしまうという方法もないわけではありません。まず一番大きな分類は承認するのかしないのかという分類でしょう。その場合に、条件を付けるのかどうかでも変わってきます。先ほどの例で言えば、生産ラインからは「投入順の変更に応じてくれたらコスト低減に協力する」という言い方ですから、条件付き承認ということになります。「投入順の変更に応じてくれないならコスト低減には協力しない」ということなら、条件付き拒否あるいは却下ということになるのでしょう。

　意思伝達については、自分なりの基準を作っておくとやりやすいし、案件処理の中でも、そのままずばりの用語として使っていくということができます。第6章の中で説明した「文章をパターン化する」という方法と同じです。
　たとえば、「承認」「条件付き承認」「保留」「条件付き拒否」「拒否」の他に、部下に判断を委ねる「委任あるいは一任」や「延期」「無視」などを決めておくといいのではないでしょうか。研修の中では、いろいろ考えてみることもできます。

図7-2-7　反応マトリクス

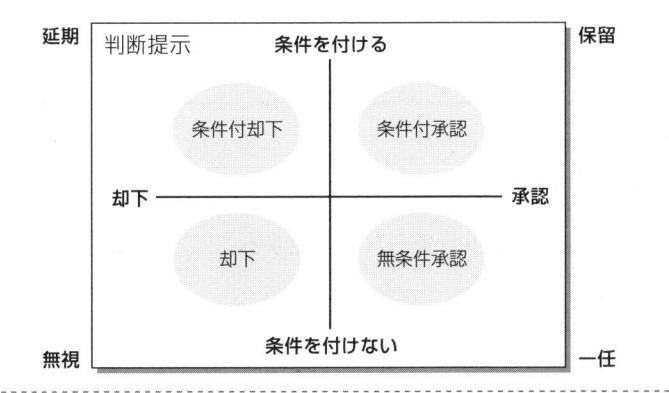

	判断提示	条件を付ける	
延期			保留
	条件付却下	条件付承認	
却下	———————		承認
	却下	無条件承認	
無視		条件を付けない	一任

意思決定を伝達する場合、相手に意思表示・提示を行うものと、相手に委ねてしまうということも含めて自己判断をしないという手段があります。または、判断提示を行うものにも、条件を付与するのかしないのかで違ってきます。

また、伝え方という点でも、さまざまなスタンスがあります。指示命令として伝える、依頼する、連絡する、相談するなど、表現の仕方によって異なってきます。これも、研修の中では試してみることができます。たとえば、条件付き承認として相手に伝える場合も、指示命令的な言い方もあれば、単なる連絡として伝える言い方もあります。どういう伝え方が組織を有効に活用することにつながるのか、検討することも可能です。

　伝え方という点では、人は経験などから抜きがたい特徴をもっていることが多くあります。指示命令的に話をするクセのある人は、どのような内容を伝える場合もどこかで指示命令的になってしまいます。また、独善的に物事を進めるクセのある人は、自分だけがわかっていて人にはわからないという伝え方をします。

　研修の場では、自分自身のクセを発見することが重要です。どういう伝え方をしているのか、相手に伝わるように伝えているのか、などについて考えてください。自分では気がつかないという場合は、グループディスカッションやフィードバックを受ける際に、相手に尋ねてみるといった方法があります。

7-2のまとめ

- 昇格昇進試験に比べて、研修として行うインバスケットゲームの研修効果は時間的レンジが長い。
- 研修型のインバスケットゲームに参加するには、取り組む焦点を決めておくこと。
- 問題の種類から判断の基本処理を理解する。
- 行動にも基本的な処理方法がある。
- 意思伝達方法の基本を決めて、さまざまなことを試してみる。

能力向上につなげるための
ポイント

研修型の場合は自己成長を基本において取り組む

○ 期待役割との関係

　研修として実施されるインバスケットゲームへの参加者にとって、一番の目的は、自組織の中で将来、発揮できるマネジメント能力を向上させることです。

　ほとんどの組織の場合、それぞれの職位や職責についての期待役割が職能要件書や職務定義書として定められているというのは、第4章で見てきたとおりです。それらの職責をより効果的に果たすための能力を向上させるということが、重要な意味を持っています。だからこそ、昇格昇進の場ではなかなかできない自分なりの「焦点」を定めた取り組みが可能になっているということを、理解しておかなくてはなりません。

　仮に、まだマネージャーの域に達していないという場合に、インバスケットゲームで未経験の上位職を経験するということは、貴重な先行経験を持つことにつながります。人事用語では「入学方式」とも言われますが、次につける職位や職務を先に経験させておくことによって、組織全体の機能向上を図ろうという考え方です。（図7-3-1参照）

　現実の中では、業務の高度化や複雑化によって、なかなか「入学方式」を採用することができません。

　しかし、研修として行うインバスケットゲームの場では、まったく異なった業務形態の企業を想定することも可能ですし、上位職としてふるまうことも難しいことではありません。しかしながら忘れてはならないのは、研修参加者には組織としての期待役割から見た今後の成長が待ち望まれているということです。

　インバスケットゲームなどの新しい人材登用の方法が想定しているのは、自分自身で自己成長を継続的に行う自立的な人材です。将来の中核人

材であることを考えれば、受身的な人材を想定するということは基本的にあり得ません。

　入学方式的な方法を採用するのも、未来志向で企業の側が発想しているということを理解しておく必要があります。研修という場を用意するにあたっては、選抜という行為によって組織的な裏付けを持たされているとも言えます。処遇やポジション、賃金など、現実的なインセンティブは受けていなくても組織的な期待があるのだということを研修参加者は理解して自己の能力向上を行わなくてはなりません。

図7-3-1　選抜型人材育成は入学方式

実際にやってもらっても大丈夫か？

予め経験しているからいつでも大丈夫！

仮にやってみる
事前に経験してみる

将来、やってほしい仕事

現在の仕事

選抜型の人材育成方式は、いわゆる「入学方式」と呼ばれるもので、将来、就くであろう立場や役職を事前に経験しておくという方法です。この方式の特徴は、その職位についた時の力量が予めわかること、本人にとっても全くの未知ということがなく、スムーズな移行が図れることなどが上げられます。

● 基本的な能力要件を確認する

　昇格昇進試験を受けるという場合には、保有している思考力や行動力の問題を「自己の棚卸し」という形で実施しましたが、将来側に育成の軸足があり長期的な時間レンジを持つ研修参加者にとっても、やはり自分自身の能力を一度、整理し理解しておくということが必要なのは言うまでもありません。

　選抜を受けて研修に臨むという場合、実は組織からの期待は昇格昇進試験を受ける立場の人とそれほど大きくは変わりません。また、選抜型の研修が昇格昇進後に行われるとすれば、二重の期待がかかっているわけで、

自分のどの能力を今後どの程度伸ばしていくのか、何が長所で何が不足なのかを明確に知っておくことが必要です。

　現実的な人材選抜のふるいに乗っている昇格昇進試験の受験者にとっては、インバスケットゲームなどで試される能力は、テクニカルスキルやヒューマンスキルという、現実に近い能力要件が求められていますが、研修の中での能力向上が望まれている場合、それはコンセプチュアルスキルという高い職位で求められる能力要件をも求められていることを意味しています。
　コンセプチュアルスキルとは、考え方を作り出す能力のことであるのは言うまでもありません。仕事をテキパキとこなす力や、人間関係を円滑に進めていく現実的な力とは異なります。長いレンジで見て獲得が可能になる力を積極的に育てることが期待されているのだと理解することが、自分自身の能力を再確認し、何が不足しどう取り組むべきなのかという自己開発の指針をも見出すことにつながっていきます。

◯ 選抜型研修の中で気づくこと

　選抜型研修の中でわかることは、同じ案件を処理するにあたっても、違う考え方や方法を取る人がいるということです。昇格昇進試験の場合には、そのことの優劣がアセスメントという形で評価されていきますが、研修の場合には、基本的には参加者が気づくということを基本にしています。もちろん、研修効果についてのフィードバックが行われる場合もあります。
　選抜型研修の参加者がまず気がつくのは、「行動の違い」という点です。何回か研修の場で触れ合っているうちに、共通する行動特性や、これはすばらしいと判断できる行動を見ることになります。研修参加者全員が一度は選抜されていると言っても、その能力が全て高いというわけではありません。

　最近のインバスケットゲームでは、単に案件処理だけではなくて、参加者が行った案件処理を題材としてグループで話し合うというステージを用意していることは既述した通りです。選抜型研修にとっては、このグループとしての場が重要な意味を持っています。それぞれが考えた案件処理に

ついて議論をするということから、この行動パターンが好ましい、優れているという共通の認識を形成することにつながっていきます。

　先ほどの「営業企画部山田係長からの報告メール」を例に取れば、ある参加者は「来月の売上予測についての詳細計画を早急に出すよう指示をした」という処理をしました。また別の参加者は、「今月が計画の87％であったと言う意味とそもそもの計画における進捗やかい離の状況を説明するよう指示をした」と発表したとしましょう。

　多くの場合、「なぜそのような処理をしたのか」、「相互に学べる点はあるか」、「また理想的な処理としてどういう処理を考えるか」というテーマで話し合いが行われます。これらを通して研修参加者は、自組織のマネージャーとしてこういう処理を行うことが、ある意味、理想的なのだと気づいていきます。

　現実に立ち返って考えると、業績のいい人の行動が組織的に見た場合、優れた行動であるとは一概には言えません。まして将来を委ねる中核人材としての行動であるかどうかという判断からは、大きくかい離しているということがあるかもしれません。

　インバスケットゲームを通して自分なりの処理を行い、またその内容を研修参加者同士で議論することは、自組織の将来において理想的な行動とは何かを考えることにつながっています。

　変化の激しい時代環境の中では、理想的な経営幹部像を示すことすら難しくなっているのかもしれません。研修に参加しているメンバーが、話し合うことから「共通のイメージ」として持てる理想的な判断や行動のあり方を通して、将来における経営人材としての「見本」を言葉としてではなく、相互のイメージとして持つということが重要なのです。

> **7-3のまとめ**
> - インバスケットゲームへの参加者にとって一番の目的は、自組織の中で将来、発揮できるマネジメント能力を向上させること。
> - 選抜型研修への参加者は、長いレンジで見て獲得が可能になる高度な能力を得ることを期待されている。
> - 選抜型研修参加者に期待されているのは、将来の基幹人材としての行動に関する共通の「見本」を形成すること。

組織的要求と個人的成長とを整合させる

行動特性を高めることを中心に考える

○ 組織を整備する

　選抜型での研修を行うことは、自社の中核人材に対して、長期的である程度の規模を伴う先行投資としての教育投資を実施することだと言えます。人材の側から見た場合、必要な能力向上についての要件整理や必要プログラムの整理と実施などが、投資をより有効にするために具体性をともなって実施されていきます。また、参加するメンバーも業務の調整をつけ参加のための時間を生み出し、自己成長をより確実なものにするための積極的な取り組みを行ってきます。

　選抜型研修の目的は、本来なら長期的に時間のかかる中核人材を育てるという行為と、現実の資源制約や経営環境の変化への追随という観点から、できるだけ効率的な人材育成を行いたいというものでした。
　この目的を実現するために、実施部門や参加者はまじめに取り組んでいきますが、少し冷静に考えてみると、能力を高めた人材がその力を発揮できるだけの組織的整備が行われていなくては、せっかくの力が活用できないということが起ります。まして、本来は長い時間のかかる人材育成を現実の業務変化に追随させるために、資源制約の中での早期的な育成という方針で進めたわけで、育成された人材が有効に活用できる組織構造になっているかという点が大きな意味を持ってきます。
　多くの場合、人材育成がうまく進まないというのは、人材の側に問題があるのではなく、育成された人材が使えるような組織的整備が進んでいないということに原因があります。（図7-4-1参照）
　個人の能力活用という意味では、選抜を行うということで、書類選考や経営トップなどによる面接など、詳細な評価を行ってその後の教育プロセスへと導いていますが、組織体制などについてのアセスメントはあまり行われていないということが生じています。

図7-4-1 人材が生きる組織の整備が必要

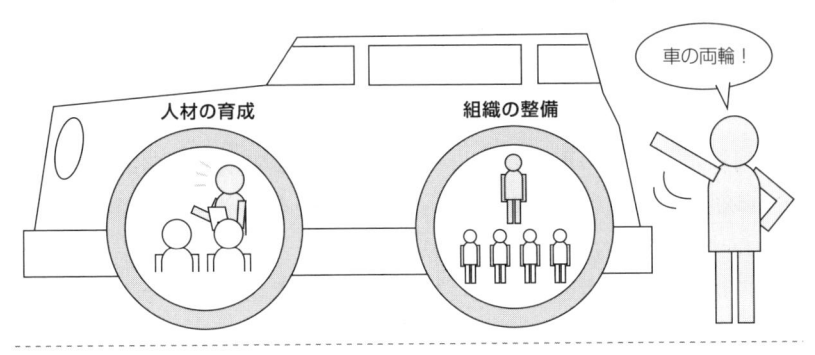

人材の育成　組織の整備　車の両輪！

選抜した人材が身に付けた能力を活かすことができる組織を整備しておかなくては、その人の力が活かされません。人材の育成と同時に、組織の整備が重要なのです。

簡単に言ってしまえば、人と仕事をマッチさせるような取り組みがなければ、せっかくの選抜やその後の研修効果がうまく活かせないという事態につながっていくのです。

人への取り組みだけではなく、組織を新しくするという視点が必要だということです。

○ 継続的な人材アセスメントを行う

組織の機動力を上げるという側面から、人材の育成に見合った組織構造の変革という点についても取り組みを進めなければ、中核人材の有効活用が進まないということを認識しました。しかし、より重要なことは自組織の重要な経営資源である中核人材についての継続的な人材アセスメントを継続するという点です。もちろん、組織の機動力や有効性についても、アセスメントを実施しなければなりません。

新しいスタイルのインバスケットゲームは、単に「現実的な生産効率の良いマネージャーを育成する」のが目的ではありません。むしろ、自社の将来にとって「効果的な行動が取れる」という観点から行われていきます。効果性評価は、定量化が難しく、それぞれの組織が評価のための指標を作るというところから始めなくてなりません。

本当に組織にとって効果的な存在であるかどうか、せっかく選抜し、厳しい状況の中から先行投資として行っている教育投資が無駄になっていないか、これらを測定し続けることが、選抜型での研修をよりよいものにしていきます。

　また同様に、組織の形態が、自社の目指す価値実現や戦略的有効性、対競合での競争力向上につながっているかどうかを測定し、その測定値との付きあわせを定期的に行う必要性があります。
　最近の組織では、本来、自社の社員が行うべき仕事と、そうではない仕事の層別が進み、最前線の業務は大部分がアウトソーシングされています。また、少し組織の上流に上がってみると、社員が中心となって価値創造のための前向きな業務を行っています。そして最上位には、自社の方向性や戦略のあり方、経営的スキルを持った中核人材が座っているという構造になってきていますが、そのことと選抜型で行う人材育成が過不足なく整合しているかどうかを確認しなくてはなりません。
　人材アセスメントの結果は、その後のキャリア形成の資料として活用されます。キャリア形成の道筋を決める上での参考資料や、再選抜を行う際の判断材料となります。

● ロールモデルを設定する

　ロールモデルという言葉は難しく響きますが、日本語にすると「お手本」ということになります。かつて人事的には理想の社員像、理想の管理職像というものが設定され、そこから人事方針や人材育成プログラムが導かれてきました。しかし、選抜型の研修が期待しているものは、極めて流動的で、画一的に定めることができるような性質のものではありません。
　特に、新しい考え方に基づいたインバスケットゲームを研修の一環として取り入れている場合に、育成のポイントとなるのは、従来のような限られた時間の中での効率的な処理能力だけではなくなってきています。むしろ、忙しいマネージャーや、代替者のいない組織の中では不可欠になりつつある「入学方式的な方法」での先行体験を持たせることに力点が置かれるようになってきました。

また、具体的な案件処理を通して、判断する力と組織を活用した行動が取れる力を養うことが重要視されています。さらに、個人的な案件処理をグループワークでの検討材料にし、ディスカッションすることから、将来、自分が就くであろうポジションでの理想的な行動についての共通認識を形成することが注目されるようになってきています。

　これらを考えた場合、特定の技術や能力を持つ何らかの人材像を設定するよりは、こういうことであればいい、というお手本的なイメージを持つことが重要になってきています。従来の人材像と違うのは、選抜型研修に参加するメンバーが自分たちで創り出し、状況や研修の内容によって柔軟に変化をしていくと言う点です。いわゆる、「ロールモデル」と呼ばれる種類の理解です。

図7-4-2　ロールモデルを考える

お手本となる人やイメージ

具体的な能力要件やスキルではなく、
イメージできる発揮された行動

話し合って共有化する！

新しい人事登用法や人材育成では、この能力やスキルをという具体的な獲得要件があるわけではなく、お手本としての存在を共有していきます。

　ロールモデルから導き出されるものは、行動の特性です。こういう行動を取ってくれたらいいというものが主体です。選抜型研修に参加をしているメンバーに求められるものは、短期的で獲得が簡単なスキルではありません。むしろ、行動特性から遡及的に求められる必要能力ということになります。場合によっては、具体的な職務上の力ということもありますが、お手本としての行動を実現する上で必要な能力ということです。

◯ キャリアデザインを考える

　キャリアデザインを考えるということは、一般的な問題だと考えられがちですが、特に組織の将来を託す中核人材にとっては重要な意味を持っています。

　自分のキャリアや人生のステージを考えるという意味合いや、仕事と私生活のバランスを考えるという側面からキャリアデザインは捉えられますが、中核人材にとってはもう1つの意味を含んでいます。それは、市場価値という側面です。

　選抜され、研修という形での企業からの投資を受ける人材は、基本的には優秀であるということは間違いありません。企業が早期に囲い込んでおきたいと考えるほどの人材ですから、市場においても評価されるだけの価値を持っていると考えられるのは不思議なことではありません。

　企業への忠誠心や所属意識ということとも関連しますが、高い専門性やマネジメント能力、経営能力というものに対して市場が関心を寄せるということは、おかしなことではありませんし、市場価値について積極的に応じることがあっても、マクロ的に見れば、人材の流動化と言う意味では歓迎するべき現象化もしれません。

　先の項目でも述べましたが、個人の側が企業の変化に応じる形で能力向上に取り組んだとしても、組織そのものが構造やシステムを変更しなければ、獲得した高い能力を活かすことはできません。企業の側が自組織内に引きとどめたいと思っても、違う判断を個人の側がしたとすると、せっかく投資した教育費用はムダになってしまいます。しかしながら、通常の場合は、その費用を個人の側から徴収するというわけにもいきません。

　問題はそれだけの力のある社員が、自社内にとどまり、自分の持てる力を発揮しようと考えられるかどうかという点にかかっています。

　キャリアデザインというと、個人の問題であるかのように取られがちですが、魅力のある提示を企業の側ができるのかというのも考えておかなくてはならない問題です。

単に、選抜して教育機会を与えたというだけではなく、その個人にとって意味のあるキャリアパスが開いているのかどうかという点にも考えを及ぼす必要性があるのです。

> **7-4のまとめ**
> - 選抜型研修で育成した人材を活用できる組織整備を行う。
> - 継続的な人材アセスメントと組織評価を整合させる。
> - 画一的な人事像ではなく、柔軟なお手本としての「ロールモデル」で考える。
> - キャリアデザインを考える。

図解！

インバスケット・ゲームの教科書

第8章

インバスケットゲームの
ケース事例

　この章では、実際のインバスケットゲームの処理を、ケース事例、帳票など関連する資料を使いシミュレーション的にやってみることにします。ここまでに得た知識を実際にどのように活かしていくのか、「IBG製薬」という架空企業のパッケージを使ってご説明します。

　なお、本文中に「案件1」「案件2」という表記が出てきますが、案件1〜20の資料をP245より掲載しています。そちらを参照しながら、読み進めてください。

8-1 全体の読み通し

提示された案件の全てを読み通し、全体的なイメージを作る

● 読み通したら大まかにグルーピングする

まず最初に行うことは、提示された案件のケースを全て読み通すことです。今回の場合は20案件が示されていますので、まずは読み通してみましょう。(P245より掲載の案件1〜案件20を参照)

読み通してみると、大きくいくつかのグループに分かれるであろうことがわかります。自分なりの分類でけっこうですので、案件を分類してみましょう。ここでは、次図のように分けてみました。

図8-1-1　案件をテーマで分類する

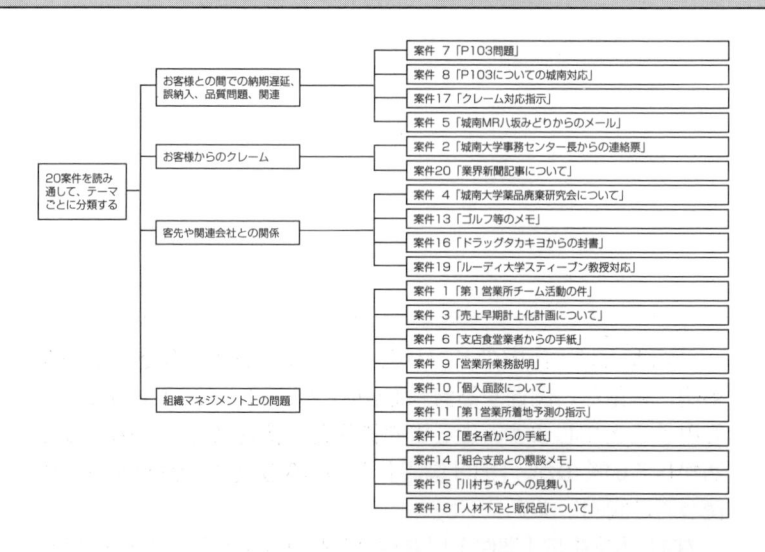

```
                          ┌─ 案件 7「P103問題」
           ┌─ お客様との間での納期遅延、├─ 案件 8「P103についての城南対応」
           │  誤納入、品質問題、関連     └─ 案件17「クレーム対応指示」
           │
           │                          ┌─ 案件 5「城南MR八坂みどりからのメール」
           ├─ お客様からのクレーム    ├─ 案件 2「城南大学事務センター長からの連絡票」
           │                          └─ 案件20「業界新聞記事について」
20案件を読み │
通して、テーマ├─ 客先や関連会社との関係  ┌─ 案件 4「城南大学薬品廃棄研究会について」
ごとに分類する│                          ├─ 案件13「ゴルフ等のメモ」
           │                          ├─ 案件16「ドラッグタカキヨからの封書」
           │                          └─ 案件19「ルーディ大学スティーブン教授対応」
           │
           │                          ┌─ 案件 1「第1営業所チーム活動の件」
           │                          ├─ 案件 3「売上早期計上化計画について」
           │                          ├─ 案件 6「支店食堂業者からの手紙」
           │                          ├─ 案件 9「営業所業務説明」
           │                          ├─ 案件10「個人面談について」
           └─ 組織マネジメント上の問題├─ 案件11「第1営業所着地予測の指示」
                                      ├─ 案件12「匿名者からの手紙」
                                      ├─ 案件14「組合支部との懇談メモ」
                                      ├─ 案件15「川村ちゃんへの見舞い」
                                      └─ 案件18「人材不足と販促品について」
```

問題は複雑に絡まっていそうですが、とにかく自分なりの分類で切り分けるということをしないと処理が始まりません。ある程度の割り切りも必要です。この時、たとえばP103、城南大学、システム変更、個人面談など、気になるキーワードは思いついた段階で余白にメモしておきましょう。

○ グループに、自分なりのおおまかな優先順を設定する

　大きくグループに分けた場合、どこから手をつけるか考えてみると、やはり「お客様との間での納期遅延、誤納入、品質問題関連が、最初に手をつけるべき問題ではないでしょうか。その他のグループに順番をつけると、「お客様からのクレーム」「客先や関連会社との研究会や招待、ゴルフ関連」「組織マネジメント上の問題」というところでいいでしょう。

　ただし「組織マネジメント上の問題」は、内容によっては処理順が変わるものがありそうですので、注意をすることにします。

　今のところテーマ別の分類ですが、重要度、緊急度での判定を求められていますので、最終的には変換をかける必要があります。

　軸の優先順ということで言えば、通常、品質問題が発生している場合は重要度を優先しますが、今回のケースの場合は納期遅延が絡んでいる可能性があるので、頭の中で「スピード処理を優先させるかどうか」を置きながら案件の中身を見ることにします。

○「お客様との間での納期遅延、誤納入、品質問題、関連」グループ

　分類してみて気になるのは、案件17だけは既読ですが、後は全て「未読メール」だということです。発信人は近澤匡さん、宛先は岡部晴彦さん、前任者の山田さんにはCCで来ています。山田さんは、このメールを見ているということのようです。

　案件5の内容は、事実かどうか判断に迷うところですが、城南大学との関連する単語が書かれています。「佐間戸の問題」、「寝たきり在庫問題」、「供給開始日での遅れ」、「城南大センター」、「システム変更」、「受注情報の受け取り」などです。

　案件5を気にすると、もう1つアミにかかってくる案件があります。それは、案件4「城南大学薬品廃棄研究会について」です。その内容には、「薬品廃棄研究会」で「納入品の梱包レス化と新納入システムについて」と題して、「初芝通信倉本一郎医療環境システム部長」が講演すると記載されています。どこまで影響するかはまだわかりませんが、このグループの周辺には城南大学とのシステム的な連携上の問題がありそうな気配です。(図

8-1-2参照）

「お客様との間での納期遅延、誤納入、品質問題関連」の3つの案件について、仮に順番をつけておくとすると、案件7はP103での生産、物流、営業でのプロセス連携での調整、案件8はあなた宛てへの上司からの「P103を優先させてくれ」という依頼文、案件17は社内の正式な通達として来ていること、と判断すると、重要度で見た場合には、案件17、案件7、案件8としておきます。

緊急度で見た場合には、案件17は回答期限が定まっていること、案件7はP103での社内調整問題で具体的な日程提示があること、案件8は上司との間で特に日程的な縛りはないことがわかります。処理順を決めるということになると、案件17、案件7、案件8の順でいいでしょう。

図8-1-2　お客様との間での納期遅延、誤納入、品質問題関連グループの構造

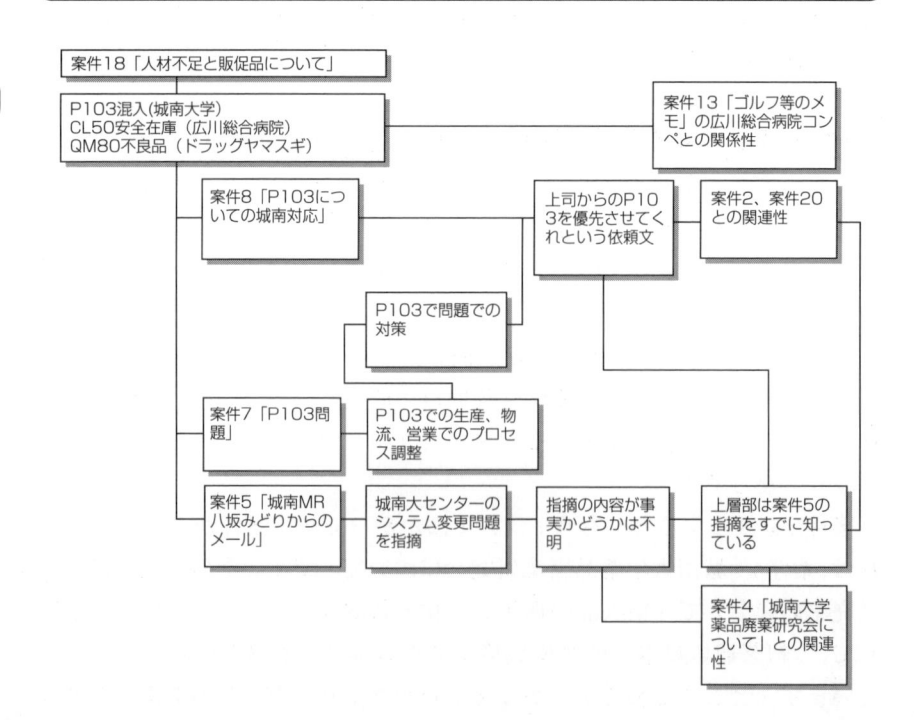

○「お客様からのクレーム」グループ

　2つ目のグループを見てみましょう。お客様からのクレームということでは、案件2と案件20の2つです。

　いずれも火元は、城南大学事務センター長の清水信義さんであることがわかります。クレーム処理の基本として言われるのは1次対応の重要性ですが、メールの中身を見ると、1次対応でのつまづきが起っていそうです。そうそう単純な対応では、問題をこじらせてしまいそうな気配です。

　「お客様との間での納期遅延、誤納入、品質問題関連」グループでも案件2は上がっていますので、関連させて考える方がいいかもしれません。案件20は、特に納期遅延や誤納入問題などには関連しない別問題でのクレームのようですが、案件2に対する回答を行ったとすると、相手からは「あれはどうなった？」と聞かれる可能性を持っています。

　同時処理ということを念頭においておきましょう。

○「客先や関連会社との関係」グループ

　案件4は未読メール、案件13はメモ、案件16は封書、案件19は既読メールと、コミュニケーション手段がバラエティに富んでいます。

　案件4と案件19は、「スティーブン教授」ということで関連性があるようです。内容を見ていくと案件4は転送メールで、もともとは城南大学の須藤助教授から1カ月ほど前に来ているメールです。総務の佐藤佐知子が出席の意思を尋ねてきていますが、会合はあなたの出張中であることがわかります。しかし、会合の出席者については、いくつかの点でひっかかりがあるようです。

　先に見た初芝通信倉本一郎医療環境システム部長もそうですが、ルーディ大学のスティーブン教授は案件19にも名前が出てきます。案件19によれば「GTC-6基礎論文の中心人物」となっていて、GTC-6という単語は案件1でも登場しています。

　案件13は日程メモのようです。個人的なメモのようですが、お客様やあなたの部署の何人かの名前も出てきています。日程はあなたの出張中のものもあれば、帰国後のものもあります。

　気になるのは、案件17で回答納期が定まっている広川総合病院の名前が、

リストの一番上にあることです。案件17によれば、「即時対応が必要とされていて回答納期は過ぎていること、基本契約の見直しの恐れがあること」とのことです。対策回答が終わっていたとしても、客先への慎重な対応は続きそうな気配です。

案件16が伝える、ドラッグタカキヨの役員交代の会自体の開催日時はまだ未到来のようですが、回答納期は既に過ぎてしまっています。案件22は案件4に関連していますが、やはり発信日時はおよそ1カ月前で、部下の名前も上がっています。

図8-1-3 「客先や関連会社との関係」グループの案件内容

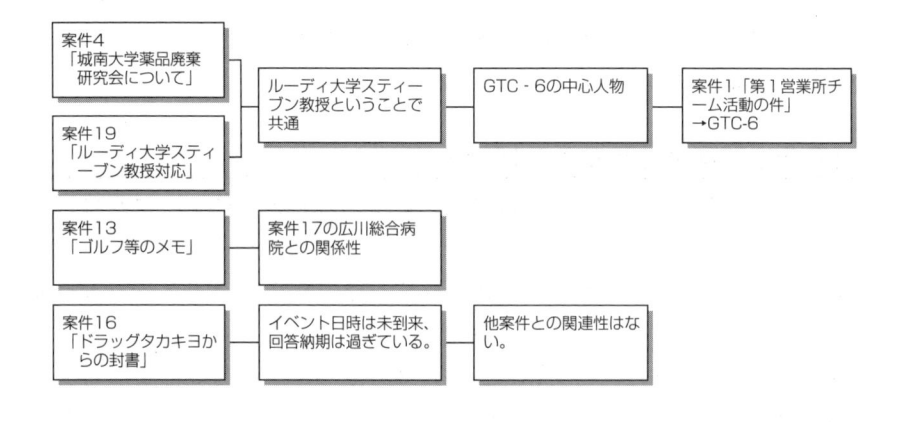

案件	関連内容	中心人物	関連案件
案件4「城南大学薬品廃棄研究会について」／案件19「ルーディ大学スティーブン教授対応」	ルーディ大学スティーブン教授ということで共通	GTC-6の中心人物	案件1「第1営業所チーム活動の件」→GTC-6
案件13「ゴルフ等のメモ」	案件17の広川総合病院との関係性		
案件16「ドラッグタカキヨからの封書」	イベント日時は未到来、回答納期は過ぎている。	他案件との関連性はない。	

○「組織マネジメント上の問題」グループ

最後の「組織マネジメント上の問題（個人面談、セクハラ、引き継ぎ、食堂等）」のグループは10案件と数が多く、細分類をした方がよさそうなので内容を詳細に見てみることにします。事実と思われるものを拾っていきます。

何を重視するかで対応が異なってきそうなぐらいバラエティに富んでいますが、業務にはっきり関連するものとして認識できるのは、案件1、案件9、案件10、案件11、案件18というところだと思われます。

案件12は、ハラスメントの問題という意味では慎重な対応が必要そうですし、案件14も組合からの申し入れ事項という意味では、きちんとし

た対応が必要です。案件3、案件18は、聞いてみないとわからない感じがします。案件6は、どうしてここにあるのかがわかりません。案件15は、金額の問題よりも交通事故0が途絶えたという点が気になります。案外、落とし穴があるかもしれません。

図8-1-4 「組織マネジメント上の問題」グループの細分類

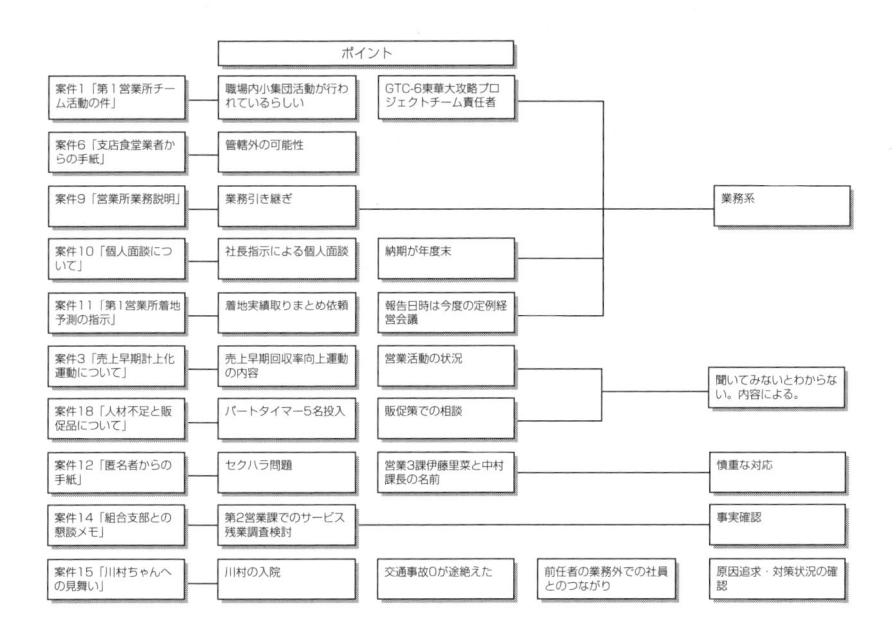

案件	ポイント			
案件1「第1営業所チーム活動の件」	職場内小集団活動が行われているらしい	GTC-6東華大攻略プロジェクトチーム責任者		
案件6「支店食堂業者からの手紙」	管轄外の可能性			
案件9「営業所業務説明」	業務引き継ぎ			業務系
案件10「個人面談について」	社長指示による個人面談	納期が年度末		
案件11「第1営業所着地予測の指示」	着地実績取りまとめ依頼	報告日時は今度の定例経営会議		
案件3「売上早期計上化運動について」	売上早期回収率向上運動の内容	営業活動の状況		聞いてみないとわからない。内容による。
案件18「人材不足と販促品について」	パートタイマー5名投入	販促策での相談		
案件12「匿名からの手紙」	セクハラ問題	営業3課伊藤里菜と中村課長の名前		慎重な対応
案件14「組合支部との懇談メモ」	第2営業課でのサービス残業調査検討			事実確認
案件15「川村ちゃんへの見舞い」	川村の入院	交通事故0が途絶えた	前任者の業務外での社員とのつながり	原因追求・対策状況の確認

8-1のまとめ

- 読み通した時に、おおまかにテーマごとにグループを考える。
- あまり神経質にならない。概要を捉えることができれば十分。
- グループに順位をつけておく。

重要度・緊急度で処理順を決める

指示された重要度・緊急度を判定して決めること

● 重要度・緊急度判定の基本ルールを作っておく

　全体を読み通してみて、グループを移動させなくてはならないものがあるかを考えてみましょう。今回は現状のグルーピングで良さそうですので、重要度と緊急度での分類を行うことにします。

　重要度と緊急度のいずれを優先させるのかという点ですが、案件17の「クレーム対応指示」によれば、P103問題の再回答納期が迫っていますので、今回は重要度と緊急度がぶつかるようであれば緊急度を優先させることにしておきます。

　重要度と緊急度については、5段階法で判定をせよとの指示があると考えて判断をします。その指示に従えば同時にグループ内での処理順は決まってきそうです。

　こういう場合は、読み通しの時に行ったグループごとに5段階判定をして、その評点で重要度・緊急度によるグループ分類へと変換すれば手間が省けます。

　重要度・緊急度判断をする時、基準が必要になります。今回の場合は、読み通しの段階で、「お客様との間での納期遅延、誤納入、品質問題関連」に属する案件のうち、案件17に重要度5、緊急度5という仮判定をしておきます。

● 最初のグループでの処理順決め

　案件17を基準として設定しました。案件7は、納期遅延を理由とすることからすると全社的に大きな問題となっていますので、重要度5、緊急度4としておきます。

　次に、案件8はクレーム回答を要求しています。クレームは慎重に対応をしないと、問題をさらに困難にしそうですので、重要度4、緊急度5としておきましょう。

　案件5は、案件8の内容とも関連していて、P103の原因追求を行う上では、

システム上の問題を考えるという方向性を示しているようにも見えますが、事実を確認しないと何とも言えません。よって、現状では重要度・緊急度とも3の標準判定を行っておきます。

図8-2-1　重要度・緊急度判定マップ

	重要度1	重要度2	重要度3	重要度4	重要度5
緊急度5				案件2「城南大学事務センター長からの連絡票」 案件8「P103についての城南対応」	案件17「クレーム対応指示」
緊急度4			案件11「第1営業所着地予測の指示」	案件20「業界新聞記事について」	案件7「P103問題」
緊急度3			案件4「城南大学薬品廃棄研究会について」 案件5「城南MR八坂みどりからのメール」 案件14「組合支部との懇談メモ」	案件10「個人面談について」 案件13「ゴルフ等のメモ」	
緊急度2		案件18「人材不足と販促品について」	案件12「匿名者からの手紙」 案件19「ルーディ大学スティーブン教授対応」 案件9「営業所業務説明」	案件15「川村ちゃんへの見舞い」	
緊急度1	案件6「支店食堂業者からの手紙」	案件3「売上早期計上化計画について」 案件16「ドラッグタカキヨからの封書」	案件1「第1営業所チーム活動の件」		

○「お客様からのクレーム」グループでの処理順決め

2つとも城南大学センター長からのクレームであることから、案件2は案件8と同じ判定としておき、重要度4、緊急度5としますが、案件20は、P103とは別の問題であることを考えて重要度4、緊急度4としておきます。

○「客先や関連会社との関係」グループでの処理順決め

3つ目のグループです。このグループは次のステップで検討する「具体的な処理」内容によって、判定が変わってきそうです。

案件4「城南大学薬品廃棄研究会について」は、開催日時は未到来であ

るものの、メールの1次到着からは時間が相当過ぎていること、内容的には、最初の納期遅延・誤納入問題とも関係性がある、次世代製品とも関係性がありそうだ、という内容です。おそらく具体的な処理としては、誰かを代理参加させるという処理になるということが予想できます。案件4基準として、標準評価の重要度3、緊急度3程度の判定を入れます。

　案件13「ゴルフ等のメモ」は対応に迷う内容ですが、部下の柴田さん、中村さん、井上さんの名前が上がっているので、出張中の案件については代理処理を指示すれば済みそうです。また、帰国後にスケジュールがあるものについては内容確認を入れさせておき、帰国後の報告とさせることでいけそうです。通常なら、重要度も緊急度も2程度でいいように思われますが、問題は案件17との関連性です。案件17に出てくる広川総合病院との関係修復を考えれば、重要度は4、緊急度としては通常レベルの3という判定でいいのではないでしょうか。

　案件16「ドラッグタカキヨからの封書」は、回答納期を過ぎていますが、内容を見ると社内に他にも案内が来ている人がいそうです。当然、上位職務の誰かでしょう。あわてて先様に対して行動を起こすより社内でできることがありそうです。

　案件19「ルーディ大学スティーブン教授対応」は、案件4との関連で行けそうですが、GTC-6、日本でのコーディネーター役の城南大学林田さんというのが気になります。中村課長や学術企画部は、既に知っている可能性があります。

　案件16は、社内での手続きでいけそうですから重要度2、緊急度は1程度でしょう。案件19について言えば、社内の通常業務の水準と判定して重要度は3としても、学術調査部にもCCとしてメールが行っている状況を考えれば、緊急度は2程度でも良さそうです。

●「組織マネジメント上の問題」グループでの処理順決め

　このグループも、具体的処理との関係で重要度・緊急度判定が決まってきそうです。

　案件1は、帰国後に報告させてみないと何とも判断がつきません。重要度は通常業務レベルの3としても、緊急度は帰国後の処理ということになるので、1で十分です。

　案件9は業務引き継ぎという点を考え、重要度3・緊急度2としておきます。案件10は、納期が決められた上、社長の厳命、組合要望、個人面談ということを考えると、部下ではなく直属上司へ代理対応を依頼するということになりそうです。重要度は4、緊急度は3という判定にしておきます。

　案件11は、着地実績の報告をという意味では、重要度は通常業務レベルの3でもいいところですが、問題は定例経営会議というものです。スケジュール表を確認すると、定例経営会議は4月2日、経理の売上計上締め切りが3月30日、着地確認のための特別経営会議が3月22日となっています。油断をすると、厳しい追及が待っていそうです。部下の誰かに代行を指示するとしても、時間的には3月22日でも対応できるようにしておかないと危ないように思われます。緊急度を4にしておきましょう。（図8-2-2参照）

　案件12は慎重な対応が必要ですが、重要度は3、緊急度は2とします。しかし、重要度・緊急度判定とは別に、人事部や上司と連携を取るということは考えておかなくてなりません。

　案件14は、組合からの調査要求もあり緊急度は3としておき、対応の代行を部下の誰かに指示して、帰国後の報告を要求するということにします。

　案件3はよくわかりません。今の段階ではどうしようもないでしょう。帰国後、聞くということが前提の処理になりそうです。重要度2、緊急度1としておきます。

図8-2-2 スケジュールシート

2010年　　　　　　　　　　　　　　　　　2010.3.12現在

3月		MEMO	備考	4月		MEMO	備考
日	曜日			日	曜日		
1	月			1	木		
2	火		経営会議（定例）	2	金		経営会議（定例）
3	水		経営会議（次年度予算）	3	土		
4	木		全社営業会議（TV）	4	日		
5	金			5	月		
6	土			6	火		全社営業会議（TV）
7	日			7	水		
8	月			8	木		
9	火		全社品質会議	9	金		全社品質会議
10	水			10	土		
11	木			11	日		
12	金			12	月		
13	土			13	火		
14	日			14	水		
15	月			15	木		経営会議（09決算確認）
16	火			16	金		
17	水		月度支店会議	17	土		
18	木		月度営業所会議	18	日		
19	金		商品会議	19	月		
20	土			20	火		月度支店会議
21	日			21	水		商品会議
22	月		特別経営会議（着地確認）	22	木		月度営業所会議
23	火			23	金		人事会議
24	水			24	土		
25	木			25	日		
26	金			26	月		
27	土			27	火		
28	日			28	水		
29	月			29	木		
30	火		経理売上計上締め切り	30	金		
31	水						

案件18も同様ですが、販促予算を獲得してほしいという明確さがあるだけ対応はできそうです。誰かにやらせてみて報告させるという方法がありそうです。重要度2、緊急度2程度としておきます。

　案件6は、前任者との個人的な関係が基本にありそうです。また、案件14で組合との定期協議では回答済みでもあり、特に何かをするということはなさそうです。重要度・緊急度とも判定の外かもしれません。どうしてもということなら、双方1という判定を入れておきます。

　案件15ですが、内容的には案件6と同じように、前任者の業務外の行動をどう引き継ぐかということです。そういう意味では、お見舞いをするかどうかではなく、問題は交通事故0が途絶えた原因者への対応という点です。事故状況はどうなのか、人身事故なのかどうか、原因は何か、対策は打てたのか、営業会社であれば、当然、考えておかなくてはなりません。帰国後の報告が必要です。重要度を4、緊急度は2としておきます。

8-2のまとめ

- グルーピングとグループ内での処理順決めは、重要度・緊急度判定を行うことでほぼ同時にできる。あまり神経質にならないこと。
- 重要度・緊急度判定は、基準を作る。一番、大事だと思うグループの一番重要だと思う案件に、最高得点をつけておく。
- 重要度・緊急度判定を行うときには、具体的な処理内容が浮かぶので併せて考えていく。自動的に処理順が大体決まってくるが、下位順は違っていてもそれほど問題ない。

具体的な処理から終了手続きまで

具体的な処理内容を、処理順に考える

○ 具体的な処理

多くの案件については、具体的処理の方針は重要度・緊急度判定の段階で、基本的なアイデアを思いついています。この段階では、詳細なプラン、誰に、何を、どうするのかを決めていきます。

・案件1「第1営業所チーム活動の件」

GTC-6についても帰国後のヒアリングで十分と判断しておきます。

・案件2「城南大学事務センター長からの連絡票」

上司から海外出張中であるということを説明してもらうという点に、ポイントがあります。案件17で、海外出張中であることを部下から城南大学のセンター長に入れるという処理をする場合がありますが、完全に本件がP103と結びついているという確証はないので、上司から客先への連絡という方策を選択しておきます。上司がその必要はないと判断すれば、連絡はしないはずです。

・案件3「売上早期計上化運動について」

これも帰国後の処理でいいでしょう。本件の処理としては、時期的にも年度末の最後の月度という点を考えると、急ぐテーマでもなさそうです。

・案件4「城南大学薬品廃棄研究会について」

処理としては非常に簡単ですが、気になる点の多い案件です。P103のシステム問題に関係していると思われる企業の当事者かもしれない部長が客先で講演をするということ、別件のように海外からの大学教授が臨席すること、日本側の弟子が出席すること、その教授の日本側事務局も出席することなど、処理以外での話題が豊富な案件です。

・案件5「城南MR八坂みどりからのメール」

　直属上司の岡部支店長は、すでにシステム問題が存在しているという点については認識しています。したがって、まずは部下の第1営業課長を通して何が問題なのかを確認させます。

・案件6「支店食堂業者からの手紙」

　管轄外です。組合メモからも総務で対応していることが理解できます。

図8-3-1　アクションシート1（案件1～案件7の処理例）

アクション シート　　所属（　　）社員コード（　　）氏名（　　）No 1

No.	案件名			貴方のアクション（判断・決定・指示など）と必要に応じてその理由
1	(未読メール)「第1営業所チーム活動の件」			帰国後、説明を依頼する旨、発信者に連絡
	緊急度	重要度	優先順位	
	1	3	17	
2	(未読メール)「城南大学事務センター長からの連絡票」			P103については案件17と対応した上で、上司の岡部支店長に対応を依頼
	緊急度	重要度	優先順位	
	5	4	2	
3	(未読メール)「売上早期計上化運動について」			特に対応せず。帰国後の聞きとりを第2課柴田課長に連絡
	緊急度	重要度	優先順位	
	1	2	18	
4	(未読メール)「城南大学薬品廃棄研究会について」			第1営業課河瀬課長に代理出席を指示、総務佐藤さんにもその旨連絡を入れるよう指示
	緊急度	重要度	優先順位	
	3	3	9	
5	(未読メール)「城南MR八坂みどりからのメール」			第1営業課河瀬課長に対応を指示。一任
	緊急度	重要度	優先順位	
	3	3	10	
6	「支店食堂業者からの手紙」			特に対応せず
	緊急度	重要度	優先順位	
	1	1	20	
7	(未読メール)「P103問題」			関係客先でのP103の納入数、回収の可能性、回収実施、その上での社内報告と客先対応を第一営業課河瀬課長に指示 また案件7の発信者は案件8と同じであることから、案件8と同様の対応（発信者へ報告とCCで岡部支店長へも報告）
	緊急度	重要度	優先順位	
	4	5	4	

・案件7「P103問題」

　P103問題への対応は、他に誤納入した客先がないかの確認、また別の客先から城南大学への振り替えをするという方法だということが理解できます。問題は、原因追求や生産側との調整が本当にこれでいいのか、この点については帰国後の対応を考えるということになりそうです。（図8-3-1参照）

実は、インバスケットゲーム後に行われるグループワークでは、このような点が焦点となってディスカッションのテーマを形成していきます。

・案件8「P103についての城南対応」
　P103問題について、上位者の東京営業部長からの指示に対して案件17対応と案件8対応状況を報告するということになります。メールですので、CCで直属上司へも報告を入れるという形式をとることになります。

・案件9「営業所業務説明」
　業務引き継ぎですが、現状では帰国後という他ありません。

・案件10「個人面談について」
　部下の課長に対して、個人面談を実施するように連絡するという回答をする場合がありますが、社長による命令は「社員全員」です。一般社員と管理職の個人面談はもちろんですが、管理職と管理職の面談ということを考えて上司への依頼とします。

・案件11「第1営業所着地予測の指示」
　グルーピングのところでも説明しましたが、スケジュール的に落とし穴がありそうです。この案件は、組織図以外にもスケジュール表など関連情報を見て、情報を取れるかという点がポイントだと思われます。前倒しの経営会議に気がつくかどうかという点がポイントです。

・案件12「匿名者からの手紙」
　帰国後、直接聞くというのは当然ですが、問題は海外出張中の3週間をどうするのかという視点です。情実ではなく、単に割り切るだけでもない方法というのをどう考えるかという視点です。

・案件13「ゴルフ等のメモ」
　問題はまず、「広川総合病院における問題との関連性」ということに気がつくかどうかです。個人的なものだ、取るに足りないとせず、他の案件との関わりを見るということがポイントです。

・案件14「組合支部との懇談メモ」

処理の内容としては、サービス残業への疑いということで、第2営業課での対応が主です。

図8-3-2 アクションシート2（案件8〜案件14の処理例）

No.	案件名			貴方のアクション（判断・決定・指示など）と必要に応じてその理由
8	(未読メール)「P103についての城南対応」			案件17対応と案件8対応状況を報告する CCで岡部支店長へも報告を入れる
	緊急度 5	重要度 4	優先順位 3	
9	(未読メール)「営業所業務説明」			帰国後、説明を依頼する旨、発信者に連絡
	緊急度 2	重要度 3	優先順位 15	
10	案件10(未読メール)「個人面談について」			直属上司の岡部支店長に代理を依頼し、メールのCCを部下の4人の課長に入れておく
	緊急度 3	重要度 4	優先順位 7	
11	(未読メール)「第1営業所着地予測の指示」			心配点を伝えた上で対応を部下の4人の課長に指示。取りまとめの責任は営業支援グループの井上課長だと責任をはっきりさせ、支店長への代理報告も指示
	緊急度 4	重要度 3	優先順位 6	
12	「匿名者からの手紙」			人事へ連絡。CCを岡部支店長に送付。帰国後、対応する旨、併せて連絡。緊急事項が発生の場合は岡部支店長に一任
	緊急度 2	重要度 3	優先順位 13	
13	「ゴルフ等のメモ」			部下の4人の名前が上がっているので、海外出張中のイベントについては代行を指示
	緊急度 3	重要度 4	優先順位 8	
14	「組合支部との懇談メモ」			第2営業課柴田課長へ対応を指示。内容は一任
	緊急度 3	重要度 3	優先順位 11	

・案件15「川村ちゃんへの見舞い」

多くの回答者が「誰かに頼んで見舞金を立て替えてもらう」という処理を行ってきます。しかし、本当にその処理が正しいのかという思考が必要な案件です。組織的課題を考える場合には、必ずしも多数派が正しいとは限りません。また最近の社会情勢とも併せて考えるべき案件です。

・案件16「ドラッグタカキヨからの封書」

常識的に考えて、社内を確認することで対応できそうですが、避けたいのは「先様へ直接お詫びの連絡を入れる」というものです。実際の回答として散見されますが、考えないということの代表例です。

・案件17「クレーム対応指示」

　この項目で注意をしなくてはならないのは、P103についてだけ書けばいいというものではないということです。営業推進部が緊急連絡を入れてきているのは3項目あるということを、押さえておかなくてはなりません。

> **図8-3-3　アクションシート3（案件15〜案件20の処理例）**

No.	案件名			貴方のアクション（判断・決定・指示など）と必要に応じてその理由
15	「川村ちゃんへの見舞い」			第2営業課柴田課長へ帰国後の報告を指示
	緊急度	重要度	優先順位	
	2	4	12	
16	「ドラッグタカキヨからの封書」			直属上司へ封書がきていることを報告。一任
	緊急度	重要度	優先順位	
	1	2	19	
17	「クレーム対応指示」			P103については担当の第1営業課の河瀬課長へ、岡部支店長に相談の上で先様への回答を指示 広川総合病院の件は第2営業課の柴田課長に対応状況の確認と案件4で示されている3月21日のゴルフ対応の指示 ドラッグヤマスギの問題については第3営業課の中村課長に対応指示 上記3件、対応状況について帰国後の報告を求める
	緊急度	重要度	優先順位	
	5	5	1	
18	「人材不足と販促品について」			第3営業課中村課長に連絡、一任
	緊急度	重要度	優先順位	
	2	2	16	
19	「ルーディ大学スティーブン教授対応」			第1営業課河瀬課長、第3営業課中村課長に確認と対応依頼。一任
	緊急度	重要度	優先順位	
	2	3	14	
20	「業界新聞記事について」			事実確認を第1営業課の河瀬課長に指示し、岡部支店長への報告を指示、帰国後の報告を求める。案件2と同時処理
	緊急度	重要度	優先順位	
	4	4	5	

・案件18「人材不足と販促品について」

　この案件も、ダイレクトに発信者に指示をするかどうかという点が重要です。部下には課長が4人いるわけで、内容的にも彼らに任せて十分な内容のはずです。

・案件19「ルーディ大学スティーブン教授対応」

　この案件については、案件4での関連をどうするかという点で考えるということになります。メールの発信状況からして、社内的な対応はおそらく進んでいるのだと思われますが、「できているだろう、やっているだろう」ではなく、きちんと確認を取ることが重要です。

・案件20「業界新聞記事について」

　TLOや東華大学など、気になる単語が並んでいます。問題を案件2のクレームと切り分けて対処したいところですが、部下と上司に委ねる他、今のところ、手の打ちようがありません。（図8-3-3参照）

○ 処理順が下位のものは理由が問われる

　処理順が上位のものは、その意味を検討するに値しますが、見ていただいた通り、下位順にあるものは入れ替えが起っても、それほど大きな意味を持つということはありません。したがって、上位のものと比べてそれほど神経質になる必要はありません。

　従来、インバスケットゲームが上位順にあるものを選択させて、その案件についての処理を書かせるという方法があるというのも、この点によるものです。

　概ね、提示された案件数の3分の1前後までは処理順に意味があると思っていいのですが、それ以降はあまりこだわる必要はないと考えてください。

　ただし最近、全数処理を求める場合があるのは、下位順にある案件であっても、その理由如何によっては議論の対象になるものがあり、下位順では処理内容より、その処理を選んだ理由を問われることがあるからです。この点は注意をしておく必要がありますが、とは言え、これもそれほど厳密に考える必要はないでしょう。この点については、確認段階でも十分対応が可能ですので、次項で述べます。

◯ 確認修正、終了手続き

　前述内容を「アクションシート」などの回答用紙に記入します。理由を書くように求められているので、グルーピングの段階で考えた内容を記述しておきます。処理順が上位のものは、理由を記入せよという指示について、それほど検討しなくても理由を立てることは可能ですが、処理順が下位のものについて、たとえば案件6を「特に対応せず」とした理由を書くことが大変だということがあります。

　全数処理の場合、実はこの作業が落とし穴になって時間を取られるということがあります。あまり詳細に書いても意味がありません。案件6の場合は、たとえば「管轄外のため」あるいは「前任者の個人的内容につきしばらく状況を見るため」程度で十分です。

　それよりも、アクションシートは回答欄が指定されていますので、記入欄を間違えないようにします。上記のように、処理順に従って記述内容を考えた場合、アクションシートの１番に案件17の内容を記入してしまうということが起ります。回答欄の指示通り記入しているか、重要度・緊急度判定は記入したか、処理順は記入したか、最後に落ち着いて確認してください。確認が終わったらゲームを終了します。

　終了すると、事務局がアクションシートや案件のパッケージを一旦回収し、昼食休憩のような長めの休憩を取ることになると思いますが、事務局はその間に受験者の回答を案件パッケージを含めて全てコピーしています。それは採点のためでもありますが、グループディスカッションに備えて、案件パッケージと回答の記入されたアクションシートを受験者に戻すためです。

　戻すのは、グループディスカッションの材料を受験者に持たせるためです。その上で、投げかけたテーマに対してどういう言動を取るのかを観察するためです。グループワークについては、第6章で説明しておきましたので参考にしてください。また、事後処理として行われるフィードバック等についても同じです。

○ 最後に

　以上が、実際のインバスケットゲームでの案件処理のシミュレーションです。

　インバスケットゲームでは、全件処理の場合には、とにかく全案件を処理するということが求められます。処理の中身は、判断と組織を活用した上での行動です。これは、優先順の高いものを選んで処理をするという場合も変わりません。

　1つの案件の中で、多面的な判断と複数の施策を提示できるというのは、もちろん一番好ましいことではあるのですが、提示された案件自体に手がついていないというのは大きな失点につながります。マネージャーの業務について見ても、1つの業務にのめりこんで、その他の業務に手がつかないという状態では、いっしょに仕事をしている部下や仲間は安心して仕事ができません。仕事の深さと同時に、間口の広さも要求されるのが、最近のマネージャーへの期待値だと言われています。

　どこまで深く案件を処理するのかという点と、どれだけ広く案件に対応できるのかという点は、インバスケットゲームの状況や受験者、参加者一人一人の考え方によっても異なると思います。

　また、最近のインバスケットゲームの中では、処理順の低い案件を通して、なぜそうするのか、ヌケモレを起こしている考え方や判断基準はないのかなどが問われるようになってきています。量と質、深さと広さなど、両立することが難しい命題の同時改善が求められているのです。

　実際にインバスケットゲームに臨んだ場合は、自分の中にある判断基準やスキルしか頼るものはありません。最後は、自分の力に確信を持って新しい人材選抜の場を乗り越え、一人一人がそれぞれの組織の中で、持てる能力をいかんなく発揮していただくというのが、そもそもの狙いです。

　自分の未来とそれぞれの組織の将来のために、より良い研鑽の機会としてインバスケットゲームが活用され、受験者および参加者の自己成長につながることを期待しています。

8-3のまとめ

- 処理内容はくどくど書かない。処理の概要が分かればいい。
- 処理順は、提示された案件数の上位3分の1ぐらいまでに意味がある。
- 下位順にあるものは、処理内容よりも処理理由が問われる。
- 処理内容は、最低限度書かれていれば回答としては十分。しかし、事後的に行われるグループディスカッションで掘り下げの程度が評価されるので、内容的に考えておくこと。
- 最後は、自分の力を信じて立ち向かうこと。

案件1（未読メール）「第1営業所チーム活動の件」

差出人："井上三郎"
宛先："三浦健史"
送信日時：2010年3月12日 22：03
件名：第1営業所チーム活動の件

所長殿

ご栄転おめでとうございます。
実は山田前所長在任中課長会議で、所長から自己啓発とモラールアップのためにも結果としてなることゆえ、各課毎に副主任を中心として、中堅の小グループをつくり、今後の地域対応のありかたというテーマで、グループ各々が職場に合った具体的テーマで研究し発表しあうよう指示があり、実施することになりました。
そして私が、その運動の推進のリーダーになりましたが、各職場とも日常業務に追われている始末で、大学の先生たちと研究グループのロードも相当になると思いますし、それどころではない気がしております。決まったのは、2月10日頃だったと思いますが、その後、山田前所長が入院されたので、そのままになっています。昨日も第1営業所の3人の課長から中止を相談されたのですが、新所長のお考えはいかがですか。私も中止した方がよいと思っています。山田前所長はあまりに特命や指示が多く皆困っています。
私もGTC-6の東華大攻略プロジェクトチームの責任を任され、所内に関係係長、主任によるプロジェクトチームを作りましたが、皆それぞれの仕事が忙し、難しくなると全て私のところへ持ち込まれるため、チームを作ってもうまく働いてくれませんし、今では雑用専門みたいになって、最近では先日起きた契約解除問題や込み入った苦情まで受けている次第です。

営業支援 井上三郎

案件2（未読メール）「城南大学事務センター長からの連絡票」

差出人："清水信義"
宛先："山田務"
送信日時：2010年2月23日 10：11
件名：今後の処置について

IBG製薬（株）城南支店第1営業所
所長 山田務殿

前略
端的に申し上げて今回のご返答は少々納得がいきません。貴社は配送の佐間戸運輸のしでかした事故について、直接の責任者としてどのような責任をとるつもりか、又は日頃どのような指導をしているか、是非ご説明願いたい。

城南大学医学部総合事務センター
センター長 清水信義

案件3（未読メール）「売上早期計上化運動について」

差出人："柴田忠雄"
宛先："山田務"
送信日時：2010年2月25日 19：46
件名：売上早期回収運動のやりかたについて

山田所長殿

売上早期回収率向上運動は、今年度も重点計画として目標を60％におき、新システムに則り、各種推進事項を実施してきましたが、2月に至り前所長の指示で、職員1人1人の省力化、効率化に対する意識高揚を狙い、月間1人1件見直し運動が追加されました。

しかしながら当営業所の振替率が58％を超えていること、大型ドラッグチェーンを含む市場開発がすすむにつれ一般販売品が増大していること、東華大との結びつきの強い十字製薬、その他、国公立大学を抱えていること等を考えますと月間1人1件（とくにMR課員は2～3件）の成約見直しは、見た目ほど容易な数字ではありません。

そもそも、新規受注分を除けば、見直し件数は昨年度10件に達しませんでした。

今年度末を控えて、各課の業務は増大する一方です。ただでさえ急激なジェネリックで繁忙を極めている当営業所では、各課の成約件数の極端な低下はあながち本運動に対する職員のモラールの低下だけとは言いきれないものがあるかと思います。

第2営業課長 柴田

案件4（未読メール）「城南大学薬品廃棄研究会について」

差出人："佐藤佐知子"
宛先："三浦健史"
CC："河瀬静也"
送信日時：2010年3月11日 13：40
件名：研究会の連絡（転送します）

三浦新所長さま
城南大学医学部の須藤助教授から、山田所長あてに研究会の連絡がきています。
どうされますか？
以下、転送します。

差出人："須藤久男"
宛先："山田務"
送信日時：2010年2月10日 10：56
件名：研究会のご案内

各製薬会社ご担当営業責任者様
当大学では、かねてから行っていました薬品廃棄研究会につき、下記の日程で開催することになりました。どうぞご参加いただきますようお願いします。

1. 日時：2010年3月18日（木）10：30～12：45
2. 場所：本学医学部502教室
3. 今回のテーマ：納入品の梱包レス化と新納入システムについて
4. スピーカー：初芝通信 倉本一郎医療環境システム部長
5. その他：
昼食はワーキングランチにして、現在、進めているL221の臨床の進み具合を、当科の林田より簡単にレクチャーします。ルーディ大のスティーブン先生も参加されます。日本側のお弟子さんも何人かオブザーブされると思います。各社ご参考になると思います。
よろしくご参加ください。

総務：佐藤
PS. すっかりおばさんになりましたが、さっちゃんで通ってます（笑）

案件5（未読メール）「城南MR 八坂みどりからのメール」

差出人："八坂みどり"
宛先："山田務"
送信日時：2010年2月11日 13：40
件名：新製品移行の件

所長殿
私は前から課長に、佐間戸の問題を本社で取上げてもらったらと言ってきました。
課長は賛成も反対もせず、難しいなと言うだけです。相当あると言われている城南の寝たきり在庫問題や、新製品の供給開始日に間に合わないことなど、どれも城南大のセンターが原因です。この苦情では私も苦労しています。
システム変更は城南の規制が厳しく、どうしようもない訳です。
納入データは何とか送れても、仮供給ですから共同プロモーション先もろくに受注情報の受取りができないので、協議もできずに調剤は困っています。

営1城南大学担当MR
副主任 八坂みどり

案件6 「支店食堂業者からの手紙」

所長殿

突然ですみませんが、私はこの支店の食堂をもう6年やらせていただいてます。つい3日程前、総務担当の石井さんが別の食堂業者の車でここから12時少し前に出てゆくのを見てしまいました。私は零細経営ですが仕入れにもこまし、何とか安くておいしいものをいっしょうけんめいやってきました。私も長いので皆さんと個人的にもなじみになりそれが自慢でもあります。何かいたらないことがあったら言って下さい。課長さん係長さんにおききしようと思ったのですが何かききにくくてきけませんでした。どうぞよろしくお願いします。

島田

案件7（未読メール）「P103問題」

差出人："木原則夫"
宛先："三浦健史"
送信日時：2010年3月11日 18：09
件名：P103の件

三浦君へ
以下のメールが営業支援の矢島君から生産の藤田部長へ流れている。君のところの客先との調整次第だから、藤田部長と連絡をとって対処してほしい。
よろしく。
以下、転送。

木原営業本部長殿

お世話になります。
営業支援の矢島さんから以下のメールがきております。生産としてはP103は委託生産品ですので、生産調整が困難です。客先との調整をご指示ください。

藤田清作

藤田生産担当部長殿

着荷が遅れておりましたP103がようやく入荷しましたが、検収の結果、到着品ケース内訳が発注数と大幅に食い違っていることが判明しました。通常の受注状況から予測して、およそ1000シート位の違いになると思われますが、入荷が遅れてしまったことは大変痛く、29日までに城南支店第1営業所に引き渡しを完了しなければならないのに、三重工場出荷センターにも共同プロモーション先にも在庫がなく困っております。
至急ご指示下さいますようお願いします。

矢島博

案件8（未読メール）「P103についての城南対応」

差出人："木原則夫"
宛先："三浦健史"
送信日時：2010年3月11日 18：17
件名：佐間戸運輸の件

2月3日におきた佐間戸運輸によるP103とD108の混入問題は、ほぼ城南の自動発注システムの品種名改訂時のヒューマンエラーかバグだということだが、システム構築をやった初芝通信が佐間戸側のシステムにも問題があると言っている。城南のセンター長から再度、対策書を当社から出せとのクレームが来ている。
言うまでもないが、重要顧客でもあるので対応をお願いする。
よろしく。

案件9（未読メール）「営業所業務説明」

差出人："河瀬静也"
宛先："三浦健史"
送信日時：2010年3月11日 15：07
件名：第1営業所の業務のご説明について

三浦所長へ

お疲れさまです。
第1営業所第1営業課の河瀬です。
岡部支店長より業務上のご説明をするように指示がありました。柴田、中村両課長と三人でご説明を、とのことでした。
山田所長が作成された（？）業務引継ぎ書は私が預かっています。いかがしますか？
3課長それぞれがまとめた資料は各自が持っています。12日、13日はそれぞれ、学会のアテンドなどがあり、直行直帰の予定です。どうされるか、ご指示ください。

河瀬＠第1営業

案件10（未読メール）「個人面談について」

差出人："三村佳子"
宛先："三浦健史"
送信日時：2010年3月11日 17：14
件名：個人評価面談の実施について

三浦企画課長さま

お世話になります。この度は城南支店第1営業所所長ご内定おめでとうございます。
さて、下記内容は、山田所長にお送りしたものと同様です。なお個人面談の実施については期末面談は年度内に行うこととの社長指示が出ております。海外ご出張とのことですが、人事としても今回の社長指示は組合からの厳しい要望ということもあり、難しいとは思いますがご対応をお願いします。
以下、全営業所長への示達。

標記の件、以下の通り連絡しますので至急実行の上、送付願います。
記
先月の支店長会議にて社長から厳命として通達のあった社員対象の「個人評価面談指導表」の提出をお願いします。支店長以外の部長職含む社員の「個人評価面談指導表」に基づく期末面談を必ず実行してください。全支店・営業所の評価表が届かないと、会社全体の社員の評価の序列が決定されませんのでご理解の上対応をお願いします。
期末面談の実施期限は、社長指示で全ての業務より優先し、年度末までに実施することとなっております。再度、ご確認ください。

以上

案件11（未読メール）「第1営業所着地予測の指示」

差出人："木原則夫"
宛先："三浦健史"
送信日時：2010年3月11日 16：18
件名：今年度の着地について

第1営業所の着地実績をまとめてください。
本年度は、水面上に出るか出ないかを決めるのは城南第1営業所にかかっています。特に、広川総合病院、東華大付属、東西中央総合医療センターの数字が見えません。
今度の定例経営会議で報告します。
よろしく。

案件12 「匿名者からの手紙」

所長様

メールにすると誰が書いたかが分かるので手紙にしました。

営業3課の伊藤里菜さんがやめたのは、中村課長がしつこく誘うからです。中村課長は、誰にでもやさしいように見えますが、特に気に入った女の子には、食事や飲みに誘ったりします。彼氏はいるのか、とか、仕事とは関係のない話を聞いてきたりして派遣社員の間では気をつけて、と最初に言われました。

伊藤さんは、2,3ヶ月ぐらい前から誘われていて、先月の中ごろ、断わりきれなくなり、それがいやで会社に出てこなくなりました。先月末で会社と相談して、他の会社に移りましたが、派遣だったら泣き寝入りみたいな感じがいやでお話しすることにしました。

これは本当の話です。社員の人たちは面談があって直接言える場があるみたいですが、私たちの話も聞いてください。派遣社員の制服もスカートだけというのは困ります。他の会社みたいにパンツもいいことにしてください。

案件13 「ゴルフ等のメモ」

広ク)親合コンペ 3月21日（病院長、事務長、
 山田科長と）
佐藤クリニック 佐藤先生 喜寿祝い（東華、
 第一医療、総合大合同）→ 4月9日
 （ブライトン国際ホテル、静の間、300人ぐらい
  か…お祝い必要）
呉山ジェネリックと共同プランのため
山石理事長とゴルフ 3月27日（位川CC）
ゴルフは柴田と中村を同行、井上は
リフレッシュ休暇、佐藤先生は彼の担当

松子の5周年、東華の栗山教授、城南の
友坂先生、4月4日、花を贈ること。
さっちゃんに頼む。

吉原製菓の動き確認。木村さんが頻繁に
上京しているらしい。めかくさころの
療養センターがパールケアハウスグループか
→河瀬に確認済み。

東城ロータリーコンペ → 支店長、樺山
 医院、篠田助教授、4月24日？？

案件14 「組合支部との懇談メモ」

議事録

参加者：会社側　支店総務(石井)、第1営業(河瀬)、
　　　　　　　　第2営業(柴田)、第3営業(中村)
　　　　支部側：佐々木支部長、野原営業所分科会長
　　　　　　　　(第1営業)、花木(第3営業)

本日労働組合との定期協議会がありましたので議事録をご報告します。協議は302会議室にて2月23日午後1時より45分間

組合申し入れ内容
1. 第1営業所第2営業課の人員がかなり少なく一部従業員はサービス残業しているという未確認情報もある。調査願いたい。
2. 女子従業員トイレの数が少ない上に、2階と5階の女子トイレが修理中でここ数ヶ月使用できない状態になっている。改善願いたい。(支店)
3. 社員食堂のメニューが一種類しかなく、しかも3時までの営業のはずが早ければ2時にすでに片付けに入り食事が出来ないケースが多い。(支店)

回答
2. の女子トイレの改修については水周りの工事が入り込むのでかなり多額の経費が発生すると思われて改善は難しいと思われます。(石井回答)
また、3の従業員食堂の件は業務委託の業者に改善申し入れました。(石井回答)
1. については残業指示を確実に行っていることを説明。念のため第2営業の残業指示書を提出。調査については検討(柴田回答)
以上、相互確認の上、第292回議事録。

案件15（未読メール）「川村ちゃんへの見舞い」

差出人："山内光太"
宛先："社内メーリングリスト"
送信日時：2010年2月22日 17：21
件名：川村ちゃんのお見舞い

1月28日の川村ちゃんの事故は、本当に残念な出来事でした。
交通事故ゼロという記録も4年7か月19日で切れました。
やっぱ営業車でもちゃんと気を引き締めて運転、ということですね！

本人も真剣に反省していて、かなり歩けるようになったとのことで、リハビリも順調みたいです。
営業2課は自分のところだから、すでにお見舞いをしたとのことです。

野球部とボーリング＆飲み会同好会も行ってきたらしいです。
多趣味の川村ちゃんなんで、そうだろうと思いますが、アウトドアで一杯クラブもそろそろいいかなぁ（所長の顔色、ちらっ）ってことで、もちろん部長である所長のOKももらってます。

とりあえず一人500円ずつ集めます。
よろしくお願いします。

案件16 「ドラッグ タカキヨからの封書」

拝啓
陽春の候、御社におかれましては益々ご清栄のこととお喜び申し上げます。また日ごろからお世話になり、深く感謝申し上げる次第です。
さて、当社役員につき下記の通り、2月21日付けを持ちまして陣容を改めることとなりました。略儀ながらご案内申し上げます。
代表取締役会長も同時に引退いたしますので、これまでのご指導ご鞭撻に感謝し、新経営陣の披露とご挨拶を兼ね、ささやかな会を催させていただくこととなりました。業務多忙の時期とは存じますが、万障、お繰り合わせの上、ご来駕、賜りますようお願い申し上げます。
敬具

退任
代表取締役会長 髙橋 幸次郎
代表取締役社長 髙橋 幸一
常務取締役 木村 信一
常務取締役 髙橋 和幸
取締役 戸田 勝利

新任
代表取締役会長 髙橋 孝一
代表取締役社長 髙橋 和幸
常務取締役 原 国夫
取締役 水原 昇
取締役 大原 陽平

役員ご紹介の宴ご案内
日時：2010年3月22日（月曜日）午後6時30分より
会場：椿山ホテル緑陰の間
ご出席のご連絡を3月5日までにいただきますようお願いします。

株式会社高橋（ドラッグタカキヨグループ）

案件17 「クレーム対応指示」

差出人：“近澤 匡”
宛先：“岡部晴彦”
CC：“山田 務”
送信日時：2010年2月22日 17：21
件名：クレーム対応指示

城南支店長殿

城南支店第一営業所長殿
下記の苦情につき 至急解決の要あり。
1次回答は当方より既に対象顧客へ連絡済み。
原因追求及び再発防止策を含む2次回答を2週間以内に行うこと。

営業推進部 吉野 遼平

記
1. 発生件名：P103混入時のトレーサビリティに関する詳細情報提供遅れ
回答納期：3月19日
回答先：城南大学医学部総合事務センター長 清水信義様
注記：再回答
2. 発生件名：CL50の納入遅れ頻発による安全在庫への悪影響
回答納期：2月28日
回答先：広川総合病院調剤科長　井島慧子様
注記：回答遅れのため即時対応のこと。基本契約の見直しの恐れあり
3. 発生件名：QM80での不良品発生
回答納期：3月31日
回答先：ドラッグヤマスギ物流センター長 白川 一様

以上

案件18（未読メール）「人材不足と販促品について」

差出人：“下川 靖男”
宛先：“岡部晴彦”
CC：“山田 務”
送信日時：2010年2月22日 11：03
件名：人材の件と販促グッズの件

城南支店長殿

今期始めより、一番苦労して来ましたのは、人のやり繰りであります。せめて80％投入を要望しましたのに、結局70％で押し切られ、しかもバックヤードはパートタイマーが5名も入りました。相変わらず外部催やキャンペーンなど人手が分散する状況は一向に変わりません。パートタイマーも、仕事がきついと長続きしません。人事にもかけ合ってみましたが人手をふやすことより、仕事のやり方を変えて合理化してみよとの言葉しか返ってきません。そこで、販促品のところを思いきって一般商材にして何とかしのいでみたいと考えています。
つきましては、名入れプラスチック製歯間ブラシを増配する必要があります。
上期の販売促進用品購入予算には計上してありません。
どうか支店との交渉をお願いします。

第2営業課 下川 靖男

案件19 「ルーディ大学スティーブン教授対応」

差出人："岡部晴彦"
宛先："山田 務"
CC："遠山 四朗"
送信日時：2010年2月22日 11：03
件名：アメリカK.C.M.ルーディ大学とのコラボレーションについて

山田所長へ

K.C.M.ルーディ大のスティーブン教授が来日されています。
現在、北日本大学と城南大学の両方で始まっているGTC-6の基礎論文はスティーブン教授が中心になってまとめたものらしいです。城南の林田さんが日本でのコーディネーター役とのこと。当社グループにとっても重要な方ですので、コンタクトの上、今後のコラボレーションの方向性を出してください。
何かよい方法を考えて下さい。
中村課長は英語がネイティブ並みに立つはずなので、同行してください。
遠山さん。
学術調査でもサポートをお願いします。

岡部

案件20 「業界新聞記事について」

日本医科学新報記事（2010年3月7日記事）

IBG製薬、医療機器へ進出

医薬品需要の構造変化は進む中、IBG製薬は医療機器への進出を発表した。ユーザーの採用薬剤絞込みで不透明感増す医薬品需要が背景にある。これまで培ってきた大学との連携から脳波などの測定器具開発に目途をつけたとのこと。東華大学・城南大学とのTLO活用など地道な共同研究が成果に結び付いた。当面、器具製造は、国内の医療器具製造メーカーへ委託し、販売ルートは自社の強みを生かしていく計画だ。仕様や設計図、来年下半期から本格的稼働を考えており、年商は当面、4期、5億円を見込む。

手書きメモ

下線部について、城南センター清水さんから、どうしてこの段階で大学の名前が出るのか？とのクレームがあった。
要調査。よろしく
　　　　　　　　　おかべ

◆図解！

インバスケット・ゲームの教科書

● 今後の管理職育成のあり方について　～あとがきに代えて～

　人材アセスメント型の選抜や研修にも課題がないわけではありません。選抜行為を前提とするのだからと割り切ってしまえばいいという考え方もありますが、選抜するのは誰か、基準についての妥当性はあるのか、選抜は慣れ合いではないかなど、制度的な指摘ばかりではなく、個人のやる気や意欲に待つところが大きく、個人依存が強過ぎるのではないかという人心に依拠する懸念が指摘されているのも事実です。

　しかし、人材の流動化だけではなく、社長をはじめ経営幹部に外国人が登用されることが珍しいことではなくなってきている現実を考えると、今後の人事制度的な流れとして、これまでとは異なる経営幹部登用のあり方が模索されていく動きを押しとどめることは難しいだろうと思われます。そしてその流れは、日本人のビジネスマンにとって馴染みのある方法ではなく、まったく違う方法論を背景とするものである確率が高いのではないでしょうか。「日本的経営の良さを残して」という言葉がノスタルジーにしか聞こえない、そんな厳しい状況が待っているのかもしれません。

　とは言え、企業の底力が中間管理職の強さにあることは言うまでもなく、中間管理職層の登用や育成が、組織にとってますます重要な経営課題として意味を持ってくるのも間違いないところでしょう。しかし、これがベストだと画一的に言い切れるものでもなく、各社がそれぞれの状況の中で模索し試行錯誤し、手探り的に見つけていくしか方法はないのかもしれません。

　今回、本書で取り上げた「インバスケットゲーム」も目新しいものではありませんが、管理職登用という重要な問題を考える上で、古いカバンから出てきた役に立ちそうな懐かしい道具を磨き直して、新しい環境下で使おうとする動きの一つとしてご紹介しました。
　本書が各社・各組織での管理職登用に関して議論を始める一助になれば、これほどの喜びはありません。それぞれの組織での新たな取り組みが効果的に進むことを期待して、拙筆を置くことといたします。

著者

図解！

インバスケット・ゲームの教科書

著者紹介

長友　隆司（ながとも　たかし）
早稲田大学教育学部教育学科教育心理学専修卒業。
本田技研工業、鈴鹿富士ゼロックス等において人事企画、経営企画、組織革新等を担当。
現在、株式会社Kairos代表取締役社長。
大阪商業大学非常勤講師。
鈴鹿国際大学非常勤講師。
経営品質学会理事。
関西経営品質賞企画委員。

著書

『"わが社の能力主義・成果主義"「プロ集団」強化へ自律性を重視』
　　　　　(1997),「人事労務」第9巻第10号（通巻104号）, 日本人事労務研究所
『"わが社の能力主義・成果主義"「成果」と「連続性」重点に年俸制を構成〜1』
　　　　　(1997),「人事労務」第9巻第11号（通巻105号）, 日本人事労務研究所
『"わが社の能力主義・成果主義"「成果」と「連続性」重点に年俸制を構成〜2』
　　　　　(1997),「人事労務」第9巻第12号（通巻106号）, 日本人事労務研究所
『成果主義、業績型の年俸制でプロ集団の強い会社を作る』
　　　　　(1997),「人事マネジメント」第74号, アーバンプロデュース

参考資料一覧

「管理者能力開発のためのインバスケットゲーム」金子書房
「コンピテンシー評価と能力開発の実務」日本コンサルタントグループ
「コンピテンシーマネジメントの展開 - 導入・構築・活用」生産性出版
「入門から応用へ　行動科学の展開」生産性出版
「新・管理者の判断力」産能大出版部
「人事担当者が知っておきたい、10の基礎知識。8つの心構え。」労務行政研究所
「人事担当者が知っておきたい、8つの実践策。7つのスキル。」労務行政研究所
「組織デザイン」日本経済新聞社
「日本の企業統治」NTT出版
「現代企業の組織デザイン」NTT出版
「組織行動の考え方」東洋経済新報社
「インバスケット・レポート」株式会社インバスケット研究所

図解！
インバスケット・ゲームの教科書
将来の経営幹部を創る
選抜研修型人材アセスメントの全て

発行日	2011年 3月28日	第1版第1刷
	2013年 1月20日	第1版第4刷

著　者　　株式会社Kairos　代表　長友　隆司

発行者　　斉藤　和邦
発行所　　株式会社　秀和システム
　　　　　〒107-0062　東京都港区南青山1-26-1 寿光ビル5F
　　　　　Tel 03-3470-4947(販売)
　　　　　Fax 03-3405-7538
印刷所　　株式会社平河工業社　　　　Printed in Japan

ISBN978-4-7980-2908-5 C0034

　　定価はカバーに表示してあります。
　　乱丁本・落丁本はお取りかえいたします。
　　本書に関するご質問については、ご質問の内容と住所、氏名、電話番号を明記のうえ、当社編集部宛FAXまたは書面にてお送りください。お電話によるご質問は受け付けておりませんのであらかじめご了承ください。